생각의 기술

바로 써먹는 논리학 사용법

코디정

The Art of Thinking

생각의 기술

코디정 지음

THE ART OF THINKING

isomomia'

코디정 | 에디터, 언어활동가, 변리사. 〈괘씸한 철학 번역〉(2023)을 포함하여 열 권의 책을 저술했다. 오마이뉴스 시민기자로 제2회 정문술 과학저널리즘상(인터넷부문) 수상. 숭실대학교 국제법무학과에서 지식재산법을 가르치며(겸임교수), 유튜브 〈코디정의 지식 채널〉을 운영한다. 본명 정우성.

생각의 기술
바로 써먹는 논리학 사용법

발행일 | 2024년 10월 15일 초판 1쇄
       2024년 12월 02일 초판 4쇄

지은이 | 코디정

편집 | 마담쿠, 코디정
표지 디자인 | 김선미 (stedy5655@naver.com)
본문 디자인 | 마하린
일러스트 | 남윤준
마케팅 | 서장원, 김학홍
행정지원 | 우섭결

펴낸곳 | 이소노미아
       서울시 종로구 율곡로 2길7 서머셋팰리스 303호
       T | 010 2607 5523   F | 02-568-2502
       Contact | h.ku@isonomiabook.com
펴낸이 | 구명진

ISBN 979-11-90844-55-0 (93170)

행복은 기쁨의 강도가 아니라 빈도이다

우리의 삶은 생각하기에 달려 있다

유튜브 코디정의 지식 채널에 올린 논리 시리즈 영상에 대해
구독자들이 많은 댓글을 달아주셨습니다. 그중 일부를 여기에 옮깁니다.

제 자신이 항상 논리적이지 못해서 아쉬웠는데 강의를 듣고 좀 더 논리적인 능력을 키우는 데 도움이 많이 될 듯합니다. 감사합니다.

이런 강의가 필요했는데 천운이 따랐네요.

칸트와 논리학의 환상적인 결합입니다.

제가 이걸 공짜로 봐도 되는지 모르겠습니다…

선생님의 영상을 통해 배움의 구조화가 가능해진 느낌입니다.

덕분에 법학적성시험 고득점 맞았습니다.

가슴이 뚫리는 기분.

어휘력을 키우기 위해, 개념의 크기 비교와 나만의 정의로 개념의 윤곽을 선명하게 하겠습니다.

많은 사람이 볼수록 세상이 더 좋아지겠지만, 나만 보고 싶기도 한 강의입니다.

유튜브에서 들어본 강의 중에 최고의 강의이고 삶에 도움이 되는 최고의 실용강좌입니다.

논리를 배운 순간 제 인생의 방향이 바뀌었습니다.

막연한 논리가 정리되고 확장되는 것 같아요. 책을 읽다가 반박과 주장이 보였어요. 신기한 경험입니다^^

벤다이어그램에서 토대 구조 모형으로 도약할 때, 쾌감을 느꼈습니다.

뇌가 힐링됩니다.

아니 왜 알고리즘에 이제 뜨셨습니까? 유죄입니다!

논리가 이렇게 재밌을 줄이야. 알찬 영상 감사드립니다!

스타트업에서 일을 하는데, 추론, 비전, 기획, 통찰, 인문 이런 단어들에 관심을 두다 보니 도움이 많이 됩니다.

선생님은 지금 사람을 죽였습니다. 이제까지 사오정으로 살아왔던 과거의 저를 죽이셨거든요.

기대하던 게임 출시 일정 나온 것보다 더 두근거리네요.

어떤 책을 읽어야 이 영상에서 나오는 지식들을 배울 수 있습니까?

종이책 발간 요청!

CONTENTS

저자가 독자에게

당신은 어떤 무기로 인생을 살고 있습니까?

한때 세상에서 가장 좋은 직업은 부자의 자식으로 태어나는 것이라고 생각한 적이 있습니다. 기적이 도와주지 않는 한, 무슨 일을 하든 여러분의 노동은 세습 부자의 행운을 따라잡을 수 없습니다. 당신은 부모에게서 어떤 무기를 받았으며, 하늘로부터 어떤 축복을 받았습니까?

15

인간과 인간은 차이가 있습니다.

누군가 남을 부러워하고 남을 깔볼지도 모릅니다.

Sincerely

어느 날 문득 저는 그런 차이를 따져서 얻을 게 없다는 사실을 깨달았습니다. 어쩔 수 없는 것을 탓하느라 시간을 낭비하기에는 이 한 번의 인생이 소중합니다. 누군가 나타나서 차이를 조정해 주지도 않잖아요? 싸워서 바꿀 만한 게 아닙니다. 한군데를 개혁하면 다른 곳에서 어쩔 수 없는 차이가 생깁니다. 그래서 저는 차이에서 공통점으로 관심사를 바꿔 봤습니다. 당신과 나 사이에 무엇이 공통된 것인지를 생각하기 시작했습니다.

17

우리가 갖고 있는 인생의 공통 무기는 머리밖에 없습니다. 당신과 내가 똑같이 이 무기를 갖고 태어났습니다. 당신이 부자의 자식이든 아니면 자식에게 부를 넘겨줄 부모든, 빚이 많든 빚조차 얻지 못하든, 당신이 학생이든 직장인이든, 학생이라면 공부를 잘하는 학생이든 성적이 좋지 않은 학생이든, 직장인이라면 비관하는 사람이든 낙관하는 사람이든, 우리는 공평하게 이 무기를 사용하면서 살아갑니다.

호모 사피엔스가 육체를 뽐내는 시대는 끝났어요. 이제
는 머리를 쓰는 시대입니다. 기계도 '인털리전스'로 불리
고 있잖아요?

그렇다면 이번 생에서 이 무기를 어떻게 잘 쓸 것인지가 중요하겠지요. 본래 생각은 아무나 하는 게 아니었습니다. 옛날에는 신분이 남다르거나 정신적 지도자 같은 극소수의 사람만의 특권이었습니다. 하지만 지금은 누구나 그 특권을 사용합니다. 적어도 머리를 쓰는 일만큼은 권력과 재산에 얽매이지 않습니다. 당신도 철학자처럼 생각하고 말할 수 있습니다. 그런데 어떻게 하면 머리를 잘 사용하는 것일까요? 처세술의 노하우나 자기계발의 스킬로는 부족합니다. 그런 지식은 사람마다 다르고 지나치게 운에 의존하기 때문입니다.

머리라는 인간 공통의 무기를 잘 사용하려면 먼저 **머리 안으로** 들어가 봐야 합니다. 뇌세포 안으로 들어가자는 말이 아닙니다. 머리의 기능 속으로 들어가 보자는 겁니다. 잘 알아야 잘 사용할 수 있기 때문입니다. 그런데 인간 머리에 관해서, 고대 그리스 철학자 아리스토텔레스가 정립한 이래 2300년 넘게 계승돼 온, **'논리'라는 이름의 생각의 기술**The Art of Thinking이 있습니다. 이 단어를 들어보지 않은 사람이 없습니다. 그러나 제대로 아는 사람도 거의 없지요. 논리학은 철학의 기본이며, 대표적인 인문학 지식입니다. 그런데 어떤가요? 대학에서 학생들에게 논리학을 가르치는 책을 사서 읽어보십시오. 회의감에 빠집니다. 공부하면 할수록 머리가 아파지자고 논리를 공부하는 게 아니잖아요? 생각의 도구, 인생을 살아가는 무기, 지금 당장 사용할 수 있는 기술을 얻으려고 논리를 공부하는 것이며, 실제로 논리는 그런 목적의 학문입니다. 마음만 먹으면 누구나 획득할 수 있는 지식이 논리입니다. 왜냐하면 우리는 모두 머리를 갖고 있기 때문입니다. 그리고 기계가 그걸 학습하는 중입니다.

독자 여러분, 이 책은 언어로 '이미 표현된' 문장을 기호로 바꿔서 참인지 거짓인지 **판정하는** 논리학을 다루지 않습니다. 인간의 생각에는 참과 거짓이 섞여 있잖아요? 진실과 오류가 혼합돼서 이런저런 견해가 만들어집니다. 그리고 그것들이 실시간으로 표현됩니다. 여러분의 머릿속이 완벽하지는 않잖아요? 저도 그렇습니다. 인간의 머릿속은 생각을 불완전하게 만들어 내도록 구조화되어 있기 때문입니다. 그럼에도 저는 이 책을 통해 논리가 얼마나 매혹적인지 보여주려고 합니다. 그런데 19세기 이후에 **발명된** 수리 논리학에서 말하는 논리와, 변증법을 주창하는 헤겔 논리학의 논리와, 고대 그리스 시대부터 계승된 아리스토텔레스 전통의 일반 논리가 서로 다릅니다. 그래서 무척 혼란스럽게 느껴지지요. 이 책은 원칙적으로 수리 논리학, 논리실증주의, 분석철학에서 말하는 판정 수단으로서의 분석 논리를 다루지 않습니다. 헤겔 논리학도 제외합니다. 저는 칸트가 「순수이성비판」을 통해 안내했던 아리스토텔레스 전통을 **복원하면서** 어떻게 생각이 탄생하고 어떻게 생각이 도약하는지 인간 머리 안의 논리 세계를 보여주고 싶습니다.

Sincerely

인류는 초능력이 없잖아요? 텔레파시로 의견을 표현하지 못하며, 염동력으로 사물을 움직이지 못합니다. 타인의 머릿속 안으로 들어가는 능력도 없습니다. 그럼에도 불구하고 우리는 타인의 생각을 이해할 수 있습니다. 사람의 마음을 움직이게 할 수 있습니다. 그것을 가능하게 하는 것이 논리입니다. 논리가 있기 때문에, 우리는 타인의 언어를 내 머리 안에서 재현할 수 있습니다. 논리가 없다면 내가 타인을 이해할 수 없겠지요. 논리가 없다면 타인이 나를 이해할 수도 없습니다. 이런 의문이 들지도 모르겠군요. 누구에게나 이런 논리가 있다면, 굳이 논리를 공부할 필요가 없지 않을까? 네, 맞습니다. 공부하지 않아도 인간은 논리적입니다. 굳이 그 능력을 향상시키지 않고서도 살아가는 데 문제가 없습니다. 우리는 저절로 논리에 따라 생각하고, 자연스럽게 타인의 생각을 논리에 맞게 이해합니다. 그러나 남에게 더 인정받고자 한다면, 그 인정 분량만큼 '논리력'이 필요합니다. 크기와 강도는 저마다 다르겠지만, 사회생활은 타인에게서 인정과 신뢰를 구하는 활동이고, 그래서 사회적 삶을 살아가는 우리에게 더 나은 논리력이 요청됩니다. 남이야 뭐라든 멋대로 생각하고 마음껏 그 생각을 표현할 수도 있습니다만, 솔직히 말해서 그런 행동은 극소수의 강자만이 가능하지 않을까요? 대체로 우리들은 연약합니다.

이 책은 논문이 아닙니다. 연구와 학문 목적의 저작도 아닙니다. 그러나 한 권의 책이 독자의 인생에 유용한 무기가 되기를 바라는 희망을 담았습니다. 인간의 지식과 소통은 머리를 쓰는 일입니다. 성실히 일함에도 원하는 성과를 얻지 못하는 사람의 머릿속을, 열심히 공부해도 입시와 자격 시험에서 원하는 성적을 얻지 못하는 사람의 머릿속을, 효과적으로 독서를 못하는 사람의 머릿속을, 타인과의 소통에서 어려움을 겪는 사람의 머릿속을, 타인을 설득하는 일을 함에도 논리력이 부족한 사람의 머릿속을, 아이디어를 생각해 내는 기획자의 머릿속을, 더 효율적인 결과를 내놓고자 하는 개발자의 머릿속을, 좋은 글을 쓰고 싶은 사람의 머릿속을, 이미 꼰대가 되었음을 본인만 모르는 어느 중년의 머릿속을, 자녀에게 더 좋은 인생 조언을 하려는 부모의 머릿속을 시원하게 해 주고 싶습니다. 적어도 이 책은 밀교의 경전으로 퇴락한 철학을 논리학이 어떻게 구해내는지 보여주는 교본 역할을 하리라 생각합니다.

그리고 여기 정리된 인간 공통의 머리 구조가 여러분의 인생을 강하게 만들어 주리라 확신합니다.

Sincerely

1강에서 6강까지는 논리의 기초를 다룹니다. 수리 논리학이 아닌 고전 논리학을 복원해 가면서 매력적인 논리의 세계를 펼쳐냅니다. 7강에서 13강까지 읽으면, 독자 여러분은 인간이 어떻게 지식을 습득하고 확장하며, 또 어떻게 오류에 휩싸이면서 잘못된 지식을 고집하는지 넉넉하게 이해할 수 있습니다. 지식 습득과 소통의 면에서 아주 강력한 무기를 얻을 것입니다. 14강에서 17강은 실제 생활 속에서 논리 지식을 어떻게 활용하는 것이 현명한 일인지를 안내합니다. 그리고 **네 편의 부록**을 책 안에 배치했습니다. 부록은 책 말미에 붙이는 게 보통이지만, 그러면 독자들이 잘 읽지 않는 경향을 보이기 때문에 일부러 편집을 바꿔봤습니다. 논리학에 대한 편견을 정정하고, 논리적으로 독서하는 방법과 논리적으로 글을 쓰는 스킬을 전합니다. 마지막 부록은 논리학을 기본 뼈대 삼아 철학의 계보를 살펴봅니다. 서양철학을 공부해도 지식이 되기는커녕 머릿속에서 뒤죽박죽돼 버리는 까닭은 우리가 논리학을 잘못 알고 있기 때문입니다. 서양철학의 지혜를 온전히 얻기 위해서라도 논리학의 복원이 필요합니다.

새로운 세계, 그런데 매우 친숙한 세계가 우리들 머릿속 세계입니다. 이곳에서 기계가 우리를 모방하게 두십시오. 그러나 우리는 여기서 인생의 무기를 찾읍시다.

yours

Logic Storyline

스토리라인을 먼저 읽으셔도 좋고, 본문을 다 읽은 다음에 읽으셔도 좋습니다.

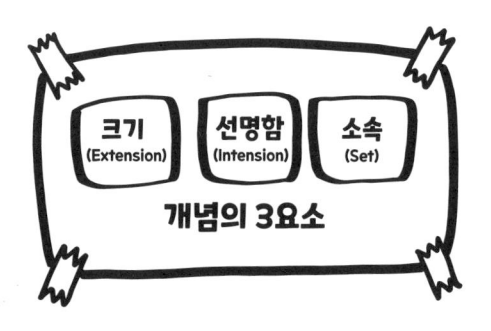

논리는 단어에서 시작한다. 그리고 논리학에서는 그걸 **개념**이라고 부른다. 모든 지식과 소통은 결국 단어가 결정한다.

무작정 암기하지 말자. 단어가 갖는 의미의 크기가 어느 정도이고, 그 의미의 선명함은 어느 정도 세기인지, 그리고 그 단어가 어디에 속하는지를 생각하는 습관을 키워야 한다. 그러면 지식이 늘어나고 소통도 잘된다. **94p**

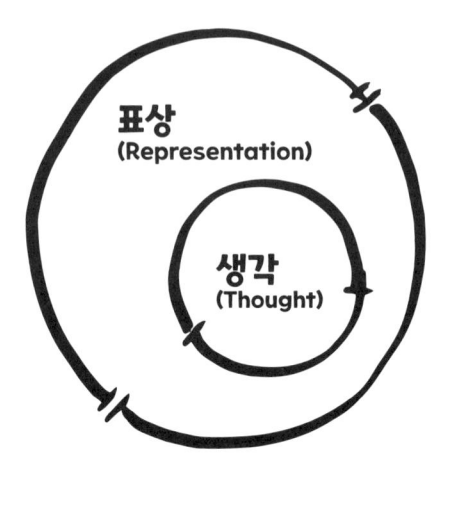

컴퓨터에서 데이터는 아무 의미가 없다. 데이터를 처리하면 정보가 되고, 그때 의미가 생긴다. 인간 머릿속도 마찬가지다. 논리학에서 생각은 단어와 단어를 연결해서 문장을 만드는 판단을 뜻한다. 문장으로 딱부러지게 판단된 것은 아니더라도, 머리 안에는 많은 것이 들어있다. 철학자들은 이것을 일컬어 **표상**이라고 불렀다. 표상은 데이터에 해당하고, 생각은 그 데이터를 처리한 정보에 해당한다. **112p**

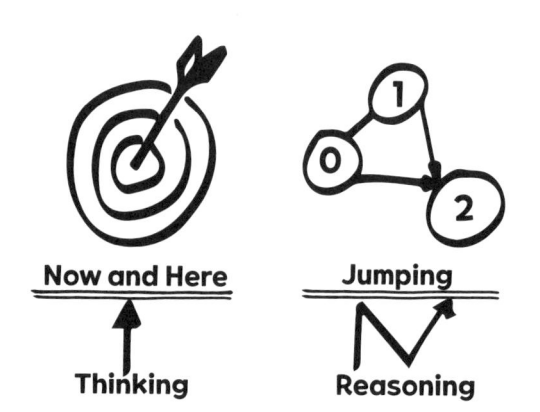

생각은 **지금 여기**에서의 판단을 뜻한다.

추론**Reasoning**은 지금 여기(1번)에서 벗어나 다른 곳(2번)으로 점핑(도약)하는 생각을 뜻한다. 이때의 인간 사고력을 일컬어 이성**Reason**이라고 부른다. 이성이 활약하려면 머릿속에 대전제(0번)가 있어야 한다. **147p. 156p**

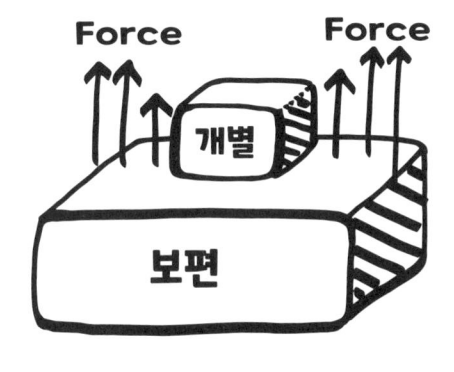

인간 이성이 어떻게 작동하는지 이해한다면, 당신의 머리는 근본적으로 바뀐다. 그러려면 우리 머릿속에서 작동하는 **토대 구조 모형**을 이해하는 것이 좋다.

보편이 개별적인 것에 우세력을 갖는다. 이것이 지식과 행동을 만들 뿐더러, 온갖 편견과 오류도 만들어 낸다.
168p

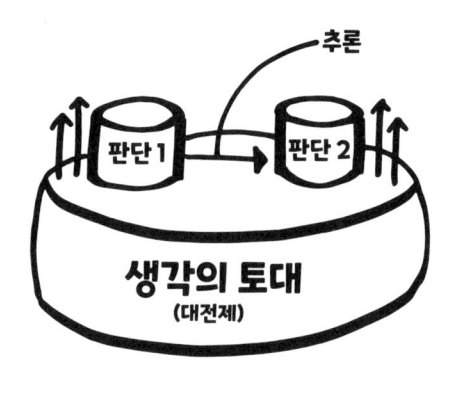

생각의 점핑, 즉 추론은 **연역법**을 따른다.

머릿속 대전제가 생각의 토대가 되고, 그 위에서 판단이
행해진다. 판단 1이 소전제, 판단 2가 결론이고, 이때의
추론을 연역이라고 한다. 소전제는 근거가 되고, 결론은
주장이 된다. **175p, 194p**

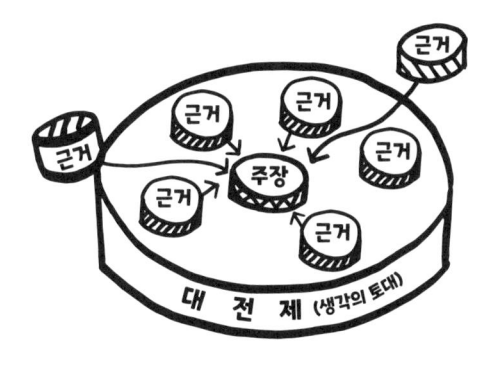

우리 머릿속에는 많은 생각이 있다.

근거와 주장은 대전제 위에서 서로 관계를 맺는다.
만약 대전제에서 벗어나면 우리는 그 관계가 부자연스럽
고 비논리적인 것으로 여긴다. **177p**

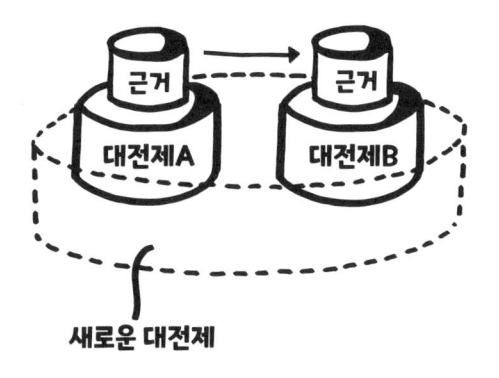

새로운 대전제

서로 다른 대전제 위에 놓인 판단들은 추론으로 서로 연결되지 않는다. 인간 이성이 그런 연결을 하려면, 새로운 대전제가 필요하다. **178p**

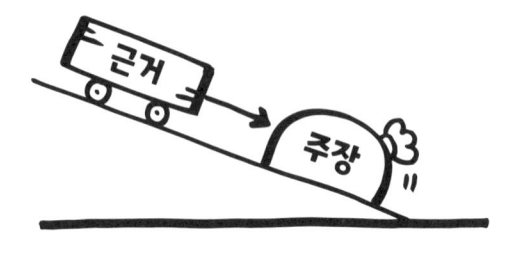

근거의 기울기를 생각하자.

근거가 자연스럽게 주장을 향한다면, 그것이 바로 좋은 논리다. **185p**

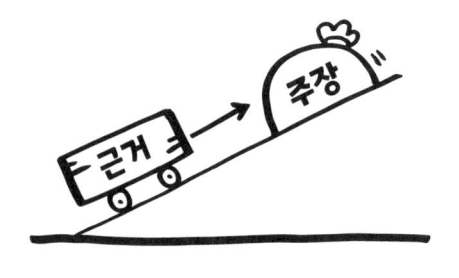

다시 한 번 생각해 보자.

주장을 하면서 내세운 근거가 혹시 억지스럽지 않은지.

나한테만 타당한 것은 아닌지. **187p**

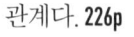

(a)

귀납 → 대전제 → 연역

(b)

대전제 A → 연역 → 귀납 (절단) → 대전제 B → 연역

연역은 대전제가 활약하는 추론이고, **귀납**은 대전제로 사용할 원리를 찾는 추론이다. 지금 여기에서 벗어나지 않는 단순 관찰은 귀납이 아니다.

귀납과 연역은 서로 대등해서 둘 중 하나를 선택할 수 있는 관계가 아니라, 귀납이 연역을 보충(제안과 수정)하는 관계다. **226p**

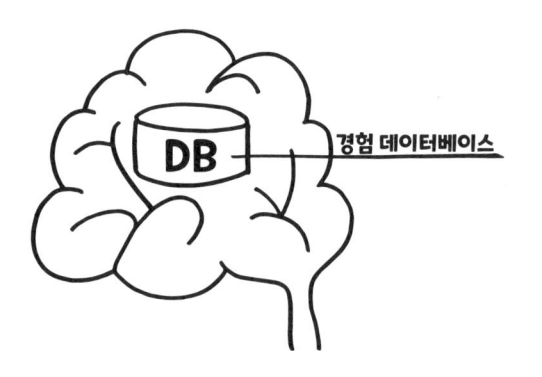

경험 데이터베이스

인간의 머릿속에는 무수히 많은 데이터가 있고, 그것은 AI
가 사용하는 빅데이터와 유사하다. 머릿속에는 **경험 데
이터베이스**가 있다. 경험이란 머릿속에 단어(개념)를 등
록하고, 학습을 통해 그 단어를 업데이트하면서 경험 데
이터베이스의 성능을 높이는 행동이다.

선한 사람이 되고 싶은가? 그렇다면 선한 경험을 많이 해
야 한다. 비슷한 경험 데이터베이스를 갖고 있다면 영혼
의 친구가 될 수 있다. **278p**

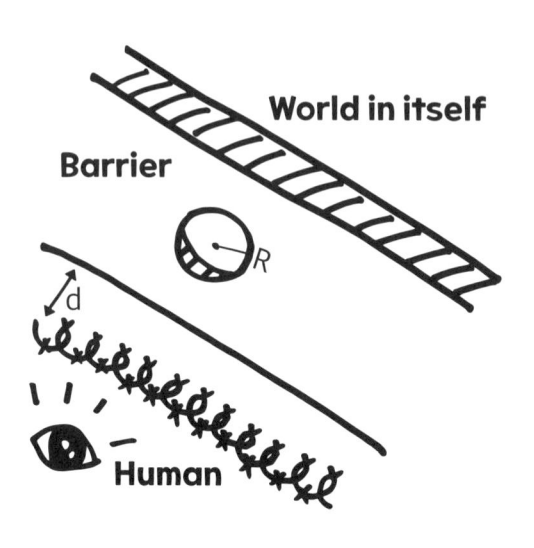

경험에는 한계가 있다.

인간은 세계 그 자체를 있는 그대로 전부를 보지 못한다. 비유컨대 πR^2 넓이의 구멍을 통해 세계를 본다. 이 구멍의 넓이는 사람마다 다르다. 그런데 당신과 벽 사이에는 간격(d)이 있고, 더 가까이 다가가지 못한다.

그러므로 모든 것을 다 아는 것처럼 확신하거나 주장해서는 안 된다. **299p**

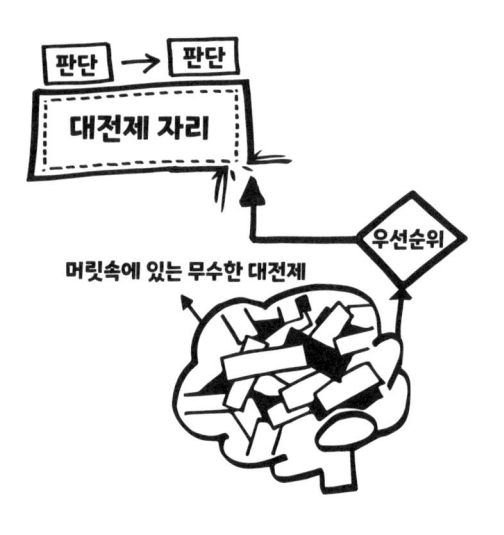

인간 머릿속에는 무수히 많은 대전제가 있다. 그래서 대전제끼리 우선순위 다툼이 벌어진다. 그것을 **변증**이라고 부른다. 그리고 그것은 아주 강력한 반론의 힘으로 나타난다.

이것을 이해한다면 소통이 편해지고, 설득에 전략이 생긴다. **361p**

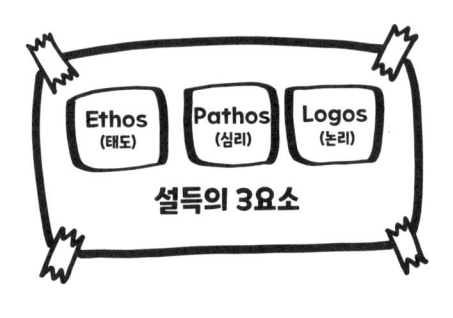

타인을 설득하려고 하는가? 논리적이면 다 성공할 것 같은 착각은 금물이다.

'논리학의 아버지' **아리스토텔레스**도 논리만으로는 안 된다고 강조했다. 타인을 설득하려면 세 가지가 필요하다. 좋은 태도, 좋은 심리, 그리고 좋은 논리다. 각각 **에토스, 파토스, 로고스**라 부른다. 이 중에서 제일 중요한 것은 '에토스', 좋은 태도이다. **387p**

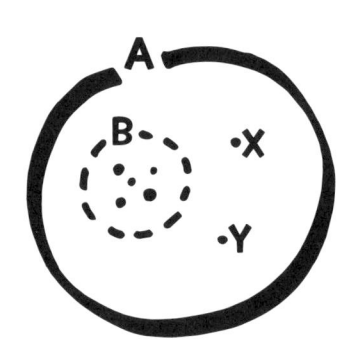

생각의 크기를 줄이자. 시간을 낭비하지 말자. 모든 근거를 샅샅이 제시할 필요가 없다.

만약 상대방이 X, Y에 관심이 없거나, 거론되는 것을 싫어한다면, 생각의 집합을 A에서 B로 줄일 수 있다. 시간과 노력을 절약하면서도 더 큰 성과를 거둔다. 남는 시간을 즐겨라. **427p**

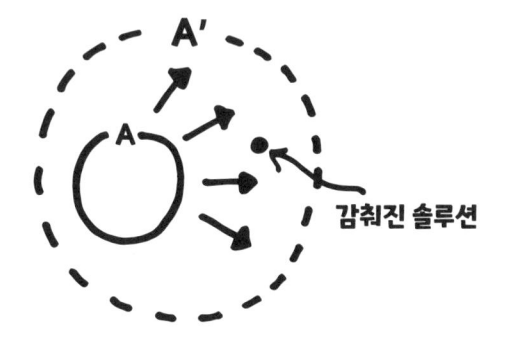

생각의 크기를 늘리자. 그러면 감춰진 솔루션이 보일 것이다. 때때로 익숙한 생각에서 벗어나 다른 곳으로 관심을 돌리는 것만으로도 문제가 해결되곤 한다. **433p**

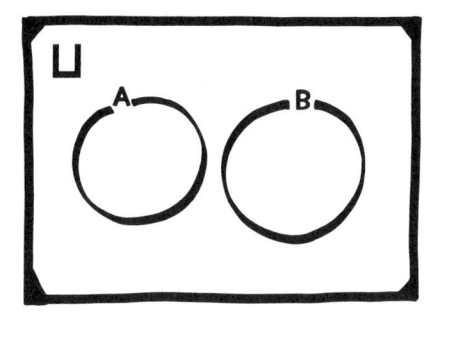

생각의 집합이 너무 달라서 교집합이 없다면 생산적인
토론은 불가능하다.

생각의 운동장이 A로 정해져 있는데, B에 속한 이야기를
하면, 사오정이 된다. 반대로 B 관점에서 A에 속한 주장
은 '뇌피셜'이다. 그런데 이처럼 교집합이 없는 경우일지
라도, 이 두 관계에서도 대화와 토론은 가능하다. A와 B
가 아닌 전체집합(U)을 떠올려야 한다. **415p, 451p**

부분집합 관계에서 많은 오해가 생긴다.

확실히 A는 B의 부분집합입니다. 사람들의 대화가 A에서 이루어지고 있는데, 누군가 생각의 집합 B에 속한 이야기로 대화에 참여하려는 경우, 사람들은 B를 B가 아닌 C로 여길 수 있다는 점, 유념해야 한다. **440p**

서로 다른 견해가 충돌할 때, 생산적인 토론이 되려면
교집합을 찾는 방향으로 토론이 행해져야 한다. *446p*

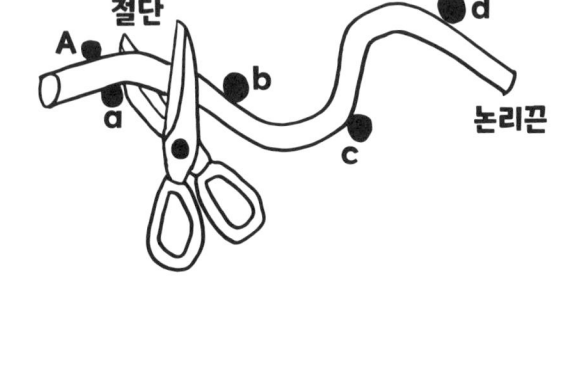

머릿속에는 **논리 끈**과 **가위**가 있다.

인간은 논리 끈을 통해 머릿속에서 모든 것을 연결할 수
있다. 그러나 내 머릿속에서 생겨난 연결과 타인의 머릿
속의 연결이 같지 않다. 좋은 지식을 얻고, 좋은 소통을
하려면, 논리 끈으로 잘 연결하되, 타인에게도 있을 법한
가까운 연결만 남기고 나머지는 가위질로 절단하는 것이
좋다. 그것만이 논리적인 것이다. **460p**

논리란 무엇인가

논리란 무엇인가?

우리가 지니고 있는 기존 지식을 모두 버리자.

그것이 틀렸기 때문이 아니다. 어렵고 모호하고 복잡하기 때문이며, 현실에 맞지도 않기 때문이다. 우리는 흔히 논리를 이야기하면서 참이냐 거짓이냐를 따지고, 논리적 타당성을 검증한다. 그러나 그런 관점이 학문적으로는 의미가 있겠지만, 실생활에서는 그다지 유용하지 않다. 심지어 넌센스인 경우가 많다. 참과 거짓을 분별하여 참을 좇고 거짓을 버리는 게 쉽다면 좋겠지만, 우리 머리 안에는 다양한 오류가 숨쉬듯 살아있고, 그것을 논리적으로 없앨수가 없다. 우리 몸 안에는 정상 세포보다 더 많은 수의 박테리아가 살고 있다고 하지만, 박테리아를 전부 없애버리면 인간이 죽는다. 머릿속 오류도 마찬가지다. 오류가 일절 없는 참의 세계는 인간 머릿속에서는 가능하지 않다. 논리는 진실을 담듯 오류도 담는 그릇이지, 오류를 없애는 **청정제가 아니다.** 머리 바깥의 현실에서도 만만치 않

다. 진리와 논리가 항상 승리하는 세상은 없다. 거짓과 비논리가 언제든지 우위를 확보할 수 있고, 우리는 그것을 인내하면서 받아들여야만 할 때도 생긴다.

당신은 직장 상사에게 이렇게 말할 수 있을까?

"부장님, 부장님 견해를 명제함수와 양화사로 표현했더니 부장님의 전칭부정 명제는 논리적으로 타당하지 않음을 발견했습니다."

또한 시장에서 사업하는 사람들이 이렇게 태연하게 말할 수 있을까?

"고객님, 고객님 말씀은 논리적으로 참이 아니라 거짓에 해당합니다."

어려운 상황에 직면한 경영자가 전문가에게 조언을 구한다. 전문가를 자처하는 경영 컨설턴트가 말하기를, "대표님, 이 문제는 참 거짓을 판정할 수 없는 명제에서 비롯되었습니다. 그러므로 말할 수 없는 것에 대해서는 침묵해야 합니다."라고 한다면, 우리는 이 사람에게 잃어버린 어이를 찾아 줘야 한다. 인허가를 결정하는 공무원에게 의

견을 피력하면서, "사무관님, 사무관님의 판단에는 거짓 판단이 섞여 있어서 비논리이며, 무지한 결정입니다."라는 표현을 쓰지 않는다. 그렇게 담당 공무원의 감정을 자극하듯 말한다면, 국가의 허가는 물 건너 가기 때문이다. "자기야, 자기가 하고 싶다는 그 생각은 거짓이야. 내가 진리표로 분석해 봤는데, 그 결과가 거짓이야. 그러니까 하지마."라고 말하는 연인과는 헤어지는 게 좋을지도 모른다. 사랑은 진리표보다 훨씬 높은 곳에 있기 때문이다.

나는 철학자 임마누엘 칸트가 「순수이성비판」을 통해 상세히 설명한 가르침에 따라, 논리란 〈**인간 공통의 머리 구조**〉라고 전제한 후, 논리에 관한 이야기를 하려 한다. 인간의 지식은 팔다리, 엉덩이, 허파에서 나오는 게 아니라, 머리에서 나온다. 따라서 인간 머리에서 나온 모든 지식은 논리로 이루어져 있다. 그렇다면, '이 세계는 논리적으로 이루어졌다', '논리란 사물이나 세계의 이치를 말한다'라는 표현은 어떨까? 이것은 타당한 이해가 아니다. 세상은 논리적으로 이루어진 게 아니라, 세상을 인간이 논리적으로 이해하는 것이다. 우리가 논리로 세상을 이해하기 때문에, 세상과 사물의 원리가 마치 논리 그 자체인 것처럼 착각에 빠지는 것이다. 인간 머리와 세상 혹은 사물 사이의 거리는 아주 멀다.

논리는 세상의 원리가 아닐 뿐더러, 물리학, 화학, 생물학 등의 자연과학 학문과도 관련이 없다. 요컨대 논리는 자연과 세계와 사물과 무관하다. 우리 인간이 자연의 일부라는 점에서는 비슷할 수도 있겠고, 그런 자연에 대한 지식을 인간 머리로 얻기 때문에, 결과적으로 비슷하다는 생각이 들 뿐이다. 논리는 그저 〈인간 공통의 머리 구조〉이다. 생각의 형식, 인간 사유의 프레임, 사고법칙 등 다른 말로 표현할 수도 있지만, 어디까지나 **머리 안쪽 세계**에 관한 것으로 머리 바깥의 사물과 세계와는 직접적인 관련이 없다.

첫째, 논리는 인간 공통이어야 한다. 인간 공통이기 때문에 논리가 중요한 것이다. 당신의 머리 구조와 내 머리 구조가 완전 달라서 서로 공통된 부분이 없다면, 우리가 굳이 머리 구조를 공부할 필요가 없는 게 아닌가. 둘째, 논리는 형식이다. 내용이 아닌 프레임, 뼈대, 구조여야 한다. 머릿속에 무엇이 들어있는지에 대해서는 사람마다 다르며, 그 내용을 타인이 알기도 어렵다. 알 수 없는 것은 제대로 알기도 어렵고, 또 '공통'도 아니다. 그래서 논리란 프레임이자 생각의 뼈대인 〈인간 공통의 머리 구조〉라는 얘기가 된다.

그러면 논리학이란 무엇일까? 인간 공통의 머리 구조에 대한 '지식'이다. 아리스토텔레스가 논리학을 정립한 이후 2300년이 넘는 역사를 가진 학문이다. 과거에는 철학자들이 가르쳤지만, 19세기 수학자들이 기호 표현을 정립한 이후, 철학뿐 아니라 수학, 컴퓨터 과학 분야에서도 다뤄진다. 논리학은 인간 머릿속에서 어떻게 단어가 탄생하고, 어떻게 그 단어가 다른 단어들과 연결되며, 그렇게 만들어진 문장이 어떻게 다른 문장과 연결되는지를 탐구한다. 복잡한 표현을 선호하는 사람들을 위해 말을 바꿔 표현하면, 어떻게 개념이 탄생하고, 개념이 어떤 역할을 하며, 어떻게 복수의 개념이 종합되며, 어떤 식으로 명제와 추론이 만들어지는지를 탐구하는 학문이 논리학이다. 어쨌든, 논리학은 생각과 이해와 주장과 판단과 지식과 원리가 인간의 머릿속에서 어떻게 만들어지는지를 탐구한다. 이 책에 수록된 논리학은 '이미 표현된 언어'만을 분석하는 수리 논리학이 아니라, 아리스토텔레스 전통의 일반 논리학이다. 일반 논리학과 수리 논리학의 차이에 대해서는 5강에서 소개한다.

그렇다면 논리학은 발명인가 발견인가? 논리학은 없는 것을 발명한 지식이 아니다. 아리스토텔레스가 발명한 것도 아니다. 그저 인간 머릿속에 누구나 있는 것을 발견한 지식이다. 즉, 발명이 아니라 발견이다.

요약

1. 논리는 세상의 원리나 사물의 이치가 아니다.

2. 논리란 인간 공통의 머리 구조이다.

3. 논리학이란 인간 공통의 머리 구조에 관한 지식이다.

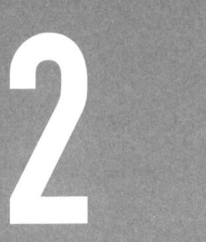

논리를 공부해서
무엇을 얻는가

논리를 공부하든 공부하지 않든, 인간의 머리는 논리적으로 생각하게 되어 있다. 논리가 머릿속에 들어있지 않은 사람은 없다. 인간은 생존을 위해 에너지 섭취가 필수적이고, 그래서 밥을 먹는다. 가르치지 않아도, 공부하지 않아도, 배고프면 밥을 먹는다. 논리도 마찬가지다. 가르치지 않아도, 공부하지 않아도, 논리를 사용하면서 생각하고, 말하고, 듣고, 이해한다. 그렇다면, 어차피 다들 논리를 갖고 있는데, 어째서 논리를 공부하느냐, 이런 의문이 든다. 굳이 논리를 공부하지 않아도 괜찮다. 그다지 노력하지 않고 애쓰지 않아도 인생 흘러가는 대로 살 수 있는 것처럼, 논리를 공부하지 않아도 우리 인간은 저절로, 자연스럽게, 논리를 쓴다. 그러나 우리는 흘러가는 대로 인생을 살기보다는 더 나은 인생을 원하며, 불행보다는 행복을 희망한다. 만약 더 나은 인생과 더 행복한 삶이 사회생활 속에서 이루어지는 것이라면, 타인과의 관계가 좋아야 한다. 그러려면 내가 타인의 생각을 더 잘 이해할 필요가 있고, 마찬가지로 타인이 나를 더 납득해 주는 것이 요

청된다. 그래서 논리 공부가 필요한 것이다. 더 잘 생각하고, 더 잘 말하고 쓰고, 더 잘 듣고, 더 잘 이해하기 위해 우리는 논리를 공부한다.

논리란 인간 공통의 머리 구조이고, 인간은 머리를 써서 지식을 얻으며, 그러므로 인간의 모든 지식은 논리로 이루어진다. 그러다 보니 논리를 공부하면 지식을 더 잘 이해하고 더 잘 활용할 수 있게 된다. 그리고 우리는 그런 지식을 이용해서 소통한다. 학교에서든 직장에서든, 한 줌의 지식이든 집채 만한 지식이든, 지식으로 소통한다. 그런데 지식이 논리로 이루어진다는 점에서, 논리를 알면 소통하는 데 유리할 수밖에 없다. 인생사 만만하지 않다. 직장생활도 쉬운 게 아니다. 우리는 항상 이런저런 문제에 직면한다. 그런 문제를 해결하는 솔루션을 찾는 데에도 논리가 필요하다. 삶을 괴롭히는 대부분의 문제는 이 세계의 본질이 무엇이며 존재란 무엇인가 같은 커다란 문제가 아니다. 그저 내가 처한 상황을 어떻게 이해하고, 어떻게 해석할 것이며, 어떤 결정을 내릴까의 자잘한 문제의 연속이다. 결국 우리가 직면한 다양한 문제는 이해, 해석, 결정을 하는 내 머릿속의 문제로 볼 수 있고, 그 때문에 논리력이 좋다면 문제 해결에 이롭다. 이제 이러한 논리 공부의 장점을 좀 더 구체적으로 이야기해 보자.

첫째, 논리를 공부하면
타인의 생각과 의도를 파악하는 데 유리하다.

그 타인이 **시험 출제자**일 수 있다. 그렇다면 평소 논리를 잘 공부해 두면, 각종 시험에서 출제자의 의도를 빠르고 정확하게 파악할 수 있다. 시험 공부도 좀 더 효과적으로 할 수 있을 것이다. 출제자의 의도는 초능력과 텔레파시로 전달되는 것이 아니라, 단어, 문장, 단락의 글로 이루어진다. 그런데 단어, 문장, 단락을 공부하는 게 논리다. 단어, 문장, 단락으로 표현된 의미 중에서, 핵심적인 의미도 있고, 들러리 의미도 있다. 논리는 그걸 '빠르게' 구별해 주도록 돕는다. 요즘 대입수능, 공무원자격시험PSAT, 법학적성시험LEET 등의 다양한 국가 시험에서 당락을 결정하는 과목이 논리다. 수능의 경우, 명목은 국어 과목이라고 하지만, 비문학 지문을 통해 학생들의 논리력을 묻는다. **PSAT**이나 **LEET** 역시 수험생의 논리력을 테스트한다. 평소 비논리적인 사고 방식의 소유자는 제시문이 우리말로 쓰였음에도 문제를 푸는 게 굉장히 어렵다. 반면 평소 논리적인 수험생은 생각보다 어렵지 않다. 우리말을 얼마나 잘하느냐를 테스트하는 것이 아니라 수험생의 논리력을 테스트하는 것이 이들 시험의 성격이기 때문이다.

출제자는 아는 것이다. 논리력 좋은 사람이 인재라는 것을. 변별력은 거기에서 정해진다.

우리는 지금 논리를 공부하면 타인의 생각과 의도를 파악하는 데 유리하다고 말하는 중이다. 그 타인이 사회생활하면서 만나게 되는 **커뮤니케이션 상대방**인 경우는 어떨까? 직장 동료나 상사일 수 있고, 거래처 혹은 영업의 목표일 수 있다. 논리를 잘 공부해 두면, 사회생활에서 성과를 얻는 데 유리하다. 대화, 각종 제안, 협상, 논쟁 등의 커뮤니케이션에서 상대방의 의도를, 좀 더 빠르게, 좀 더 정확하게 알아낼 수 있기 때문이다. 상대방의 의도를 알아내지 못하면, 하수가 되고, 이용만 당하며, 더 높은 지위에서 일할 기회를 얻지 못한다.

둘째, 논리를 공부하면
기존 지식과 세계를 이해하는 데 유리하다.

지금 많은 지식인이, 국가적 차원으로 고민하는 사람들이, 말하자면 사회에서 힘 좀 갖고 있는 사람들이 걱정하는 게 **문해력**이다. 문맹은 사라졌다. 우리말을 모르는 사람이 거의 없다. 다들 읽고 쓴다. 문맹이 사라졌으니까 수

준 낮은 지식은 문제가 없다. 그런데 회사나 사회는 좀 더 높은 수준의 지식으로 운영된다. 세상이 아주 복잡해졌다. 경쟁도 심해졌다. 그만큼 곳곳에서 문제가 생긴다. 그런 문제를 슬기롭게 해결해야 하는데, 그때 필요한 지식은 수준이 좀 높다. 종래와 달리 다양한 분야의 지식이 이것저것 복잡하게 연결되어 있고, 그것을 이해하려면 우리 머릿속에서도 수많은 연결을 빠르게 이해하고 처리해야 하기 때문이다. 과거와 달리 머릿속에서 처리해야 할 데이터가 많아졌다. 머리가 준비되지 않으면, 수준 높은 지식은 잘 전달되지 않는다. 그게 문해력 문제의 요체이다. 문장 이해력은 문제 해결 능력과 거의 같은 의미다.

2022년 교육부의 개정교육과정에서 특히 강조하는 게 문해력 문제 해결이었다. 앞으로 대입 수능 국어는 지속적으로 더 높은 수준의 문해력 테스트 문제가 나올 것이다. 변별력을 위해 수학 문제를 어렵게 출제하면 사회적 비난을 받지만, 문해력을 앞세우면 비난이 덜하다는 점에서 국어 문제는 앞으로 더 어려울 것 같다. 앞서 말했던 피셋과 리트도 마찬가지다. 문해력 향상을 목표로 난이도를 높이는 재량을 출제자가 행사한다면, 응시자는 그것에 맞서 무기를 사용해야 한다. 문해력 문제를 탈피할 수 있는 무기가 바로 논리다. 왜냐하면 논리적으로 생각하는 사람

은 명시적으로 표현된 문장뿐 아니라, 그 문장 안에 숨겨진 의도를 잡아낼 수 있기 때문이다. 또한 논리는 많은 원인 중에 더 중요한 원인, 여러 주장 중에 무엇이 핵심이고 무엇이 근거인지 구별해 주기 때문이다.

논리는 효율적인 독서에도 도움이 된다. 요즘은 누구나 쉽게 책을 쓸 수 있는 시대다. 그러다 보니 책이라는 형태를 갖고는 있어도, 그 안에 담긴 지식이 매우 비논리적으로 적혀 있어서 애당초 의미가 전해지지 않는 책도 있다. 그런 수준 낮은 책을 제외한다면, 대체로 책은 논리적으로 쓰여 있다. 왜냐하면 논리적으로 써야 글이 되고, 지식을 전할 수 있기 때문이다. 그런데 책이 잘 안 읽히고, 책을 읽어도 저자가 뭘 말하려고 하는지 잘 모르겠는 경험을 우리는 빈번하게 한다. 이따금 난독증에 걸린 것처럼 활자는 읽혀도 내용은 전혀 전해지지 않는 경우가 있고, 읽기는 했고, 또 의미도 꽤 이해한 것 같은데, 그래서 결론적으로 저자가 무슨 메시지를 전하려고 했는지 가닥을 잡지 못하는 경우도 있다. 같은 문장을 읽었는데, 어떤 이는 그 문장에서 아주 큰 지식과 통찰을 얻는 데 성공한다. 하지만 또 어떤 이는 무슨 말인지 알지 못한다. 이게 다 논리 문제다.

독서를 해도, 책의 단어, 문장, 단락이 머릿속에서 잘 처리되지 않기 때문에 책이 안 읽히는 것이다. 저자가 족집게 과외로 일대일로 설명해 준다면 충분히 이해할 수 있을 것이다. 왜냐하면 일대일 교습에서는 교사가 독자의 논리적 오류를 바로잡아줄 수 있기 때문이다. 그런데 혼자 책을 읽으면, 단어를, 문장을, 단락을 엉뚱하게 해석할 가능성이 크다. 책에 수록된 단어가 수만 개가 넘고 문장이 수천 개가 되면, 반복되는 논리적 오류는 독자로 하여금 독서를 못하게 할 지경에 이르게 만든다. 단순히 어휘력이 부족하기 때문이기도 하고, 평소 비논리가 머릿속에서 습관이 돼서 논리적인 생각을 못하기 때문이기도 하며, 주장과 근거를 구별하지 못하기 때문이기도 하고, '논리적으로' 책을 읽는 게 아니라 '심리적으로' 책을 읽기 때문이기도 하고, 저자가 손가락으로 달을 가리킴에도, 자꾸 달이 아닌 손가락이 생각나기 때문이기도 하다.

그런데 논리적으로 생각하는 사람은 이런 수많은 오류를 피해갈 수 있다. 만약 당신이 논리에 익숙해진다면, 비논리적인 책을 멀리하고, 무슨 책이든 더 빠르게 읽되, 더 많은 것을 얻을 수 있는 독서, 즉 효율적인 독서를 할 수 있다. 책을 통해 더 많은 지식을 얻을 수 있음은 물론이다.

우리는 지금 논리를 공부하면 기존 지식과 세계를 이해하는 데 유리하다는 이야기를 하고 있다. 논리적인 사람은 데이터 수집과 정보의 취득에도 유리하다. 사람들이 이 시대를 가리켜 **빅데이터 시대**라고 칭하지만, 실상 데이터는 아무것도 아니다. **데이터**는 그저 0과 1의 연속된 기호일 뿐이다. 정해진 알고리즘으로 데이터를 선별해서 처리하면, 그때 비로소 **정보**가 된다. 그런데 데이터를 수집해서 처리하여 정보를 만드는 과정 전부가, 즉 인공지능 기술 전체가 '논리적으로' 설계되고 작동한다. 알고리즘이 곧 논리다. 데이터 처리에 관련한 함수도 모두 논리다. 결과적으로 컴퓨터를 기반으로 하는 **인공지능의 세계**는 모두 논리가 만들어 낸 세계다. 우리는 컴퓨터가 인간의 두뇌를 모방하여 만들어졌다는 사실을 잊지 말아야 한다. 그렇다면 비논리적인 사람은 이 인공지능의 세계에서, 더 좋은 정보를 얻고, 그 정보로 더 나은 지식을 얻을 기회에서 불리할 수밖에 없다. 반대로 논리적인 사람은 빅데이터 시대에서 길을 잃지 않을 가능성이 클 것이다.

셋째, 논리를 공부하면
자기 생각을 효율적으로 '설명'하는 데 유리하다.

여러 번 언급했고, 앞으로도 강조하겠지만, 인간 머리에서는 초능력과 텔레파시가 기능하지 않는다. 내 머리 안에 있는 지식을 타인에게 설명하려면, 우리는 언어를 써야 한다. 언어를 쓴다는 것 자체가 논리를 사용한다는 뜻이다. 왜냐하면 논리의 결과물이 처음부터 끝까지 언어이기 때문이다. 그런데 어떤 언어인지에 대해서는 사람마다 다르다. 우리는 이런 차이를 극복하면서 소통한다. 논리는 〈인간 공통의 머리 구조〉이고, 그러므로 무엇인가를 설명할 때, 이 공통된 것을 활용하지 않을 수가 없다. '인간 공통의 머리'에 기반해서 언어 표현을 선택하면, 무엇이든 대체로 설명에 성공한다. 인간 공통의 머리를 외면하고, '내 머릿속 생각'만을 표현하면 대체로 실패한다. 평소 말로 설명하면 상대방이 잘 알아듣는데, 글로 설명하면 상대방이 잘 이해하지 못하는 경우가 있을 것이다. 스킬이 문제일 뿐, 그런 사람의 머릿속은 논리적으로는 문제가 없다. '논리적 글쓰기' 훈련이 필요할 뿐이다. 말로도 설명을 잘 못하는 경우라면, 평소 머릿속이 논리적으로 잘 정리되어 있지 않다는 것이며, 개선하려면 더 많이 논리 훈련을 해야 한다.

우리는 무엇인가를 설명한 때, 단어, 문장, 단락을 사용한다. 내가 선택한 단어, 문장, 단락이 상대방의 머릿속 안으로 잘 들어가면 설명은 성공한 것이다. 그런데 우리는 설명할 때, **내 머릿속에만 있는 생각** ― 타인의 머릿속에는 있는지 없는지 모르는 ―을 덧붙인다. 이 '플러스 알파'가 많아질수록 내 설명을 이해하려면 상대방이 노력해야 한다. 그런 노력이 많아질수록 설명은 실패할 가능성이 커진다. 그래서 논리적인 사람은 인간 머리의 공통 부분에 대한 기초를 확실히 하되, 어디까지가 나만의 생각인지를 구별하면서 설명한다.

논리란 인간 머리의 공통 구조이기 때문에, 지나치게 자기 생각에만 중독되지 않는다면, 화자가 사람들의 '상식'을 생각하면서, 자기가 설명하는 데 사용하는 단어, 문장, 단락 중, 어떤 단어에서, 어떤 문장에서, 어떤 단락에서 상대방이 모를 것인지, 헷갈려 할 것인지, 궁금해 할 것인지, 그리하여 그들이 듣고 싶은 것이 무엇인지 예상해 볼 수 있다. 또한 상대방이 이해할 수 없는 표현이 나타나지 않도록 설명을 방해하는 언어를 사전에 검열할 수 있다. 설령 그런 표현을 해야만 하더라도, 논리적인 사람은 상대방이 알아듣기 쉽게 친절하게 뜻풀이하는 것을 잊지 않는다.

넷째, 논리를 공부하면
타인을 효과적으로 '설득'하는 데 유리하다.

설명을 잘하는 사람은 설득도 잘하게 마련이다. 다만 설득은 설명과 달리, 상대방의 이해에서 그치는 것이 아니라, 상대방의 동의나 동참을 요청하면서 자기가 원하는 것을 달성하려는, 더 고차원적인 소통이다. 설득은 주장하는 것이다. 논리적인 주장이냐 논리적이지 않은 주장이냐의 차이가 있다. 전자는 상대방이 납득할 수 있는 근거들만을 제시한다. 우리는 주장과 근거가 잘 어울리면 그것을 일컬어 '논리적이다'라고 말한다. 반면 주장과 근거가 잘 어울리지 못하면 우리는 그것을 일컬어 '뇌피셜이다'라고 말한다.

논리를 공부하면 설득에 필요한 효과적인 근거를 찾을 수 있고, 효과적인 근거만을 제시할 수 있다. 당면한 반박과 예상되는 반박에 대해서도 당황하지 않고 대응할 수 있다. 주장은 반박될 수 있다. 그러나 설득을 위해서는 반박을 견디고 재반박할 수 있어야 한다. 반박을 받고 쉽게 무너지는 주장은 안 하니만 못하다. 주장 자체가 잘못되었다거나 주장 자체를 반박받았다기보다는, 대체로 반박될 만한 근거를 제시했기 때문에 그런 일이 발생한다. 반박

됐어도, 기각됐어도, 설득에 실패했다는 이유만으로, 주장 자체가 사라지는 것은 아니다. 하지만 목적은 달성하지 못한다. 그래서 아무리 올바른 주장을 했어도, 그 주장이 올바르다고 해도, 그 올바름에 알맞은 근거를 선별해야 한다. 주장이 아무리 좋아도, 근거가 잘못되었다면 신뢰를 잃는다. 올바른 주장을 해놓고서는 인상만 나빠지는 역효과만 생기니, 차라리 침묵하는 게 낫다. 논리를 공부하면 내가 어디까지 주장하는 게 좋을지, 다른 사람들이 납득하고 수용할 수 있는 범위가 어느 정도인지를 예상할 수 있다.

요약

1. 논리를 공부하면 타인의 생각과 의도를 제대로 파악하는 데 유리하다.

2. 논리를 공부하면 기존 지식과 세계를 이해하는 데 유리하다.

3. 논리를 공부하면 자기 생각을 효율적으로 '설명'하는 데 유리하다.

4. 논리를 공부하면 타인을 효과적으로 '설득'하는 데 유리하다.

3

논리의 전체 구조

논리를 다양한 관점으로 네 번 중복 설명한다.
그러면 논리의 전체 구조가 보일 것이다.

첫째, 국어력의 관점으로 논리 구조를 보기

논리는 언어로 표현된다. 초능력과 텔레파시를 배제했기 때문에, 우리 머릿속의 생각은 언어로 표현될 수밖에 없다. 그런데 한국 사람의 언어이기 때문에 결국 한국어다.

논리의 가장 기본 단위는 단어다. 자음과 모음이 아니라, 단어다. 왜냐하면 자음과 모음은 그것만으로 독립된 의미가 없기 때문이다. 가장 작은, 최소 단위의 의미는 단어에서 나온다. 비유해서 말하자면, 단어는 **논리의 화폐**, 즉 돈과 같다. 돈을 많이 보유하고 있으면 부자다. 마찬가지로 머릿속에 단어가 많이, 잘, 들어있으면 기본적으로 논리력이 우수한 사람, 논리 부자다.

단어의 기능은 의미의 윤곽을 제공하는 것이다. 그래서 단어를 모르면 의미가 생기지 않는다. 지식은 단어에 담기고, 단어로 전달된다는 점에서 단어를 모르면 지식을 얻기 어렵다. 그래서 어휘력이 중요한 것이다. 어휘력은 논리에서 가장 중요한 의미 중 하나를 차지한다.

그런데 단어는 우리 인간의 머릿속에서 다른 단어와 연결된다. 그 결과가 문장이다. 머릿속에서 문장이 탄생했다. 주어, 목적어, 서술어, 조사 등등 문장 요소의 역할이 나오고, 단어마다 문장에서 차지하는 기본 특성과 역할을 고려해서 품사를 부여하기도 한다. 그것을 문법이라고 한다. 그러나 논리는 문법과 다르다. 문법은 인간이 발명해서 '인위적으로' 섬세하게 발전시킨 것이지만, 논리는 인간의 공통 머리 구조로 발견되는 것이고 '자연스럽게' 존재하므로, 논리는 문법처럼 복잡하지 않다. 논리에서는 문장을 주어와 술어, 그리고 이 두 개를 연결하는 연결사로만 간단하게 나눈다.

단어는 의미의 윤곽만을 제공할 뿐이어서 그것만으로는 인간의 생각이 잘 나타나지 않는다. 그런데 두 개 이상의 단어를 연결해서 문장이 생기면, 드디어 생각이 드러난다. 그래서 문장이 중요한 것이다. 문장은 생각을 담는 그

룻이다. 그리고 그런 단어들의 연결이 논리다.

문장 하나는, '지금, 여기의 생각'만을 담는다. 그런데 머릿속에는 아주 많은 문장이 있고, 여러 개의 문장이 자연스럽게 연결된다. 그런 연결 또한 논리다. 지금, 여기의 생각만이 아닌, 과거 어딘가에서의 생각도 문장으로 연결되는데, 그러면 우리 생각은 '지금, 여기'에서 벗어나 다른 장소, 다른 시간으로 확장된다. 그렇게 해서 〈단락〉이 만들어진다.

단락은 문장의 집합이다. 문장의 집합에는 많은 생각이 포함되어 있다. 이런 단락이 여러 개 연결될 수도 있고, 그러면 여러 개의 문장 집합이 서로 연결되면서, 그와 동시에 더 많은 생각이 모인다. 이것도 논리의 한 측면이다. 만약 그런 생각이 무질서하게 연결된다면 비논리적인 생각이 되고, 만약 그런 생각이 어떤 공통 방향과 공통 의미를 가지면서 연결된다면, 우리는 그런 연결을 일컬어 논리적인 생각이라고 말한다. 그리고 그런 생각 덩어리의 공통점을 〈주제〉라 칭한다. 이제 우리는 내 머릿속 생각을 설명할 수 있다. 우리가 하나의 주제로 문장 혹은 단락들을 연결해서 하는 일을 일컬어 '설명'이라 말한다. 한편으로는 내 머릿속의 생각을 정리하기 위한 목적으로, 다른 한

편으로는 내 머릿속의 생각을 타인에게 전달하기 위한 목적으로 단어와 문장과 단락이 연결되는 것이다.

그런데 내 머릿속의 생각과 타인의 머릿속의 생각이 충돌할 수도 있다. 우리는 저마다 생각이 다르다. 전쟁에서 병사들이 집단을 이루면서 결속하는 것처럼, 이 경우 머릿속의 생각들도 마찬가지로 결속한다. 그런 결속은 당연히 단어, 문장, 단락으로 이루어지는 결속이며, 어떤 방향성을 갖는다. 그런 방향성을 갖고 결속하는 단락들이 만들어 내는 표현의 세계를 일컬어 '논술'이라고 말한다. 시험 과목의 그 논술이며, 신문 사설도 마찬가지로 논술이다. 논술은 더 심화될 수 있다. 그러면 단락의 분량이 늘어난다. 그것이 장chapter이다. 여러 개의 장이 연결돼서 한 권의 책book이 탄생한다.

이처럼 국어력 관점으로 논리는 단어, 문장, 단락, 주제, 논술, 장, 책으로 점점 생각의 깊이와 너비가 늘어난다. 여기에서 가장 중요한 게 무엇이냐 하면, 일단은 단어, 즉 어휘력이다. 나머지는 다른 관점에서 살펴보자.

둘째 논리학 관점으로 논리 구조를 살펴보기

이제부터 설명할 논리학 관점이 펼쳐내는 논리 구조는 앞에서 설명한 국어력 관점과 거의 일대일로 대응한다.

논리학의 가장 기본 단위는 **개념concept**이다. 개념은 단어와 사실상 동일한 의미를 갖는다. 만일 내가 어떤 단어의 의미를 안다면, 그 단어는 내 머릿속에서 개념이라는 이름을 갖는다. 만일 내가 그 단어의 의미를 모른다면, 그 단어는 내게 개념이 아니다. 논리학에서 최소 단위의 의미는 개념에서 나온다. 비유해서 말하자면, 개념은 **논리의 화폐**, 즉 돈과 같다. 돈을 많이 보유하고 있으면 그 사람을 일컬어 부자라 부른다. 마찬가지로 머릿속에 개념이 많이, 잘, 들어있으면 논리 부자다.

개념의 기능은 의미의 윤곽을 제공하는 것이다. 그래서 개념을 모르면 의미가 생기지 않는다. 당연히 지식도 생기지 않는다. 그래서 개념을 많이 아는 게 중요하다. 그런 중요함을 한 단어로 표현한 것이 바로 **어휘력**이다. 개념의 특징과 역할에 대해서는 서양철학자들이 아주 많이 생각했고, 실제로도 우리들 머릿속에서 아주 큰 역할을 하기 때문에, 다음 4강에서 심도있게 다뤄보기로 하자.

그런데 개념은 우리 인간의 머릿속에서 다른 개념과 연결된다. 서로 다른 개념의 연결을 철학자들은 **종합**synthesis이라고 칭한다. 서로 다른 두 개념이 연결됐을 때 문장이 만들어지고, 논리학에서 그 연결된 문장을 일컬어 **판단**judgment이라고 한다. 판단은 주어와 술어로 연결되어 있다. 주어는 한 개의 개념이다. 술어는 주어가 아닌 나머지 한 개 이상의 개념이다. 이렇게 주어와 술어로 연결된 문장을 일컬어 **명제**proposition라 칭한다. 명제는 판단과 동의어다.

어떤 **대상**object에 대해 머릿속에서 판단이 내려졌을 때, 즉 그 대상에 대하여 하나의 문장이 머릿속에서 나타났을 때, 철학자들은 그 대상에 대해 '생각을 했다'라고 표현한다. 즉 논리학에서는 판단이 생각이다. 논리학에서 판단은, 다시 말하면 명제는 생각을 담는 그릇으로 기능한다. 판단력과 사고력은 같은 뜻이다. 이 명제와 판단에 대해서는 5강에서 자세히 다룬다.

반드시 기억해 둬야 할 사항이 있다. 판단 한 개, 즉 명제 하나는, '지금, 여기의 생각'만을 담는다. 그런데 인간은 과거와 미래를 함께 살아가는 존재다. 그래서 인간의 생각은 판단 하나에 만족하지 않는다. 여러 개의 판단이 자

연스럽게 연결된다. 지금, 여기의 생각만이 아닌, 과거 어딘가에서의 생각도, '지금, 여기의 생각'에 연결되는 것이다. 그러면 우리는 '지금, 여기'에서 벗어나게 되고, 이로써 인간의 생각이 도약하고 확장된다. 그것을 일컬어 논리학에서는 **추론reasoning**이라고 말한다. 추론은 논리의 꽃이다. 그러므로 이 '생각의 도약'에 관해서 우리가 자세히 탐구해 볼 필요가 있다. 6강, 8강, 9강에서 아주 상세히 다룰 것이다. 추론에서 인간 이성이 활약한다.

그런데 인간의 머리는 한 개의 추론에 만족하지 않는다. 일단 추론을 통해서 지금, 여기의 판단(생각)에서 벗어나면, 여러 개의 추론도 가능하고, 그런 추론들을 다시 연결해낼 수 있다. 그것이 인간의 지식을 만든다. 그다음 머릿속에 만들어진 지식을 이용하여 무엇인가를 '설명'하거나 '주장'할 수 있다. 그것이 인간의 소통이다. 소통은 평화롭게만 이뤄지지 않는다. 사람들의 머릿속 추론은 다르게 나타나며, 서로 다른 지식을 주장한다. 그래서 논쟁이 발생한다. 하지만 논리학은 수많은 추론의 연결 이후의 일들에 대해서는 다루지 않는다. 추론 덩어리들을 분석할 때, 논리학은 그것들을 개별 추론으로 쪼개서 다룬다. 아마도 학문으로서 논리학이 다루기에는 추론 너머의 언어의 숲이 너무 복잡하고, 너무 다양하며, 너무 변화가 심하

기 때문일 것 같다. 또한 그 정도의 범위에서는 이미 인간 공통의 머리 구조가 아니라, 사람마다 달라지는 의견의 세계여서 논리학의 탐구 범위를 넘어서기 때문일 것이다. 사람들이 관계하는 경험 세계의 실용적인 부분, 다시 말하면 많은 단락이 연결돼서 형성하는 설명, 논증, 논쟁의 세계는 논리학이 다루는 전통적인 범위를 벗어난다. 논리학이 잘 작동하지 않는다는 것이다. 인류 최초로 논리학을 정리한 대철학자 아리스토텔레스가 이것을 모를 리 없었을 것이다. 그래서 아리스토텔레스는 논리학을 정립한 다음에 수사학, 즉 **레토리카**rhetorica를 주창했다. 이에 대해서는 14강에서 소상히 다룬다.

한편 철학자들은 추론을 이끄는 강력한 힘을 알았다. 그것이 바로 **원리**principle이며, 이성의 힘이다.

이처럼 논리학 관점에서 논리는 개념, 판단, 추론, 지식, 소통, 논쟁, 원리로 점점 생각의 깊이와 너비를 늘려나간다. 그런데 논리학에서 가장 중요한 관심사는 개념, 판단, 추론, 이 세 가지 요소다. 현실 세계에서는 지식, 소통, 논쟁, 원리까지 나아가야 하지만, 논리학은 더 이상 전진하지 않고, 경험 세계에 바톤을 넘긴다.

셋째, 논리 기하 관점으로 논리 구조를 살펴보기

머릿속에서 점이 탄생한다. 하지만 이 점은 아직 생각을 표현하는 게 아니기 때문에 0차원이다. 머릿속에 나타나는 이 점이 무엇인가? 단어다. 다시 말하면 개념이다.

두 점을 연결하면 선분이 만들어진다. 이 선분에 의해 최초의 생각이 탄생한다. 그것이 바로 문장이며, 판단이자, 명제였다. 이 1차원의 생각은 '지금, 여기의 생각'이다.

선분과 선분은 연결될 수 있다. 여러 개의 선분이 연결돼서 2차원의 생각이 탄생한다. 그것은 지금, 여기의 생각에, 다른 시점, 다른 장소의 생각까지 연결되는 것이다. 이로써 우리는 좀 더 고차원의 생각을 하게 되는데, 이것을 일컬어 논리학에서는 '추론'이라고 칭했다.

다음으로 인간의 머릿속에서는 수많은 생각들이 복잡하게 연결되면서 지식을 만들어 낸다. 이런 생각의 3차원 공간에서 각종 지식이 탄생하고, 수많은 설명이 나타난다.

그런데 이 공간에서 지식을 획득한 우리 인간은 어떤 주장을 하게 된다. 내 주장에 대해 반박하는 견해도 머릿속

으로 들어올 것이다. 머릿속에서 생각들이 충돌한다. 머릿속에서 주장과 주장이 충돌하는 이 세계에서 인간의 생각은 힘과 방향을 갖는다. 즉 생각의 3차원 공간은 벡터 공간으로 바뀐다. 그리고 이 벡터 공간에서 우리는 각자 더 깊이 생각하고, 더 많은 것을 공부하고, 자료를 모으면서, 자기 주장을 더 강화하려고 할 것이다. 그러면 머릿속 공간은 논리장logic field으로 변모한다. 이런 논리장에서 발생하는 힘과 방향은 아마도 그 사람이 갖는 철학과 가치관에 의해서 결정될 것이다. 만약 자기 철학이 없고, 분명한 가치관이 없다면, 힘은 약해지고, 방향의 일관성도 잃을 것이다.

생각의 공간이라는 개념으로 기하학 관점에서 생각해 본 논리는, 즉 인간 공통의 머리 구조는, 점, 선, 면, 입체, 벡터, 논리장, 가치관으로 점점 고도화된다 하겠다.

넷째, 논리 현실 관점으로 논리 구조 살펴보기

인간의 머릿속에서 점이 탄생한다. 그것은 단어였다. 다른 말로 개념이었다. 단어들이 연결된다. 단어와 단어의 연결, 즉 어떤 단어는 주어가 되고, 나머지 단어는 그 주어를 설명해 주는 술어가 된다. 최초의 연결이 탄생했다. '지금, 여기'에서의 연결이다. 이 연결을 **논리 끈**이라고 칭해 보자. 논리 끈의 한쪽 끝은 주어, 다른 쪽 끝은 술어이다.

자, 논리 끈이 한 개 있다. 이것은 지금 여기의 논리 끈이다. 그런데 다른 논리 끈도 머릿속에서 생겨난다. 복수의 연결이 생겨났다. 이 복수의 연결에서 새로운 논리 끈도 탄생한다. 그것이 추론이었고, 이제는 이런 식으로 많은 연결이 나타났다. 우리의 머릿속에서는 하루에도 수많은 관심사가 생겨난다. 그래서 관심사가 달라지면, 그 바뀐 관심사에 대해서, 아까 말했던 논리 끈과는 전혀 무관한 새로운 논리 끈도 생겨난다.

이런 식으로 머릿속에서는 아주 많은 연결이 탄생한다. 머릿속에는 수십 만 개 이상의 점이 있기 때문에, 관심사의 이동에 따라서 정말이지 아주 많은 연결이 얽힌다.

머릿속의 수많은 연결 상태에서, 우리는 자기 생각을 표현하면서 어떤 주장을 한다. 내 주장에 세계가 복종하는 것은 아니다. 다른 주장이 반론의 힘으로 등장해서 내 주장에 맞선다. 그러면 어떤 논리 끈은 결속하면서 더 단단하게 연결되는 반면, 어떤 논리 끈은 절단된다. 우리가 누군가의 주장을 듣고 그 견해가 타당하다거나 논리적이라거나 합리적이라고 말할 때, 우리는 그 주장과 여러 근거들이 아주 튼튼한 논리 끈으로 연결되어 결속하고 있는 것을 느낄 수 있다. 반대로 어떤 견해를 뇌피셜이라고, 비합리적이며 비논리적이라고 치부할 때, 그 견해에 포함된 많은 논리 끈이 가위질 당해 있을 것이다. 17강은 이 논리 끈과 가위에 대해 더 깊이 살펴본다.

논리 끈으로 이것과 저것이 머릿속에서 연결된다는 사실만큼은 인간 공통이다. 그러나 그것이 어떤 연결인지, 무엇과 무엇의 연결인지, 어느 논리 끈에서 결속과 절단이 발생했는지는 사람마다 다르다. 심지어 같은 사람의 머릿속이라도 어제의 나와 오늘의 내가 다르다. 우리는 인생을 살면서 끊임없는 논리 끈의 결속과 절단을 반복한다. 그러면서 지식을 확장하고, 관계를 형성하고, 목표를 달성하거나 실패하고, 기뻐하거나 반성한다.

이것이 우리의 인생을 구성한다. 우리가 머리를 사용하면서 인생을 사는 한, 참과 거짓이 섞이고 진실과 오류가 합쳐지며 취향과 편견이 덩어리를 이룰지라도, 우리 인생은 논리적일 수밖에 없다.

논리의 전체 구조

요약

1. (국어력 관점) 단어가 등장했고, 문장과 단락이 이어진다. 단락이 모여 주제가 됐고, 주제를 더 설득력있게 표현함으로써 논술이 되었으며, 분량이 늘어남에 따라, 장과 책이 되었다.

2. (논리학 관점) 개념이 처음 등장했고, 이어서 판단과 추론이 나타났다. 추론이 모여 지식을 만들고, 그 지식으로 소통한다.

3. (기하학 관점) 최초의 점이 탄생한다. 그것은 단어였고 개념이었다. 점들이 연결되어 선분이 되자 1차원의 생각이 탄생한다. 이때의 생각은 지금, 여기의 생각이었다. 여러 개의 선분이 연결되어 2차원의 생각이 지금, 여기에서 다른 곳으로 도약하면서 나타난다.

4. (논리 현실 관점) 머릿속에서 점이 최초로 나타난다. 그것은 단어이자 개념이었다. 그 다음 점들이 연결된다. 그러면 문장이자, 판단이자, 명제라는 이름을 갖는 논리 끈의 연결이다. 복수의 논리 끈이 연결될 수 있다. 더 많은 끈이 연결될 수도 있고, 끊어질 수도 있다.

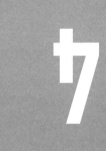

개념이란 무엇인가

사전의 오류

〈자석〉이라는 단어는 개념이다. 〈**Magnetic**〉이라는 단어도 개념이다. 그러나 영어를 전혀 모르는 사람에게 영어 단어는 개념이 아니다. 〈뷁텀쉐〉는 개념이 아니다. 한글로 표기되기는 했고, 단어의 형태를 갖췄지만, 어떤 의미도 없기 때문이다. 〈**แม่เหล็ก**〉는 어떤 이에게는 개념이며, 어떤 이에게는 개념이 아니다. 이 단어는 태국어로 '자석'이라는 뜻이 있다. 그러므로 태국인에게는 개념이며, 태국어를 모르는 한국인에게는 개념이 아니다. 어째서 단어임에도 누군가에게는 개념이 되고, 누군가에게는 개념이 아닌 것인가? 누군가에게는 의미가 전해졌고, 누군가의 머릿속에는 의미가 없기 때문이다. 후자의 경우, 비유해서 말하자면, 압축이 풀리지 않는 동영상, 코덱**codec**이 없는 동영상 같은 것이다. 이 단어를 눈으로 봤어도, 귀로 들었어도, 머릿속에서 복제되지도 재생되지도 않는다.

〈슈퍼 이끌림〉은 아일릿의 신곡 〈**Magnetic**〉의 가사에 포함된 단어이다. 옛날에는 '치명적인 매력' 같이 표현하는 게 보통이었던 것 같다. 그런데 〈슈퍼 이끌림〉이라니, 시대와 문화가 바뀌면서 생기는 변화를 느낄 수 있어서, 이 표현을 듣고, '이거 정말 재밌네'라는 생각이 들었다. 신조어이기는 해도, 아주 커다란 매력이라는 의미가 머릿속에서 나타나니 개념이다. 데뷔하자마자 파격적인 인기를 끌고 있는 걸그룹 〈아일릿〉은 어떨까? 국어사전 설명에서는 개념이 아니다. 그러나 아일릿 팬에게는 당연히 머릿속에서 '그 걸그룹'의 의미를 만들어 내므로 〈아일릿〉은 개념이다. 그러나 아일릿을 전혀 모르는 사람들에게는 당연히 개념이 아니다. 아일릿 팬들의 입장에서 생각한다면, 그들은 〈아일릿〉을 모르는, '개념이 없는 사람'이 된다.

개념은 논리의 시작이며, 논리학의 출발점이다. 그런데 이 단어의 뜻이 상당히 혼란스럽다. 사람들이 어떻게 잘못 이해하고 있으며, 개념의 참된 의미가 무엇인지 살펴보자. 표준국어대사전은 개념을 세 가지로 정의한다. 그중 하나가 '어떤 사물이나 현상에 대한 일반적인 지식'이다. 개념을 설명하는 데 동원된 '사물', '현상', '일반적'이라는 말이 의미적으로 모호하기 때문에, 개념 자체의 의미도 쉽게 납득되지 않는다. 국어사전은 이처럼 개념을

'일반적인 지식'이라고 정의하지만, 앞에서 살펴본 것처럼 개념은 '사람마다 다르게' 작동함을 우리가 알 수 있으니, '일반적'이라는 뜻풀이는 개념의 참뜻과는 어울리지 않는다.

표준국어대사전은 개념의 의미를 추가로 정의한다. '여러 관념 속에서 공통된 요소를 뽑아내어 종합하여 얻은 하나의 보편적인 관념. 언어로 표현되며, 일반적으로 판단에 의하여 얻어지는 것이나 판단을 성립시키기도 한다'라고 설명하는 것이다. 평범한 한국인이 도저히 이해할 수 없는 해설이다. 논리에서 가장 중요한 단어임에도, 사전편찬자가 '개념'의 뜻을 제대로 알지 못한 채 뜻풀이를 한 것이다. 이런 식의 의미로는 논리 혹은 논리학에서 한걸음도 앞으로 나아가지 못한다. 어떤 개념에 대해서는 그런 식의 설명이 타당할지는 몰라도, 적어도 논리학에서 말하는 개념은 그런 게 아니다. 만약 국어사전에 씌어 있는 것처럼, 사람들의 다양한 경험을 초월해서 모든 이가 갖고 있는 '보편적인 관념'으로 개념을 정의한다면, — 철학자 칸트에 따르면 '순수 개념'이라고 칭하겠지만 — 무수히 많은 단어 중에서 아주 적은 개수의 단어만을 선별하여 개념으로 간주하는 것이므로, 이는 마치 태양계가 우주의 전부인 것처럼 착각하는 것과 같다. 인간의 머릿속에는

개념이 아주 조금 있는 게 아니다. 모든 인간이 자기 머릿속에 있는 개념을 모두 꺼내놓으면, 우주의 별처럼 많을 것이다. 그러므로 개념의 뜻에 관해 사전은 수정돼야 한다.

개념은 그저 단어이다. 얼마나 명쾌한가. 그러나 모든 단어가 개념이 아님을 앞에서 살펴봤다. 좀 더 정확하게 표현한다면, **인간 머릿속에서 의미를 만들어내는 단어**, 그것이 개념이다. 철학이 어렵고 어려울 수밖에 없는 이유가, 철학이 개념의 학문이기 때문에 그러하다는 말을 나는 여러 번 들었다. 개념이라는 뜻을 제대로 몰랐을 때에는 반박할 수 없는 견해였다. 과연 그러하다고 생각했던 적이 있다. 하지만 개념이란 '인간 머릿속에서 의미를 만들어내는 단어'에 불과하고, 따라서 개념이 아닌 학문이 없다. 철학이든 과학이든 기술이든 예술이든 인간의 모든 지식은 개념의 학문이다. 모두 단어로 이루어졌기 때문이다. 우리는 지나치게 심오하게 생각하는 버릇에서 벗어날 필요가 있다.

개념의 역할

개념은 그저 의미를 갖는 단어다. '슈퍼 이끌림'처럼 두 개의 단어가 하나의 개념이 될 수 있다. 다만 단어가 머릿속에 떠올랐다고 의미의 전부가 나타나는 것은 아니다. 개념의 머릿속 역할에 관해, 칸트는 **'의미의 윤곽schema을 만들어 낸다'**고 말했다. 의미란 감각을 통해 머릿속으로 들어오는 각종 데이터를 하나로 묶음으로써 생겨난다. 다음 예를 살펴보자.

〈사오정은 몸이 안 좋다. 눈이 침침하고 피곤하며 손발이 좀 저린다. 물을 많이 마신다. 소변을 자주 본다. 그런데 계속 뭔가 먹고 싶고, 실제로 먹는다〉

사오정의 이런 여러 가지 증상에 대해, '질병'이나 '질환'이라는 단어를 사용할 수 있다. 그러면 우리는 사오정의 다양한 증상과 상태를 '질병'이나 '질환'이 갖는 한 단어로 머릿속에서 일원화할 수 있다. 하지만 그런 단어는 의

미의 크기가 너무 크다.[1] 그래서 사오정 증상에 관한 의미의 윤곽이 선명하지 않다. 그런데 머릿속에서 '당뇨병'이라는 단어가 딱 떠오르는 것이다. 그러면 하나로 합쳐진 사오정 증상의 의미가 아주 선명해진다. 이것이 인간 머릿속에서 나타나는 개념의 역할이다. 당뇨병은 개념이다. 물론 당뇨병이 모든 이에게 개념인 것은 아니다. 이 단어를 듣고도 머릿속에서 아무런 일이 일어나지 않는다면(의미 윤곽이 만들어지지 않는다면), 당뇨병이라는 단어를 모르는 것이고, 그러므로 그 사람에게 당뇨병은 개념이 아니다.

〈사과〉는 개념이다. 물건이며, 눈으로 그 형태를 감각할 수 있다는 특징이 있다. 〈과일〉은 개념이다. 감각되는 물건들을 포함하는 추상 명사이다. 〈인권〉은 감각이 없는 추상 명사이다. 〈저작권〉은 전문용어이다. 당연히 개념이다. 역시 감각이 없는 추상 명사다. 이렇듯 개념의 종류를 나눠 볼 수 있기는 하지만, 결국 개념은 머릿속에서 의미를 만들어 내는 단어에 불과하다는 점은 변함이 없다.

[1] 한 단어(개념)에 너무 많은 지식이 들어가 있는 경우를 뜻한다. 이처럼 의미의 크기가 커지면 그 의미의 윤곽은 흐릿해진다. 어떤 지식을 공부할 때, 너무 큰 단어를 사용해서 공부하면 효과적이지 않다.

난해병에 감염돼서 추상 명사만을 개념인 것으로 오해하는 사람을 우리는 종종 만난다. 그러나 개념이란 저렇게나 쉬운 단어였다. 난해병은 '이제 어렵게 생각하는 것을 그만두고 쉽게 생각해 봐야지'라는 의지만 있으면 저절로 낫는다. 고집 부려서 얻을 게 없다. 그런데 아까 살펴본 단어들이 어째서 우리에게 개념이 되었을까? 우리가 그 단어를 알기 때문이다. 다시 말하면 우리가 그 단어를 어딘가에서 공부했기 때문이다. 철학적인 용어로 바꿔 표현한다면, 우리가 그 단어를 '경험'했기 때문이다. 그래서 사람마다 개념의 있고 없음이 다르다. 앎이란 경험이 결정한다. 이런 점만 보더라도, 세상은 논리적으로 이루어진 게 아니라, 경험에 따라 다양한 의미를 가질 뿐이다.

한편 단어마다 윤곽이 다르다. 구체적인 물건을 가리키는 단어의 경우 머릿속에서 제법 뚜렷하게 그 의미를 떠올릴 수 있다. 왜냐하면 인간에게는 **감각**이라는 수단이 있기 때문이다. 그런데 추상 명사의 경우 머릿속에서 그 의미가 애매한 경우가 많다. 감각을 이용할 수 없기 때문이다. 만약 의미의 윤곽이 뚜렷한 개념 위주로 생각을 표현한다면, 커뮤니케이션하는 데 이로울 것이다. 왜냐하면 상대방의 머릿속에서 생겨나는 의미가 내가 기대하는 것과 같기 때문이다. 반면 만약 추상 명사처럼 그 의미의 윤곽의

명확하지 않은 개념을 자주 사용한다면, 소통이 쉽지 않을 것이다. 내게는 분명한 단어일지도, 상대방에게는 그 단어의 실루엣이 머릿속에 나타나지 않을 수 있기 때문이다. 다행히 우리들 머릿속에는 아주 많은 단어가 있으므로 다양한 선택이 가능하다.

이처럼 단어마다 의미의 윤곽이 다르지만, 같은 단어임에도 사람마다 그 단어의 의미가 달라진다는 점도 유념해야 한다. 왜냐하면 사람마다 **어휘력**이 다르기 때문이다. 어휘력이 좋은 사람은 머릿속에서 단어가 만들어 내는 의미의 윤곽이 비교적 선명하게 나타난다. 그렇기 때문에 어휘력이 좋은 사람이 논리력도 좋을 가능성이 크다. 그 사람은 아마도 공부도, 일도, 더 잘할 것이다.

나는 글쓰는 일을 업으로 삼고 있다. 지난 20년이 넘는 세월 내내 무엇인가를 설명하거나 설득하는 글, 다시 말하면 논리적인 글을 수천 건 넘게 써왔다. 흥미롭게도 논리 향상에 진짜 도움이 됐던 것은 그런 수천 개의 글, 사건, 문서, 책이 아니었다. 단어였다. 어휘력이었다. 즉 개념이었다. 그리고 이제부터 설명할 개념에 대한 세 가지 특징, 즉 '크기', '선명함', '소속'이었다. 이것들을 깨닫게 되자 나는 논리와 논리학의 진정한 의미를 알게 되었다.

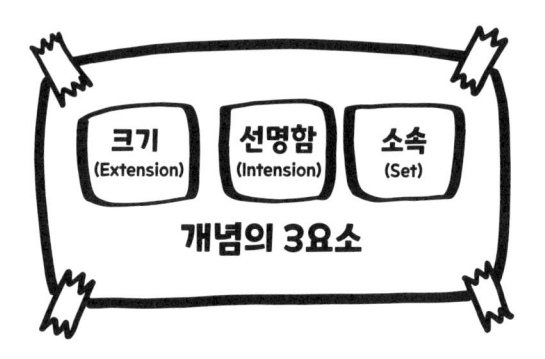

크기
(Extension)

선명함
(Intension)

소속
(Set)

개념의 3요소

의미의 크기

모든 개념은 크기extension를 갖는다. 시각적인 크기가 아니라 **의미의 크기**다. 어떤 단어는 의미의 크기가 작다. 비슷한 뜻이어도 어떤 단어는 크다. 승용차보다는 자동차가, 철학보다는 인문학이, 물리보다는 과학이, 소설보다는 문학이 더 큰 의미를 갖는다. 개념의 크기를 잘 아는 사람이 논리적인 사람이다. 〈사과〉는 감각적인 물건이다. 이런 개념은 크기 파악에 어려움이 없다. 성인임에도 이런 단어의 크기를 분별하지 못하면 바보라고 놀림을 당한다. 이런 놀림이 싫어서 우리가 공부하는 것이다. 〈과일〉은 사과보다 의미의 크기가 크다. 과일 안에 사과가 포함되

기 때문이다. 이런 개념의 크기 관계까지 잘 분별하는 것이 우리의 상식이며 인간의 지식을 구성한다.

〈인권〉이라는 개념은 어떨까? 이런 추상적인 개념의 크기는 사람마다 다르다. 어떤 이는 인권을 굉장히 중요하게 생각하고, 그렇다면 그 사람에게는 이 단어가 갖는 크기가 클 것이다. 반면 인권을 그다지 중요하게 생각하지 않는 사람이 있을 수 있고, 그렇다면 그에게 이 단어의 의미 크기는 작을 것이다. 인류의 역동적인 활동은 머리 바깥 세상에 유적과 문화와 지식을 남긴다. 그뿐 아니라 머릿속 개념에도 역사의 흔적을 남긴다. 과거 인류의 머릿속에는 〈인권〉이라는 개념의 크기가 없거나 있더라도 그 크기가 작았을 것이다. 그러나 현대 인류의 머릿속에서 그 개념은 과거 인류와 달리 아주 크다.

추상 개념은 갑자기 뿅 하고 나타나는 게 아니다. 그런 개념을 내 머릿속으로 가져오려면 공부가 필요하다. 〈저작권〉 같은 전문 용어는 원래 없던 단어였지만, 인류의 문명 발달에 의해 생겨난 단어다. 이런 추상 명사는 공부를 통해 그 크기를 스스로 정의해야 한다. 의존할 수 있는 감각이 없는 데다가, 전문 용어여서 일상생활에서 잘 사용되지는 않는다. 특별한 지식이 있어야 이 단어의 의미가 머

릿속에서 생겨나기 때문에, 만약 이 단어의 크기를 알려면, 〈인권〉이라는 단어보다 더 제대로 공부해야 한다.

이처럼 개념은 크기를 갖는다. 사람 사이에 벌어지는 소통이라는 것은 단어의 크기에 의존한다. 소통하는 사람끼리 같은 단어를 사용하고 있음에도, 머릿속에서 생겨나는 의미의 크기가 다르고, 게다가 그 차이가 크기까지 하다면, 좋은 사이, 좋은 관계를 맺기 어렵다. 어떤 단어의 의미를 지나치게 크게 떠올리는 사람들이 있다. 이 사람들은 남보다 더 애쓰면서 소통해야 한다. 꿈꾸며 사는 사람은 공감을 얻기 어렵기 때문이다. 그런데 내 머릿속 개념의 크기가 타인의 머릿속 크기 안에 있다면, 타인은 내가 사용한 개념을 이해해 주고, 나는 그 타인에게서 얻는 배움이 있으며, 소통에 어려움이 없을 것이다. 개념의 크기를 맞춰가는 과정이 어쩌면 인간 소통의 일면일지도 모른다. 또한 개념의 크기가 다르기 때문에 소통이 필요한 것일지도 모른다. 소통이란 텔레파시가 아닌 논리를 사용하는 것이다. 단어마다 의미의 크기가 다르다는 점, 그리고 단어의 크기를 파악해야 한다는 점, 그걸 아는 게 논리의 출발점이다. 논리적인 사람은, 생각에 맞게, 상황에 맞게, **적절한 의미 크기를 갖는 개념**을, 즉 그런 단어를 머릿속에서 선택한다. 그런 선택 능력이 바로 어휘력이다.

의미의 선명함

모든 개념은 선명함의 세기intension가 다르다. 사람마다 다르다. 다른 사람에 비해 단어의 의미가 머릿속에서 선명하게 나타나는 사람이 논리적인 사람이다. 즉 의미의 선명함이 사람들 머릿속에서 저마다 다르게 나타난다는 것이다. 사람들이 똑같은 단어를 알고 있어도 머릿속이 다른 이유다.

손오공: 개념이란 의미를 갖는 단어일 뿐이야.
사오정: 개념이란 어떤 사물이나 현상에 대한 일반적인 지식이야.
저팔계: 개념이란 여러 관념 속에서 공통된 요소를 뽑아내어 종합하여 얻은 하나의 보편적인 관념을 뜻해. 언어로 표현되며, 일반적으로 판단에 의하여 얻어지는 것이나 판단을 성립시키기도 해.

손오공, 사오정, 저팔계는 '개념'이라는 말 자체의 뜻에 관해 각각 다르게 생각한다. 누구의 견해가 옳은지는 제쳐 두더라도, 개념이라는 단어에 대해 누가 더 선명한 의미를 머릿속에 갖고 있는 것일까? 손오공의 선명함이 가장 세다. 어째서 그럴까? 손오공의 뜻풀이로 쓰인 단어가 일

상 생활에서 흔히 사용하는 감각적인 말이기 때문이다. 내가 그 단어를 안다면 그 단어는 내게 개념이다. 저팔계의 개념은 무슨 말인지 알 수 없다. 개념이라는 단어를 설명하는 데, 개념보다 훨씬 어려운 추상 명사들이 복잡하게 연결돼 있다. 그렇기 때문에 의미의 선명함은 생기지 않는다. 저팔계가 열심히 공부해서 머릿속에 그 단어를 집어넣었더라도 제대로 기능하지 못할 것이다. 똑똑한 사람은 저팔계처럼 공부하지 않는다. 사오정은 명쾌하게 단어 풀이를 하고 있는 것처럼 보이지만, 추상 명사로 추상 명사의 의미를 풀이하고 있기 때문에 그 의미의 선명함의 세기가 약하다. 어떤 단어에 대한 선명함의 세기가 머릿속에서 어느 정도인지 가늠하는 것은 쉬운 일이다. **얼마나 빠르고 정확하게 예시를 제시할 수 있는지**로 알 수 있다. 손오공은 즉시 예를 들 수 있다. 사오정은 생각을 많이 해야 한다. 저팔계는 오랫동안 지식을 쌓아온 학자가 아닌 한 예를 드는 것은 불가능하다.

손오공, 사오정, 저팔계가 이번에는 '형이상학'이라는 단어를 머릿속에 떠올린다. 누구의 견해가 올바른지는 제쳐둔다.

손오공: 형이상학? 변하지 않는 것을 탐구하는 학문이야.

사오정: 형이상학이란 사물의 본질, 존재의 근본 원리를 사유나 직관에 의하여 탐구하는 학문이야.

저팔계: 초경험적인 것을 대상으로 하는 학문을, 형이하 또는 경험적 대상의 학문인 자연과학에 상대하여 이르는 말이야.

손오공의 머릿속에서 형이상학이라는 단어의 의미는 아주 선명하게 나타난다. '변화'라는 것은 **시각적으로** 쉽게 체감하는 아주 흔한 말이고, '변하지 않는 것'이라는 의미가 ― 설령 그것이 무엇인지는 아직 모르더라도 ― 명확하기 때문이다. 그러나 사오정과 저팔계는 추상 명사에 대한 뜻풀이로 여러 개의 추상 명사를 중복해서 사용하기 때문에, 의미의 선명함이 나타나지 않는다. 손오공은 형이상학을 공부하면서 머릿속에 그 단어의 의미를 스스로 정의한 것이고, 사오정과 저팔계는 국어사전에 등재된 표현을 암기한 것이다. 이처럼 같은 단어여도, 머릿속에서 그 단어를 **어떻게 떠올리느냐에 따라** 그 의미의 윤곽이 달라진다. 사람마다 다른 경험, 공부, 지식의 차이에 의해 개념의 윤곽이 달라진다. 형이상학이라는 단어를 들어보긴 했으나, 그 단어가 어떤 의미인지 전혀 모르는 경우, 어렴풋이 아는 경우, 이런 의미로 아는 경우, 저런 의미가 떠

오르는 경우, 그리고 아주 선명하게 그 의미를 이해하는 경우, 이렇게나 의미의 윤곽이 사람마다 다르다.

머릿속 단어 상태가 이처럼 사람마다 다르니, 단어를 써서 생각을 표현해도 그 결과가 달라진다. 예전 대학교 4학년 학생들의 기말고사 답안을 채점할 때의 일이다. 어떤 학생의 답안지가 인상적이었다. 그 학생의 글을 읽으면서, 열심히 공부한 흔적, 수업을 잘 들은 증거, 답안도 정성껏 쓴 인상을 받았다. 그런데 학생의 글에 쓰인 단어들이 정말이지 엉망진창이었다. 철자가 틀린 게 아니다. 문장도 이상하지 않다. 겉으로 드러난 어휘력과 문장력에는 문제가 없다(그렇기 때문에 당사자에게도 문제가 은폐됐던 것이다). 그러나 단어의 의미가 곳곳에서 어긋나 있었다. 거의 모든 추상 명사에서 문제가 발생했다. 이 학생은 단어의 의미를 디테일하고 선명하게 기억하는 훈련이 전연 안되어 있었던 것이다. 단어를 막연하게 기억한다. 그런 상태에서 문장을 암기하고 지식을 머리에 넣으려고 애쓴다. 그러다 보니, 막상 시험을 볼 때 정확한 답안을 작성할 수 없게 되는 것이다. 이런 비논리적인 습관으로 하는 공부, 당연히 좋은 성적을 받을 수 없다. 의미가 선명한 단어만이 논리적인 설명을 만들어 낼 자격이 있다.

논술시험도 마찬가지다. 근거와 주장이 무엇이든, 우선 사용된 단어가 제대로 쓰여야 한다. 단어가 잘못 선택되었는데, 어떻게 좋은 결과가 나오겠는가. 직장생활에서 다양한 문제를 해결할 때, 우리는 확실한 솔루션을 찾기 전에, 먼저 문제를 정의하고 설명한다. 애매모호한 단어로 문제를 표현하면 답이 나오지 않는다. 보고서를 쓸 때에도 마찬가지다. 보고서에 사용되는 모든 단어는 그 의미가 선명해야 한다. 명확한 단어가 근거를 더 근거 있게 어필하며, 불명확한 단어가 그 보고의 신뢰성을 떨어뜨린다. 결국 또 어휘력 문제로 귀결된다. 기억하자. 어휘력, 어중간한 뜻으로는 안 된다. 어떤 단어를 머릿속에 보관할 때에는 가능한 한 선명한 의미로 보관하는 것이 좋다. 또한 타인과 소통하기 위해 머릿속에서 단어를 꺼낼 때, 일일이 검열할 수는 없을지라도, 적어도 그 의미가 선명한 단어를 고르는 것이 좋다. 즉 **쉽고 명확한 단어**가 좋다. 어려운 단어를 사용하는 것이 위험한 까닭은, 그 단어로는 머릿속에서 의미가 선명하게 생겨나지 않기 때문이다. 그러므로 어떤 단어이든지, 가능한 한, 쉽고, 명확하게, 흔히 사용하는 일상 언어로, 가급적 감각적인 언어로 풀어서 이해할 필요가 있다. 사전만으로는 안 된다.

일반적으로 개념의 크기가 커질수록 선명함의 세기는 작

아진다. 예를 들어 사과보다는 과일이, 과일보다는 식물이 선명함의 세기가 약하다. 그래서 추상 명사의 선명함이 감각을 이용할 수 있는 명사의 선명함보다 흐릿한 것이다. 대체로 눈으로 볼 수 있는 개념들은 의미의 크기가 작은 반면, 그 윤곽이 선명하다. 의미의 크기를 키우다 보면 눈으로 볼 수 없게 되는데, 그러면 선명함의 세기는 약해진다. 예외적으로 개념의 크기가 아주 큼에도, 그 의미가 머릿속에서 선명하게 나타날 수도 있다. 철학자의 개념, 위대한 사상가들의 단어 사용법이 그러하다. 우리는 무리하게 철학자 흉내를 내지 말자. 그저 논리적인 사람이 되자. 논리적인 사람이 되려면, 아는 단어의 수가 많아야 한다. 그런데 막연히 단어를 외워서 될 문제가 아니다. 선명함도 필요하다. 두루 사전을 보되, 사전의 뜻풀이에 얽매이기보다는[2] 사전에 수록된 예문으로 그 단어의 윤곽을 가늠해 보는 것이 좋다. 사전보다 훨씬 좋은 방법은 일상 생활에서 사용되는 **평범한 단어**를 수집하는 것이다.

[2] 사전 편찬자가 모든 것의 지식을 정확하게 알고 있다고, 그래서 그 뜻풀이가 정확하다고 가정해서는 안 된다. 지식의 세계에서는 완전무결함만큼 위험한 게 없다. 사전 편찬자의 무지가 독자의 머리 안으로 옮겨 올 수도 있음을 유념하자.

개념은 소속을 갖는다

개념은 저마다 소속이 있거나 소속을 갖는다. 개념은 머릿속에 저장된다. 무수히 많은 단어가 우리들 머릿속에 있다. 그런데 기묘하게도, 경험할수록 공부할수록, 개념은 머릿속에 무질서하게 아무렇게나 보관되어 있는 게 아니라, 모종의 질서를 가지면서 보관된다. 대체로 그 질서는 포함 관계를 갖거나 분류 체계로 이루어진다. 쉽게 말하면 소속이 있거나 소속을 갖는다. 예컨대 〈과일〉이라는 단어에는 사과, 배, 복숭아 등 아주 많은 단어가 속한다. 다시 말하면, 어떤 단어는 다른 큰 의미의 단어에 소속된다. 사과보다는 큰 개념이었던 과일도 〈나무〉의 한 요소가 된다. 나무는 다시 〈식물〉에 속한다. 이렇듯 개념은 어떤 집합의 원소이며, 어떤 집합은 더 큰 집합의 부분집합이다. 과일이라는 단어는 나무가 아닌 〈음식〉이라는 집합에 속할 수도 있다. 이렇듯 단어는 여기저기 다르게 소속될 수 있다.

단어에, 즉 개념에 이런 특징이 있다는 것을, 논리학의 아버지 아리스토텔레스가 몰랐을 리 없다. 이런 특징에 대해 아리스토텔레스는, 그리스어로 〈게노스와 에이도스〉, 한자어로 〈유와 종〉으로 번역되는 분류 체계를 정리했다.

현대의 인류는 집합set 개념으로 그것을 더욱 체계화했으므로, 아리스토텔레스의 이론을 직접 공부하지 않더라도 집합 개념으로 이해하면 충분하다. 집합이란 '모음'이나 '모듬' 같은 것이다. 무엇인가 어떤 모음(모듬)에 속하면, 그 무엇인가를 '원소'라 칭한다.

— 개념은 1개 이상의 어느 집합의 원소이다.

위와 같은 결론은 '경험적으로' 거의 옳다. 그런데 그렇지 않은 개념도 있으니, 이것이 철학자들의 숙제였다. 개념이기는 한데, 도무지 소속을 찾을 수 없는 개념이 있다. 그것을 일컬어 **형이상학적 개념**이라고 한다. 신, 세계 자체, 자유, 영원 등이 그러하다. 형이상학은 이런 소속 없는 개념을 탐구한다.

요약

1. 개념이란 의미를 갖는 단어를 뜻한다.

2. 단어가 논리의 출발점이며, 어휘력은 논리력을 키우기 위해 가장 중요한 요소다.

3. 개념의 세 가지 특징이 있으니, 이것을 잘 기억해 두자.

첫째, 모든 개념은 크기가 있다. 알맞은 크기의 단어를 사용하자. 둘째, 모든 개념은 사람들 머릿속에서 저마다 선명함이 다르다. 가급적 더 선명한 의미의 단어를 사용하자. 셋째, 모든 개념은 저마다 소속이 있다.

5

생각의 탄생,
판단이란 무엇인가

생각의 탄생

인간은 머릿속에서 2개 이상의 서로 다른 개념을 연결해서 '문장'을 만들 수 있다. 이때 문장은 두 부분으로 나뉜다. 주어와 술어다. 주어도 개념이고, 술어도 개념이다. 〈소크라테스는 사람이다〉, 〈그녀는 예쁘다〉, 〈무궁화 꽃이 피었다〉와 같은 문장이 있다.

이들 문장에서 주어는 다음과 같다.

소크라테스
그녀
무궁화 꽃

술어는 다음과 같다. 문법의 서술어와는 다르다.

사람
예쁘다
피었다

이렇게 머릿속에서 개념들이 주어와 술어로 서로 연결돼서 만들어진 문장을 일컬어 논리학에서는 '판단judgment'이라고 칭하거나 '명제**proposition**'라 칭한다. 문장과 판단과 명제, 세 단어는 동의어다. 여기서 네 번째 동의어가 등장한다. '생각'이다. 철학자 칸트는 생각과 판단과 명제를 동의어로 간주한다. 즉 두 개 이상의 단어가 문장으로 연결될 때 머릿속에서 생각이 나타난다.

판단을 해야 생각인 것이다.

명제로 표현돼야만 생각으로 인정된다. 다시 말하면, 단어 하나만으로는 생각이 아니다. 단어들이 머릿속에서 널브러져 있을 뿐 연결되어 있지 않다면 그것은 생각이 아니다. 앞에서 살펴본 것처럼, 개념이 의미의 윤곽을 만들어 내기 때문에, 단어들이 머릿속에서 연상되는 것만으로도 의미가 나타난다. 그러나 그것만으로는 생각이 아니

다. 물론 이때의 생각은, 심오한 의미를 갖는 고차원의 생각을 말하는 게 아니다. 그저 생각이라는 이름을 붙일 만한 수준의, 가장 기초적인 단위의 생각이다.

그러므로 판단이란, 명제란, 문장이란, 생각의 시작을 가리킨다. 그런데 **어째서 판단이라고 하는 것일까?** 논리학에서 말하는 판단이란, 무엇이 참이고, 무엇이 거짓인지, 무엇이 정의이며, 무엇이 올바름인지를 판단할 때의 그런 고차원의 판단이 아니다. 이제 막 탄생한 생각이 고차원의 판단이 될 리는 없다. 우리들이 무엇인가를 생각하려면, 그 무엇인가가 필요하다. 그것을 일컬어 철학자들은 '대상**object**'이라고 한다. 우리들의 생각이란 막연하게 나타나는 게 아니라, 생각의 타깃인 대상이 필요하다. 그래서 대상을 보거나 아니면 머릿속에서 대상을 떠올려서, 그 대상이 무엇인지 판단하는 방식으로 생각이 이루어진다. 하여튼 '그 대상에 대한 판단', 그것이 생각이며, 그래서 생각이란 '대상을 판단하는 것'이다.

그렇다면 여기서 질문,

— 인간의 머릿속에는 판단만 있는 게 아니잖아? 판단하기 전에 머릿속에 있는 단어들, 감각들, 기억들은 무엇이

지? 그런 것들이 판단이 아니어서, 생각이 아니라면 뭐라고 불러야 하는가? 머릿속에 있음에도 문장으로 표현되지 않았다면 중요하지 않은 것인가?

중요하다. 아주 중요하다. 결국 거기에서 생각이 나오기 때문이다. 서양철학자들은 그것에 특별한 이름을 붙였으니, 그게 바로 '**표상**representation'이다. 불교 사상에서 만약 우주 삼라만상을 머릿속으로 가져온다고 가정할 때, '공' 개념과 비슷하다고 할 수 있다. 생각과 표상 사이는 다음과 같은 부분집합 관계에 있다.

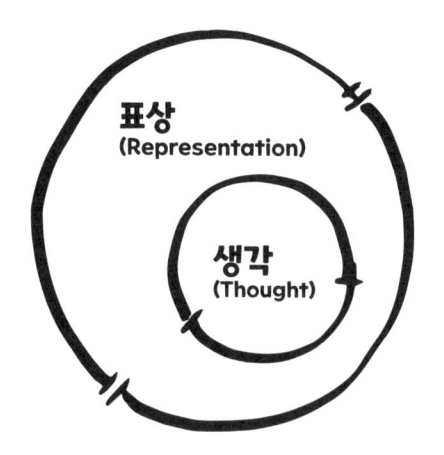

이번에는 이런 목소리가 들린다.

— 〈그녀는 예쁘다〉라는 문장이 명제라고? 이건 우리가 알고 있는 명제의 뜻에 맞지 않아. 명제가 되려면 참인지 거짓인지를 명확하게 구별할 수 있어야 하는데, '예쁘다' 라는 건 참인지 거짓인지 알 수 없잖아? 이건 명제가 아니지.

일반 논리학과 수리 논리학의 차이

판단은 결국 문장이었다. 문법과 달리, 일반 논리학에서 다루는 문장은 오직 판단이 들어간 문장이다. 그런 문장을 일컬어 **명제**라 불렀다. 그래서 아직 판단이 들어갔다고 보기 어려운, 의문문이나 명령문 같은 것은 문장일지라도 논리학이 다루는 문장이 아니다. 아리스토텔레스가 최초로 정립했고 칸트가 그의 주저 「순수이성비판」에서 정리했던 일반 논리학에서 말하는 이런 판단/명제는, 수리 논리학에서 말하는 판단/명제와 많이 다르다는 점, 유의하자. 우리는 고등학교 수학 교과 과정에서 명제론을 배운다. 이것은 아리스토텔레스나 칸트가 말한 논리학에서의 명제론이 아니다. 19세기 무렵에 정립되어 현대 수

학에 포함된 수리 논리학이 가르치는 명제론으로, 이천 년이 넘는 세월 동안 철학에서 다뤄온 명제론을 훨씬 좁혀서 전문화한 것이다. 예컨대 프레게Frege는 수학을 논리학으로 표현하려고 했다. 이런 목적을 위해 심리적인 것과 주관적인 것을 논리학에서 배제했다. 또한 문장은 머릿속에 머물러서는 안 되고(의미가 없고), 명확하게 표현되어야 하되, 함수로 구조화될 수 있어야 했다. 러셀과 비트겐슈타인의 관점도 크게 다르지 않다.

이런 수리 논리학은 참 혹은 거짓을 분명하게 판단할 수 있는 문장이나 식을 명제라 정의한다. 그리고 고등학교 수학 시간에서 이런 정의를 배운 이후로, 우리는 명제를 수학적으로만 이해한다. 그러나 수학자들이 정의, 기호, 연산자 등으로 명제를 다룰 때, 그것은 어디까지나 **수학답게** 개념을 다뤄야 한다는 전제가 있음을 유념해야 한다. 수학이 무엇인가를 학문 대상으로 삼고, 그것을 수식과 기호로 분석하고 연산하며 분류해 낼 때, 그 과정과 결과는 보편성과 필연성을 갖는다. 그러므로 수리 논리학에서 말하는 명제는 그런 보편성과 필연성을 표현해야 한다. 즉 수학식으로 확실하게 나타나야 한다. 그 결과 인간의 문장이 수리 논리학에서 가르치는 명제에 포함되려면, '참 혹은 거짓을 분명하게 판단할 수 있는 문장'이어야 하

는 조건이 붙는다. 수학에서는 인간 개인의 기호와 취향과 감정이 배제된다. 추측과 혼란과 의혹도 배제된다. 그런 성격에 기초한 견해와 주장도 수학의 명제론에서 제외된다. 수리 논리학은 인간 머릿속에 '지금' 존재하거나 실제로 존재할 수 있는 문장(명제 판단, 생각)을 다루는 게 아니라, 인간 머리 바깥으로 나와 이미 표현된 문장 중에서 가장 확실한 문장만을 학문의 대상으로 삼는다(그 까닭에 대해서는 355쪽 참고).

그러나 우리가 인간을 이해하기 위하여, 타인과 나 자신을 더 많이 이해하기 위하여, 그리고 우리가 어떻게 진실에 도달하고 어떻게 오류에 휩싸이며, 어떻게 진실의 조각과 오류의 파편이 뒤섞이는지를 이해하기 위해서는 인간 머리 안으로 들어가야 한다. 다시 말하면 우리가 어떻게 지식을 획득하고, 우리가 어떻게 소통하는지(혹은 소통해야 하는지) 알고자 한다면, 인간 머릿속으로 들어가야 한다. 그리고 그때 나타나는 학문이 일반 논리학이며, **이때의 논리학**이 바로 이 책이 다루는 논리학이다. 전통적으로 논리학은 형식만을 다루며, 이것은 일반 논리학이든 수리 논리학이든 차이가 없다. 머리 바깥으로 표현된 문장 중에서 참과 거짓이 분명한, 즉 필연성과 보편성에 맞는 형식만을 수리 논리학이 다룬다면, 일반 논리학은

머리 안쪽에서 만들어지는 문장 형식을 다루되, '인간 공통'에서 벗어나는 내용에 대해서는 탐구하지 않는다. 내용 탐구는 논리학이 아니라, 다른 수많은 학문이나 기술이 담당한다. 사람의 각종 성향이나 경험에 의해 인간 공통의 머릿속 구조가 영향을 받는 것도 아니다. 그렇기 때문에 어떤 문장을 명제라고 말할 때, 그 문장이 참인지 거짓인지 구별할 필요가 없는 것이다.

〈그녀는 예쁘다〉라는 문장이 명제인지 살펴보자. 수학에서는 명제가 아니다. 참과 거짓을 확정할 수 없기 때문이다. 그녀가 누군지도 모르겠고, 예쁘다라는 것은 주관적이기 때문이기도 하다. 그러나 전통적인 논리학에서는 이것은 **당연히** 명제다. 〈그녀〉라는 개념과 〈예쁘다〉라는 개념이 연결돼서 하나의 판단이 만들어졌기 때문에 명제이며, 실제로 머릿속에서 이런 판단이 생기기 때문에 명제이고, 판단자가 그렇게 생각하기 때문에 명제다. 우리들 머릿속에는 이런 기호, 성향, 경험, 주관이 적용된 생각이, 판단이 무수히 많기 때문에, 이런 문장을 논리에서 제외한다면, 기계보다 앙상한 머리만 남는다. 인공지능조차 〈그녀는 예쁘다〉를 명제로 간주해서 언어 처리를 하는데, 논리학이 실제로 머릿속에서 생겨난 이런 생각을 제외한다는 게 이치에 맞지도 않다.

논리적인 사람과 표상적인 사람

논리학에서 말하는 생각이란 이처럼 개념과 개념을 연결해서 만들어진 판단을 뜻한다. 즉 판단하는 것이 생각하는 것이다. 논리적인 사람은 판단한 것만을 생각으로 간주한다. 그런데 머릿속에서 항상 판단이 생겨나지 않는다. 머릿속에서는 아직 판단의 옷을 입지 않은 온갖 이미지, 인상, 개념, 기억이 있고, 그것을 일컬어 철학자들은 **표상**이라 불렀다. 하지만 우리는 습관적으로 그런 것조차 생각이라고 여긴다. 아직 판단하지 않은 것을 생각으로 간주하는 사람들을 일컬어 **표상적인 사람**이라고 편의적으로 칭해 본다면, 논리적인 사람과 표상적인 사람의 차이를 흥미롭게 비교해 볼 수 있다. 생각의 크기가 아주 다르다.

표상적인 사람도, 인간이므로, 당연히 판단을 내리고 논리적인 생각을 한다. 그러나 머릿속에 있는 수많은 개념을 연결해서 하나의 문장을 만들기보다는 개념들을 머릿속에 놔둔 상태조차 생각으로 여기기 때문에, 논리적인 사람보다 훨씬 그 생각의 범위가 크되, 그 윤곽은 흐릿하다. 반면 논리적인 사람은 머릿속에 개념들이 있는 것만으로는 생각이라고 보지 않기 때문에, 표상적인 사람에

비해 생각의 범위가 작다. 이런 차이 때문에, 논리적인 사람과 표상적인 사람들 사이에서는 대화가 잘 안 된다. 토론은 더욱 안 된다. 전자는 연결된 개념을 위주로 이미 머릿속에 자리잡은 생각을 꺼내면서 신중하게 대화하고, 후자는 생각을 실시간으로 만들어가면서 신속하게 대화하기 때문에, 양쪽 모두 답답할 것이다. 만약 당신이 논리적인 사람이라면, 표상적인 사람을 만나서 나쁘게 생각하지 말고, 그들 머릿속에서 자기처럼 개념들이 연결되도록 소통하는 것이 바람직하다. 만약 당신이 표상적인 사람이라면, 논리적인 사람과 대화하면서 순발력있게 생각을 만들어 내는 데 만족하지 말고, 평소 더 좋은 판단을 생각해 놓는 것이 바람직하다.

사람은 자기 오류를 바로잡을 때, 질적으로 성장한다. 그런데 자기 **오류를 정정하려면 오류가 있어야 한다.** 또 그러려면 잘못되더라도 판단이 있어야 한다. 만일 표상에 머물러 있다면 그것은 판단이 내려진 게 아니기 때문에, 바로잡을 오류가 없다. 결국 표상에 머무를 게 아니라, 설령 오류라 할지라도 스스로 판단하여 생각으로 나아가는 게 그 사람의 성장에 이롭다. 즉 머릿속에서 서로 다른 개념들을 잘 선택해서 연결하는 훈련과 습관이 필요하다. 무엇이든 관찰하면 그 무엇을 판단하고, 어떤 연상이든

머릿속에서 떠오르면 그것을 판단해 보는 것이다. 이런 훈련은 진리를 발견하기 위함이 아니라, 자기 성장을 위함이다. 대체로 그 판단은 오류일 테지만, 지금의 내가 아니더라도 미래의 내가 그 오류를 바로잡으리라 기대해도 좋다. 미래의 당신은 더 논리적인 사람일 것이다. 지금은 미래의 당신을 위해, 더 나은 생각을 듣고서도 미련하게 귀를 막는 행동은 하지 말자.

종합명제와 분석명제

논리학을 공부하다 보면, 〈종합명제〉와 〈분석명제〉라는 표현을 접한다. 종합과 분석이라는 단어가 갖는 어떤 심오한 의미와 분위기 때문에, 한동안 엄청 헷갈렸던 기억이 난다. 하지만 아주 간단한 뜻이다. 먼저 분석명제**Analytic proposition**를 설명해 보자.

〈엄마는 자식을 가진 여성이다〉
〈총각은 결혼하지 않은 남자다〉
〈독약은 독이 들어 있는 약이다〉
〈한국어는 한국사람의 말이다〉

〈먹을거리는 먹을 수 있는 음식이다〉

위와 같은 문장의 경우, 술어는 주어 '엄마', '총각', '독약', '한국어', '먹을거리'의 의미를 분석해서 풀어주기만 한다. 이들 문장에서 주어를 A라고 할 때, 결국 문장들은 의미적으로는 'A = A'가 되고, 따라서 주어 A를 분석하기만 하면, 술어 A가 나타난다. 다시 말하면 술어는 주어를 설명해 줄 뿐이다. 이런 정도의 명제는 1개의 단어, 즉 주어에서 지식을 더 확장하지 못한다. 분석명제에 대한 설명은 끝났다. 다음은 종합명제**Synthetic proposition**이다.

〈엄마는 직장인이다〉
〈총각은 자영업자이다〉
〈도박은 독약이다〉
〈한국어는 블랙핑크 멤버가 사용하는 언어이다〉
〈먹을거리가 비싸졌다〉

위와 같은 문장에서 주어인 '엄마', '총각', '도박', '한국어', '먹을거리'를 아무리 분석해도, 다른 정보가 없는 한, 직장인, 자영업자, 독약, 블랙핑크 멤버가 사용하는 언어, 비싸졌다는 술어가 나오지 않는다. 우주적인 시간을 주고 기다리면서, 주어를 분석하게 해도 그 주어에서는 술어가

생겨나지 않는다. 즉, 주어와 술어는 서로 의미가 완전히 다른, 서로 독립된 개념이라는 것이고, 이렇듯 완전히 다른 단어들이 인간 머릿속에서 연결돼서 만들어진 이 하나의 문장, 이것을 일컬어 '종합명제'라 한다. 여기에서 '종합'이라는 단어의 뜻에는 심오한 의미가 전혀 없다. 그저 서로 다른 의미의 **두 개 이상의 단어가 연결돼서 하나로 결합됐다**는 의미다. 종합명제와 종합판단은 같은 말이다.

이처럼 분석명제와 종합명제의 구별은 어렵지도 않고, 실제로 유용하지도 않다. 그런데도 어째서 철학자들은 분석명제와 종합명제를 구별했을까? 인간 지식이 어떻게 만들어지는지 열정적으로 탐구했던 계몽주의 시대에서 경험론자들은 경험만이 지식을 만들며, 그 지식은 논리학적으로 볼 때 종합명제의 형태를 갖는다고 주장했다. 즉 인간의 지식은 개념과 명제로 이루어지는데, 이것들은 모두 경험으로만 획득 가능하고, 특히 경험을 통하지 않고서는 종합명제가 만들어지지 않는다고 믿었다. 인간이 종합명제를 갖는다는 것은, 한편으로는 서로 다른 의미가 인간의 머릿속에서 연결됨으로써 생각이 탄생한다는 것이고, 그 생각이 인간의 지식을 만들어 주리라는 의미이며, 다른 한편으로는 그런 연결은 자연발생적으로 생겨나는 게 아니라, 인간이 경험활동을 하면서 생겨난다는 의미이다.

그런데 철학자 칸트는, 그런 얘기가 일반적으로 맞기는 해도, 인간 머릿속에는 경험과 무관한 개념이 있기도 하고, 또한 인간 머릿속에서 자연발생적으로 서로 다른 개념이 연결되기도 하더라고 주장했던 것이며, 전자가 바로 **선천적 개념**, 후자가 **선천적 종합명제**, 흔히 말하는 '선험적 종합명제'였다. 그런 개념과 명제의 존재를 증명하는 책이「순수이성비판」이다.

판단의 종류

판단은 명제였고, 명제는 문장이었다. 그리고 그것이 생각의 가장 작은 단위다. 세상에는 무수히 많은 생각이 있다. 그 생각은 결국 문장으로 표현될 것이다. 논리학자들은 그 무수히 많은 인간의 문장을 수집해서 유형별로 정리해 봤다. 그랬더니 그 많던 문장이 몇 개의 유형으로, 즉 몇 개의 판단 유형으로 분류되더라는 것이다. 지금 시대와 비교할 때, 남는 게 시간인 단순한 삶에 한없이 진지했던 중세 철학자들이 아리스토텔레스의 논리학을 정교하게 정리하면서 판단의 유형을 후대에 전승했고, 그것을 임마누엘 칸트가「순수이성비판」에서 12개의 유형으로

정리했다.

그것을 영어로 표현하면 다음과 같다.

Quantity	Quality	Relation	Modality
Universal	Affirmative	Categorical	Problematic
Particular	Negative	Hypothetical	Assertoric
Singular	Infinite	Disjunctive	Apodeictic

19세기 일본 학자들이 이런 판단 유형을 다음과 같이 한자어로 번역했다.

量	質	関係	様相
全称判断	肯定判断	定言判断	蓋然判断
特称判断	否定判断	仮言判断	実然判断
単称判断	無限判断	選言判断	必然判断

일본식 한자도 있지만, 대체로 읽을 수 있는 한자다. 요즘 한자 학습이 과거와 같지 않기 때문에, 젊은 학생들이 잘 읽지 못할지도 모르겠다. 그러나 괜찮다. 일본인 학자에 게서 사사한 한국 철학자들이 다음과 같이 음역했고, 이 것을 지금까지 우리가 사용한다.

양	질	관계	양상
전칭판단	긍정판단	정언판단	개연판단
특칭판단	부정판단	가언판단	실연판단
단칭판단	무한판단	선언판단	필연판단

이것들이 무슨 의미가 있는지에 관해서는 졸저 「괘씸한 철학 번역」[1]에서 자세히 소개했다. 일상 생활에서 사용하는 평범한 우리말로 순화하면 다음과 같다.

양	질	관계	양상
보편판단	**긍정판단**	무조건판단	미정판단
개별판단	**부정판단**	조건판단	확정판단
단일판단	긍정부정판단	선택판단	**필연판단**

논리학과 형이상학을 연계할 수 있다면, 위와 같은 12개의 판단 유형을 기초로 형이상학적 연역[2]을 통해 12개의 선천적 개념[3]을 추론할 수 있다. 그러나 우리는 이것을 잘 모르더라도, 충분히 다음 단계, 즉 추론으로 갈 수 있다.

---

[1] 코디정, 「괘씸한 철학 번역」, 이소노미아, 2023.

[2] 모든 인간이 공통으로 갖고 있는 원리로부터 무엇인가의 존재를 추론하는 것

[3] 칸트는 그것을 '순수 지성개념' 혹은 '범주'라 칭했다.

용어를 모를 뿐이지, 위와 같은 종류의 판단 방식이 우리 머릿속에 들어있는 데다가, 그 내용도 상식적이기 때문이다. '추론'으로 전진하기 위해서 칸트의 가르침을 더 둘러보지는 않기로 한다.

요약:

1. 논리학에서 문장과 판단과 명제는 동의어다. 이때의 명제는 수학에서 정의하는 명제와 다르다.

2. 머릿속에서 단어와 단어가 연결되어 문장이 만들어진다. 즉 개념과 개념이 연결되어 만들어진 문장을 일컬어 명제 혹은 판단이라 칭한다. 이때 인간의 머릿속에서 최초의 생각이 탄생한다. 판단력과 사고력은 같은 말이다.

3. 최초의 생각은 '지금, 여기에서 내려진 판단'이다. 인간은 지금, 여기에서 벗어나는 생각을 할 수 있고, 그것이 다음 강의의 주제다.

쉬어 가는 논리 여행 1

논리학 Q&A

Q1. 머릿속에서 의미를 갖는 단어가 있다고 하자. 논리학은 이것을 무엇이라고 부르는가?

A1. 개념concept.

Q2. 우리들 머릿속에 개념은 많을까 적을까?

A2. 엄청 많다. 고유명사까지 포함하여 수십 만 개를 넘을지도 모른다.

Q3. 개념은 사람마다 같은 의미일까?

A3. 그렇지 않다. 사람마다 다르다. 똑같은 단어여도 그 단어를 아는 어떤 이에게는 개념이며, 그 단어를 모르는 사람에게는 개념이 아니다. 그 단어를 알더라도 '아는 정도', 다시 말하면 '경험의 내용'에 따라 머릿속에서 개념이 제공하는 의미의 선명함이 다르다.

Q4. 사람마다 그 수효가 같을까?

A4. 아니다. 아주 다르다. 어휘력이 사람마다 다른 것과 거의 정확히 일치한다. 경험도 많고 공부도 많이 한 사람은 더 많은 어휘를 머릿속에 갖고 있고, 그러므로 개념을 많이 보유한 사람이다. 반면에 아직 어리거나 경험이 일천한 사람은 머릿속 개념이 적다. 경험이란 머릿속 단어 사전의 분량과 성능을 높이는 행위다.

Q5. 논리학은 무엇을 탐구하는 학문인가?

A5. 논리학은 인간 공통의 머릿속 구조를 탐구하는 학문이며, 참과 거짓 판별에 관련한 내용적인 진리 시금석이 아닌, 머릿속에 무엇인가 나타났을 때, 그것들이 어떻게 연결되는지를 **형식적으로만** 탐구하는 학문이다. 머릿속에는 무수히 많은 단어가 있다. 논리학은 이들 개념의 **다양한 연결**을 탐구한다. 그런 연결을 통해, 지금, 여기에서 생각이 어떻게 탄생했으며, 어떻게 어딘가 다른 시점으로 인간의 생각이 도약하는지, 그리고 인간의 생각이 어떻게 달라지며, 그런 다른 생각 사이에서 사람들이 어떻게 소통하는지에 대한 **공통 메커니즘**을 탐구하는 학문을 일컬어 논리학이라 부르며, 2300년이 넘는 역사를 갖고 있다.

Q6. 학교에서 말하는 논리학과 다른 것 같은데…

A6. 위에서 정의한 논리학은 '사고의 형식'을 탐구하는 일반 논리학이다. 19세기 말에 태동하여 논리학을 수학의 한 분야로 편입시키기 위해 애쓴 수리 논리학이 있고, 이것을 학교에서 가르치고 배운다. 수리 논리학은 머리 안쪽이 아니라 머리 바깥으로 나온 인간의 표현 중에서 기호와 공식으로 표현될 수 있는 문장만을 엄선하여 학문의 대상으로 삼는다. 문장을 탐구하는 방법론 자체는 일반 논리학과 큰 차이가 없다. 그러나 수리 논리학의 탐구 대상에서 배제된 인간의 생각과 표현이 아주 많다는

점에서, 그 학문이 수학의 한 분야로 독자적인 지위를 갖게 되어 안전한 학문으로서 목표를 달성했기는 해도, '인간학'으로서의 지위는 거의 상실했다. 인간의 모호함, 오류, 복잡함, 판단을 내리는 동인을 더 이상 탐구할 수 없게 되었기 때문이다.

Q7. 논리학을 포함해서 철학은 왜 어려운 건가?

A7. 단어 때문이다. 철학이 어려운 까닭은 대체로 두 가지 이유에서 비롯된다. 첫째, 독자들이 단어를 모르기 때문이다. 철학이라는 학문에서 사용되는 단어가 낯설어서 그 뜻을 모르기 때문에 철학이 어려운 것인데, 이것은 모든 학문과 지식에 통용되는 이야기여서 대수롭지 않은 이유다. 일반인이 인공지능에 관한 논문을 읽거나, 전기자동차 기술에 관한 책을 읽거나, 아니면 규방공예나 패션 전문지를 읽어도 마찬가지로 어려울 것이다. 그 분야에서 사용되는 단어를 모르기 때문이다. 그런 분야의 텍스트를 읽으면서 무슨 말인지 모른다고 해서 사람들이 화를 내지 않는다는 점은 흥미롭다. 그런 텍스트를 이해하려면 시간을 써서 단어 공부를 해야 하는 것을 수긍하기 때문이다. 반면 철학 분야의 책에서 무슨 말인지 모르면 화가 난다. 철학은 납득돼야 한다는 암묵적인 기대가 있기 때문이라 생각한다. 둘째, 단어를 머릿속으로 가져오는 습관이 나쁘기 때문이다. 사실 이게 주된 원인이다. 철학 지식을 머릿속으로 가져올 때, 단어의 의미를 쉽고

명확하게, 즉 선명하게 이해하려고 하기보다는, 난해하고 모호하게 이해하려는 오래된 습관이 있다. 이런 나쁜 관습 때문에 지식이 아직 소화도 안 됐는데 만족하고 넘어가고 만다. 그러니까 단어를 모르는 상태가 지속되고, 따라서 과감하게 단어들을 연결하지 못하며, 결국 스스로 생각을 못하고 만다. 자꾸 남 눈치 보고 전문가에 의존하게 되는데, 우스꽝스럽게도 그렇게 애를 썼건만, 시간이 지나면 숙성은커녕 그 단어의 본래 의미조차 까먹는다. 마치 서양철학자들이 한자를 쓴 것처럼 난해한 한자어 번역을 순진하게 믿지만 말고, 철학용어를 머릿속으로 가져갈 때 가급적 쉽게 사용하는 일상용어로 바꿔서 가져가는 습관이 필요하다. 물론 오류 가능성 있다. 이해를 못한 탓에 오류가 생겨날 여지가 없는 것보다는, 미래의 내가 오류를 정정할 기회를 갖도록 하는 게 더 낫다.

Q8. 뇌과학과 논리학은 어떤 차이가 있는가?

A8. 최근 탐구되고 발전하고 있는 뇌과학은 인간 머릿속을 탐구한다는 점에서 논리학과 비슷하다. 그러나 뇌과학은 머릿속 공통 메커니즘뿐 아니라, 인지 과정의 내용과 사람 사이의 차이까지 탐구한다는 점에서 논리학과 다르다. 방법론적으로 보자면, 논리학은 기능 관점으로 인간의 머리를 관찰하고, 언어 및 연역논리에 의해 체계화된 것이지만, 뇌과학은 생물학적 관찰과 귀납에 의해 원리를 도출한다는 점에서 차이가 있다. 뇌과학은 결국

과학답게 이런 뇌와 저런 뇌의 차이를 밝히는 쪽으로 발전할 것이다. 그러나 논리학은 **철학답게** 이 사람의 머리와 저 사람의 머리의 공통 형식만을 고려해 왔고, 앞으로도 그럴 것이다. 그러므로 두 가지 학문의 공존과 지식 공유는 당연한 것처럼 보인다.

Q9. 생각이란 무엇인가?

A9. 논리학에서 생각이란 '판단하는 것'이다. 다시 말하면 개념과 개념을 연결해서 문장을 만드는 것이다. 한 개의 문장은 최소 단위의 생각으로서, '지금, 여기'에서의 생각이다.

Q10. 머릿속에 있음에도 문장으로 표현되지 않았다면 생각이 아니란 말인가?

A10. 논리학에서는 생각으로 취급하지 않는다. 철학자들은 아직 언어로 진술되지 않은 머릿속의 이미지, 기억, 개념, 파편들을 일컬어 특별한 이름을 붙였으니, 그것이 바로 **표상**이다.

Q11. 판단과 명제만을 생각이라고 취급하다니, 인간의 생각을 지나치게 단순화한 게 아닌가? 그렇게 단순화해서 얻는 이익이 무엇인가?

A11. 단순화가 아니라 단위를 말하는 것이다. 인간의 지식은 대체로 단위를 갖는다. 단위가 있어야만 지식이 체계화될 수 있음에 유의하자. '생각의 탄생'만 살펴봤기 때문에 단순화된 것처럼 보인다. 그러나 인간의 생각은 지금 여기의 생각에서 다채롭고 복잡하게 도약한다. 이제 그것을 설명할 때가 되었다.

9

생각의 도약,
추론이란 무엇인가

지금, 여기의 판단

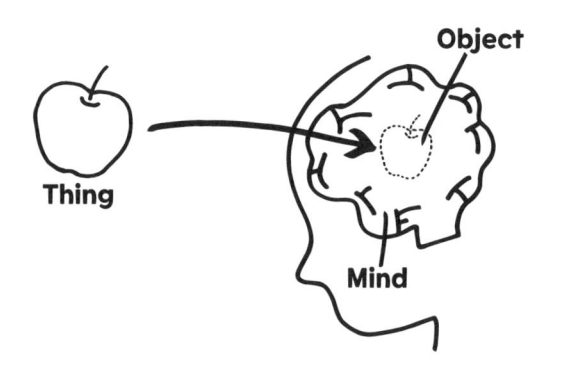

이제 판단의 관점에서 문장을 재구성하자. 판단은 대상에 대한 생각이고, 따라서 판단을 내리려면 대상이 있어야 한다. 여기 어떤 사물thing이 있다. 관찰자가 등장해서 그 사물을 바라본다. 그러면 사물은 대상object이 된다.

여기 꽃바구니가 있다.

관찰자가 이 꽃바구니를 목격하지 않았다면, 그 관찰자에게, 꽃이든 말든, 꽃이 예쁘든 아니든, 그 꽃이 무엇이든, 이것은 아무 의미가 없는 사물이다. 그런데 관찰자가 등장해서, 그 꽃바구니를 목격한다. 그러면 사물은 대상이 된다. 모든 사물이 관찰자에게 대상이 되는 것은 아니다. 극히 일부의 사물만이 우연히 혹은 필연적으로 관찰자에게 나타난다. 이렇듯 사물이 대상이 되는 것은 관찰자에게 하나의 '사건'이다. 그리고 이것이 인간 입장에서 바라본 **세계의 존재방식**이다. 이제부터 3가지 사건을 제시한다.

(1) 꽃바구니 사건

방금 설명한 꽃바구니 사건을 살펴보자. 철학자들은 매우 느리게 생각한다. 철학 공부하는 사람들도 마찬가지로 철학자처럼 느리게, 천천히 생각할 필요가 있다. 그것을 다른 말로 디테일detail이라고 한다. 슬로우slow와 디테일은 다른 단어이지만, 철학 공부에서는 거의 같은 의미의 개념이다. 우리 머릿속에서 순식간에 일어나는 사건을 아주 느리게, 슬로우 비디오 식으로 디테일하게 살펴 보자.

관찰자가 꽃을 바라볼 때, 그 꽃은 머릿속으로 들어온다. 꽃이 있는 그대로 눈을 비집고 들어올 수는 없으므로, 인간 머리가 수용할 수 있는 변환물modification로 변환돼서 들어온다. 그것이 '표상'이다. 표상은 머릿속으로 들어온 데이터다. 따라서 머릿속 변환물은 데이터일 뿐 아무런 정보도 지식도 제공하지 않는다. 만약 관찰자가 그 꽃에 관심이 없어서 스쳐지나가거나, 그 꽃에 관한 한 아예 머릿속이 백지 상태라면[1] 비디오는 거기서 끝난다. 즉 표상으로 끝난다. 그런데 관찰자가 관심이 있거나, 머릿속에 예컨대 {꽃, 꽃바구니, 장미, 예쁘다} 등등의 단어가 있어서, 머릿속 변환물(즉 표상)에 그 단어들을 부여한다. 그러면 머릿속 변환물에 있던 색깔, 형상, 모양, 크기, 질감, 개수 같은 다양한 데이터가 모여 하나의 의미가 생긴다. 개념만으로는 의미의 실루엣만 생겼을 뿐, 아직 생각이 아니다. 관찰자가 개념들을 연결하기 시작한다. 그러더니 다음과 같은 문장들을 머릿속에서 만들어 낸다.

〈꽃바구니가 예쁘네〉
〈이 꽃은 장미꽃이다〉

---

[1] '꽃'에 관련한 개념(단어)이 머릿속에 존재하지 않는다면.

이것이 바로 그 꽃바구니에 대한 판단이며, 명제다. 이때의 판단은 '지금, 여기에서' 만들어진 생각이다. 이 슬로우비디오는 관찰자가 '바로 지금' 그 꽃을 바라보는 순간을 나타내기 때문이며, 대상에서 벗어나지 않고, 그 대상에 대해 판단을 내리고 있기 때문이다.

(2) 맛있는 떡 사건

여기 맛있는 떡이 있다. 만약 너무 허기져서 죽기 일보 직전이라면 개념이고 뭐고 생각할 것도 없이 생존 본능과 식욕의 명령에 따라 떡을 집어먹을 것이다. 그런 상황은 아니라고 전제하자. 우리 머릿속에서 순식간에 일어나는 사건을 다시 슬로우 비디오로 아주 느리게 살펴보자. 관찰자가 그 떡을 바라볼 때, 그 떡은 머릿속으로 들어온다. 떡이 있는 그대로 눈을 비집고 들어올 수 없으므로, 인간 머리가 수용할 수 있는 변환물로 변환돼서 데이터로서 들어온다. 그것이 '떡의 표상'이다. 만약 관찰자가 그 떡에 관심이 없어서 스쳐지나가거나, 그 떡에 관한 한 완전 무지해서 머릿속이 백지 상태라면 비디오는 거기서 끝난다. 즉 표상으로 끝난다. 그런데 관찰자가 떡에 관심이 있거나, 머릿속에 떡에 적용할 수 있는 단어들이 있다면, 몇몇

단어를 선택해서 머릿속 떡의 표상에 부여한다. 그러면 떡에 관한 의미가 생긴다. 개념만으로는 아직 생각이 아니다. 관찰자가 개념들을 연결하기 시작하더니 다음과 같은 문장들을 머릿속에서 만들어 낸다.

〈이 떡은 맛있는 쑥인절미네〉
〈떡 가격이 라면보다 비싸다〉

이것이 바로 그 떡에 대한 판단이다. 이때의 판단은 '지금, 여기에서'의 생각이다. 이 슬로우 비디오는 관찰자가 지금 떡을 바라보는 순간만을 나타내기 때문이며, 대상에서 벗어나지 않은 채 그 대상에 대해 판단을 내리고 있기 때문이다. 지금 여기에서 나타난 생각은 생각이기는 해도 대단한 의미를 지닌 생각은 아니다.

(3) 끼어들기 사건

정체 중인 도로에서 나는 운전 중에 있다. 내 앞에서 끼어들기를 시도하는 포르쉐 차량이 있다. 운전 중에는 신경이 곤두서 있기 때문에, 운전자는 대체로 아주 간단하게 머릿속에서 판단한다.

〈포르쉐는 멋있네〉
〈저 차는 끼어들기한다〉

이것은 끼어들기하는 차량에 대한 판단이다. 그리고 이때의 판단은 앞선 사건과 마찬가지로 '지금, 여기에서'의 생각이다.

내 머릿속에 보관된 과거의 판단들

그런데 우리 인간은 지금, 여기에서의 판단만을 하지 않고, **과거, 어딘가에서의 판단**을 머릿속에서 꺼내기도 한다. 그것을 일컬어 흔히 기억이라 한다. 머릿속에는 무수히 많은 과거의 판단들, 과거의 생각들이 있다. 내가 직접 만들어 낸 판단도 있고, 공부나 학습을 통해 타인에게서 주입된 판단도 있다. 컴퓨터로 비유하자면, 저장소에 보관된 정보를 꺼낼 수도 있다는 것이다. 그런 것들은 내가 직접 했던 것이든, 아니면 타인이 했던 것이든 **과거의 경험**이다. 지식이라는 말을 붙일 수도 있다. 그렇다면 과거의 (경험) 지식이다.

어떤 매개도 없이, 어떤 계기도 없이, 우리는 머릿속에서 과거의 경험을 떠올릴 수도 있다. 그러나 일반적으로 우리는 지금 여기에서의 판단을 **계기로** 과거의 기억을 떠올린다. 예를 들어 꽃이 예쁘다는 판단을 한 다음에, 예쁜 꽃바구니 선물을 받은 사람의 기뻐하는 모습을 떠올릴 수도 있고, 쑥인절미를 보고는 쑥인절미는 찹쌀을 사용해서 만들기 때문에 탄수화물이 많이 들어있다는 정보를 기억해 낼 수도 있으며, 끼어들기하는 차량을 보고서는 교통 규범이라거나 사회생활에서 반칙해서는 안 된다는 어떤 원

리를 떠올릴 수도 있다. 컴퓨터가 데이터베이스로 기록된 과거 데이터를 꺼내지 못한다면 아무짝에도 쓸모가 없는 것처럼, 인간도 머릿속에 보관된 과거의 경험과 기존 지식을 꺼내지 못한다면, 도무지 지능을 사용할 수 없다. 그러나 다행히도 우리는 머릿속에서 과거의 판단을 끊임없이 꺼낼 수 있다. 그 계기는 지금, 여기에서의 판단이다. 현재와 과거가 이처럼 연결될 수 있다면, 인간의 생각은 다른 차원으로 도약할 수 있다.

생각의 도약

앞에서 살펴본 3가지 생각 사건에서 나타난 판단, 즉 명제 중에서 다음과 같이 하나씩만 선택해 보자.

〈꽃바구니가 예쁘네〉
〈이 떡은 맛있는 쑥인절미네〉
〈저 차는 끼어들기한다〉

이들 판단, 문장, 명제는 일종의 사실 판단의 성격을 갖는다. 이 자체로는 가장 기초적인 생각에 불과해서 그다지

대단한 의미가 없다. 그런데 인간은 이 단순한 문장에서 지금 여기에서는 나타날 수 없는 지점으로 생각을 도약시킨다. 예컨대 〈꽃바구니가 예쁘네〉라는 지금, 여기에서의 판단에서, 〈이 꽃바구니를 연인한테 선물해야지〉라는 새로운 판단으로 생각을 도약시킬 수 있다. 이런 판단은 〈꽃바구니가 예쁘네〉라는 문장에는 전혀 들어있지 않은 완전히 새로운 생각이다. 지금 내 눈앞에 있는 꽃바구니라는 대상에는 연인이 존재하지 않으며, 선물을 주는 행동이 포함되지 않는다. 이처럼 **생각의 도약**이란, 최초의 생각을 촉발시켰던 지금 여기의 대상 관점에서 보자면, 무에서 유를 창조하는 행위다. 이런 창조 행위는 유기체 중에서 인간만이 한다.

마찬가지로 〈이 떡은 맛있는 쑥인절미네〉라는 지금, 여기에서의 판단에서, 평소 당뇨의 위험이 있던 그 관찰자(즉, 그 판단자)가 〈떡은 건강에 위험하다〉라는 새로운 판단을 내린다. 이것은 대상에 대한 최초의 생각에는 전혀 없던 새로운 내용이다. 나는 내 눈앞의 떡에서 이탈하여, 내 건강을, 그리고 내 건강의 위험까지 생각하는 것이다. 〈저 차는 끼어들기한다〉라는 지금, 여기에서의 판단에서, 〈내가 클락숀을 눌러서 경고할 필요가 있다〉라는 새로운 생각을 할 수 있다. 내 앞에서 끼어들기하는 차량과, 내 차량

의 클락숀 사이에는 아무런 관계가 없다. 저 차와 내 차의 클락숀은 앞으로도 만날 일이 없다. 그럼에도 나는 지금 저 차 때문에 클락숀을 누른다. 생각이, 지금 여기의 대상을 넘어, 새로운 차원으로 도약한 것이다.

이런 목소리가 들린다.

— 에이, 뭘 그리 심각하게 생각해. 그게 무슨 대단한 일이라고. 흔한 일이잖아? 허풍 떠는 것 같아.

그러나 동물의 관점에서 보면, 이것은 기적에 해당하는 일이고, 그걸 인간이 아무렇지도 않게 해내는 것이다. 생물학자들은 동물 관찰에서는 발견되지 않는 이런 기적을 외면한다. 반면 철학자들은 이런 사소한 일에서 대단한 발견을 한 것처럼 감탄하고 박수를 친다. 관찰자는 지금 자기 앞의 대상에서는 전혀 생각할 수 없던 것을 생각해 낸 것이고, 없음에서 있음이 생겨난 것이니, 철학자들은 이런 생각의 도약, 그리고 이런 도약을 가능하게 하는 머릿속 능력에 각각 특별한 이름을 부여했다. 이제 우리가 이것들을 알아볼 차례다.

지금, 여기의 판단은 대체로 사실 판단이다. 물론 약간 주

관이 섞이지만, 사실에 대한 평범한 판단에 불과하고, 사람마다 그다지 다르지도 않다. 반면 새로운 판단은 견해이며 주장이다. 지금 여기에서의 판단이 근거가 되고, 그 판단을 근거로 지금 여기에서 벗어난 판단이 주장이 되는, 근거와 주장이라는 관계가 나타난 것이다. 이것은 동일한 의미로 전제와 결론으로 표현할 수 있다. 지금 여기에서의 사실 판단이 전제가 돼서, 새로운 판단이 결론으로 나타난 것이다. 만약 지금, 여기에서의 판단이 없었다면, 주장과 결론은 나타나지 않았을 것이다. 이러한 생각의 도약을 일컬어 철학자들은 **추론reasoning**이라고 칭한다. '추리'라고 번역해도 좋다. 그리고 이런 생각의 도약을 일으킨 인간 머리의 특별한 능력을 일컬어 **이성reason**이라 부른다. 〈꽃바구니가 예쁘네〉라는 문장에서 〈이 꽃바구니를 연인한테 선물해야지〉라는 판단을 하는 것, 〈이 떡은 맛있는 쑥인절미네〉에서 〈떡은 건강에 위험하다〉라는 주장을 갖는 것, 〈저 차는 끼어들기한다〉에서 〈내가 클락숀을 눌러서 경고할 필요가 있다〉라고 결론을 내리는 것은, 모두 지금의 대상에서 완전히 벗어나서, 추론을 통해 만들어진 생각의 도약이다. 인간은 사실 판단만으로 행동하지 않고, 주장과 견해에 따라 행동한다는 점에서, 결국 생각의 도약이 내 행동을 결정한다.

추론은 다양하게 표현될 수 있다.

- 첫째, 지금 여기에서의 판단에서, '지금, 여기'에서 벗어나 새로운 판단을 만들어내는 머릿속 작용이다.
- 둘째, 근거에서 주장을 이끌어 내는 것이다.
- 셋째, 전제에서 결론을 만들어 내는 것이다.
- 넷째 사실 판단에서 법적 주장을 하는 것이다. (이때의 '사실'이란 객관적인 의미로서의 사실이 아니라, 생각 주체의 머릿속에서 사실이라고 여기는, 주관적인 사실임에 유의하자)

이 네 가지 표현이 모두 같은 말이다. 지금까지 설명한 내용에 따르면 생각과 추론은 다른 것이다. 물론 광의적인 의미로는 추론도 생각이다. 그러나 문장 하나로 표현되는 생각thinking이란 다음 왼쪽의 그림처럼 대상에 대한 지금 여기에서의 판단이다. 생각이 대상에 직접 닿는다. 반면 추론reasoning은 지금 여기의 생각에만 머물지 않고, 다른 곳으로 도약한 것이다. 오른쪽 그림에서 1번은 지금 여기에서의 판단이다. 2번은 지금 여기에서 벗어나 생각을 도약시킨 판단이다. 0번은 지금부터 설명할 대전제이다.

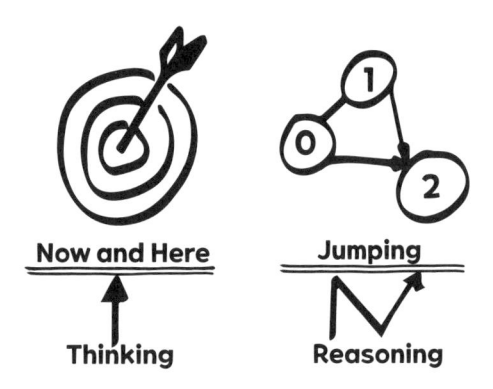

무엇이 이런 추론을 가능하게 했을까? 실제로는 사람마다 다르게 추론한다. 즉, 〈꽃바구니가 예쁘네〉라는 문장에서 〈금방 시든 꽃바구니를 사는 것은 낭비야〉라는 판단을 가질 수 있고, 당 관리를 해야 하는 사람임에도 〈이 떡은 맛있는 쑥인절미네〉에서 〈소량의 떡은 먹어도 괜찮아〉라고 판단할 수 있고, 〈저 차는 끼어들기한다〉에서 〈무슨 사정이 있겠지〉라고 생각하는 것처럼 완전히 다른 추론도할 수 있다. 이런 **추론의 차이**는 왜 발생하는 것일까?

머릿속에 보관되어 있는 그 무엇

추론은 아무렇게나 막 생겨나지 않는다. 머릿속에 보관되어 있는 기존 판단, 경험, 지식이 있어야 한다. 만약 내 머릿속 있는 기존 판단, 경험, 지식이 타인의 머릿속에도 동일하게 존재한다면, 생각의 도약(추론)이 만들어 내는 주장과 결론은 사람마다 차이가 없을 것이다. 왜냐하면 근거가 되는 지금 여기에서의 판단에서는 거의 차이가 발생하지 않기 때문이다. 그러나 머릿속에 보관되어 있는 기존 판단, 경험, 지식이 모든 사람에게 같을 수가 없고, 이런 차이 때문에 추론의 향방이 다채롭게 나타난다. 인간의 경험은 서로 전해지며, 관습과 문화가 공유되고, 통념과 교육을 통해 공통 관념이 생겨나기 때문에, 상식 수준에서는 사람마다 비슷한 추론이 나타나고, 나타나기를 기대한다. 그래서 성장 환경이 비슷하고, 경험도 거의 비슷하며, 가치관도 비슷한 사람들은 앞으로의 생각과 행동과 감정도 비슷해지는, 영혼의 친구가 될 수 있다. 그래서 오랜만에 만난 친구가 자신과 똑같은 생각을 하고 있을 때의 신기함은 놀랄 만한 현상이 아니다. 인간 머릿속 프레임이 그렇게 짜여 있기 때문이다. 이처럼 머릿속에 보관되어 있는 그 무엇이 사람들의 추론에 결정적인 영향을 미친다. 그와 같은 기존 판단, 경험, 지식이 추론에 영향을

미칠 때, 그것을 일컬어 〈대전제〉 혹은 〈원리〉라 부른다.

다시 앞에서 말했던 3가지 생각 사건을 살펴보자.

꽃바구니 사건에서, 관찰자의 머릿속에, 〈사랑하는 사람에게 선물하는 것은 참으로 가치있는 일〉이라는 원리를 가진 사람은 〈꽃바구니가 예쁘네〉라고 판단한 다음에, 그 꽃바구니를 사서 사랑하는 사람에게 선물하는 행동은 자연스럽다. 만약 과거에 꽃을 선물한 경험이 있다면, 이런 추론은 더욱 쉽게 일어날 것이다. 그러나 관찰자의 머릿속에 〈절약과 경제성의 원리〉가 강하게 자라잡고 있으면, 그 꽃이 예쁘다는 사실에 동의하더라도, 일주일이면 시들 꽃을 사는 것은 경제적 낭비라고 생각하면서, 꽃을 사지는 않을 것이다.

떡 사건에서, 당뇨 관리를 해야 하는 관찰자의 머릿속에 〈철저한 탄수화물 식단으로 건강을 유지해야 한다〉는 의무 원리가 강하게 자리잡고 있는 사람은, 〈이 떡은 맛있는 쑥인절미네〉라고 판단한 다음에, 〈이 떡은 당덩어리야〉라고 이어서 추론한 다음, 인절미를 먹는 행동은 건강에 해롭다고 판단할 것이다. 그러나 평소 〈예외없는 규칙은 없다〉고 생각하는 관찰자라면, 다음부터 조심해서 관리하

자고 다짐하면서 그 떡을 먹을지도 모른다.

끼어들기 사건에서, 관찰자의 머릿속에 교통 규범이 자리 잡고 있으며, 〈끼어들기는 반칙이다〉라는 원리가 들어있다면, 〈저 차는 끼어들기한다〉라고 판단한 후에, 끼어들기를 방해하는 행동을 할 가능성이 크다. 그러나 관찰자가 길을 몰라서 잘못 차선을 선택한 탓에 〈어쩔 수 없이 끼어들기를 해야 했던 자신의 기억〉을 떠올리는 경우, 〈사람마다 다급한 사정이 있을 수도 있다〉라는 원리가 작용해서 순순히 양보를 하는 행동을 할 수도 있다.

이처럼 추론에서 대전제 혹은 원리는 거의 절대적인 영향력을 보인다. 그것이 무엇이냐에 따라, 같은 사실 판단을 했음에도, 의견과 주장과 행동이 달라지는 것이다. 그러므로 논리에서는 이런 **대전제의 역할**을 어떻게 이해하고 다룰 것인지가 아주 중요하다. 그런 구체적인 방법론이 바로 연역과 귀납이다. 7강에서 대전제를 입체적으로 고찰한 다음, 연역 추론은 8강에서, 귀납 추론은 9강에서 상세히 다룬다. 그리고 11강과 12강에서도 추론 이슈가 계속 이어질 것이다. 우리가 이렇게 추론을 상세히 다루는 까닭은, 추론이 논리의 꽃이기 때문이다. 한편, 거의 대부분의 대전제는 경험의 산물이다. 경험이 없다면 필경 대

전제도 없을 것이다. 논리에서 경험이 갖는 중요성에 대해 10강에서 상세히 설명한다.

오성과 이성

철학자들은 아주 섬세한 감각을 가진 관찰자들이며, 중요한 의미를 놓치지 않고 감탄하는 사람들이다. 생각의 사건들에서, 우리 인간은 어떤 '대상'을 보고, 〈꽃바구니가 예쁘네〉, 〈이 떡은 맛있는 쑥인절미네〉, 〈저 차는 끼어들기한다〉라고 판단했다. 다른 생물들의 관점에서 보더라도, 이런 생각만으로도 대단한 일이다. 이런 생각의 힘을 **사고력 1**이라고 해보자. 그런데 지금까지 살펴본 추론의 결과, 지금 바라보고 판단하는 대상에서 완전히 벗어나서는, 〈이 꽃바구니를 연인한테 선물해야지〉, 〈떡은 건강에 위험하다〉, 〈내가 클락숀을 눌러서 경고할 필요가 있다〉라고 생각해 내는 것은 더더욱 대단한 일이다. 이런 생각의 힘을 **사고력 2**라고 하자.

철학자들은 이 사고력 1과 사고력 2를 구별한다. 전자의 사고력은, 대상에 대해서 관찰자가 머릿속 개념을 적용해

서, 지금, 여기의 판단을 만들어 내는 사고력이었다. 그런데 후자의 사고력은 과거에 보관되어 있는 판단을 이용해서 대상에서 완전히 벗어나 생각을 도약시키는 추론의 사고력이었다. 질적으로 완전히 다르다. 철학자들은 전자의 사고력 1을 오성understanding이라 칭하고, 후자의 사고력 2를 일컬어 추리력, 즉 이성reason이라고 한다. 요즘에는 오성 대신에 지금은 '지성'이라고 부르는 것이 좀 더 일반적이다. 〈이 시대의 '지성'은 어디에 있는가?〉라는 문장에서 사용하는 그런 의미의 지성이 아니다. 대상을 판단하고, 그 판단을 통해 지식을 얻을 수 있는 지적인 능력, 즉 **지능으로서** 인간 머리의 지적인 특성을 뜻한다. 다시 말하면, 지금, 여기에서 대상을 판단하는 머릿속 생각의 힘은 understanding, 즉 지성이라는 이름을 주자.[2] 그런데 지금, 여기의 대상과 무관하게 새로운 생각으로 도약하는 추론 reasoning을 하는 머릿속 생각의 힘에 대해서는 이성reason 이라는 이름을 주자. 지성은 단순한 생각의 탄생을 담당

---

[2] 내가 만일 학문을 하는 사람이어서 철학계에 언어를 확산하는 입장이었다면, '오성'이나 '지성'이 아닌, '지능'으로 번역하자고 주장했을 것이다. 오성은 의미를 전하지 못하는 터무니없는 일본식 번역어이고, 지성은 의미를 헷갈리게 만드는 용어이기 때문이다. 평범한 한국인이 '지성'이라는 말을 사용했을 때의 그 지성이 아니며, 이성과의 의미적 위계에도 어울리지 않으니, 지성이라는 단어도 '사고력 1'에 대한 번역어로 그다지 좋지 않다.

하고, 이성은 생각의 도약을 담당한다. 그런데 앞에서 살펴본 것처럼, 지성이 작용하는 지금 여기에서의 생각이 아니라, 과거 어딘가에서 보관된 대전제가, 지금 여기에서의 판단을 매개(근거)로, 추론하는 주장(결론)이 인간의 행동을 결정해 버리기 때문에, 인간 행동은 단순히 지능의 지배가 아닌 **이성의 지배**를 받는 것이다.

철학자 아리스토텔레스가 〈**인간은 이성적 동물**〉이라고 말했을 때, 그것은 단순히 대상을 이해하고 판단할 수 있는 동물을 뜻하지 않았다. 대상에서 벗어나 생각의 도약을 할 수 있는 생명체라는 의미였다. 한나 아렌트가 유태인을 학살한 홀로코스트의 관리자이자 실행자인 아돌프 아이히만에 대해 부여한 '생각하지 않은 죄'에서 그 생각이란 사고력 1, 즉 지성이 아니라, 사고력 2, 즉 이성이 역할하는 생각을 뜻한다. 왜냐하면 이성이 하는 생각이란, 지성이 하는 단순한 생각과 달리, 인간으로서 더 선한 행동을 하되, 악한 행동을 하지 말도록 추론하는 생각이기 때문이다.

이리하여 논리의 기초가 끝났다. 개념에서 시작하여 판단을 거쳐 추론에 이르렀다. 단어를 출발점으로 삼아 문장을 만들었고, 몇몇 문장들이 연결되는 원리를 살펴보았

다. 다시 말하면, 우리는 단어에서 문장으로, 어휘력에서 판단력으로, 그다음 높은 수준의 추리력인 이성을 만났다. 그렇지만 우리는 고작 단어 하나에서 시작해서 서로 연결된 몇 개의 문장까지 살펴보았을 뿐이다. 이런 단순한 고찰에도 불구하고, 독자들의 머릿속에서 아주 큰 자극이 나타났으리라 추측한다. 어떤 이는 근본적인 변화를 체감했을 것이다. 왜냐하면 우리들은 인간임에도, 수십 년을 살면서도, 거의 단 한 번도 인간 머릿속의 구조를 면밀히 들여다 보지 않았기 때문이다. 우리의 관심과 지식이란 고작 우리 머리 바깥으로 표현된 문장에 담긴 것에 그쳤을 뿐이다.

죽은 자들이 남긴 책, 생물학자들의 관찰 결과, 물리학자들의 심오한 좌절, 소프트웨어 개발자들의 성과, 경제적 혹은 생태적 디스토피아, 영상을 통해 전달되는 지식에서 우리는 자극을 받는다. 머리 안쪽에서 벌어지는 신비한 사건의 일부를 어느 뇌과학자 혹은 심리학자가 머리 바깥으로 꺼내서 발표하기도 한다. 하지만 그런 것들은 모두 우리 머리 바깥에서 나타나는 사건들이다. 그런 사건들이 당신에게 영향을 미치기는 해도 당신은 그 사건의 당사자가 아니다. 2300년 동안 탐구했던 인류의 머릿속 세계의 기본 구조를 논리학이 가르쳐 왔건만, **어처구니 없게도**

우리는 너무 오랫동안 이 지혜를 외면해 왔다. 우리의 불성실함에도 불구하고, 주인의 관심이 없어도, 우리 머리는 일한다. 그 주인은 인생의 온갖 답답함을 느끼면서도 자기 머리에게 질문하기보다는 인간 머리와 비슷한 일을 하는 AI에게 질문한다. 남이야 무슨 일을 하든, 우리는 우리의 머리 안으로 더 깊이 들어가 보자.

요약:

1. 지금 여기에서의 판단을 근거로 지금 여기에서 벗어나는 새로운 판단이 생겨날 수 있다. 그것을 '생각의 도약'이라 부르자.

2. 생각의 도약은 아무렇게나 생겨나지는 않는다. 인간의 머릿속에는 '이미 보관되어 있는' 기존 판단, 경험, 지식이 있다. 그것들이 논리에서 '대전제'로 작동한다. 우리가 지금 여기에서 어떤 판단을 내리면, 그 판단이 대전제를 소환하고, 그러면 대전제가 생각의 도약을 결정한다. 그것을 일컬어 '추론'이라 부른다. 추론이 생각의 도약이다.

3. 지금 여기에서의 판단을 담당하는 머리의 요소를 '지성'이라 부르고, 지금 여기에서 생각을 도약시키는 머리의 요소를 '이성'이라 부른다. 즉 이성은 추론 능력(추리력)을 뜻한다.

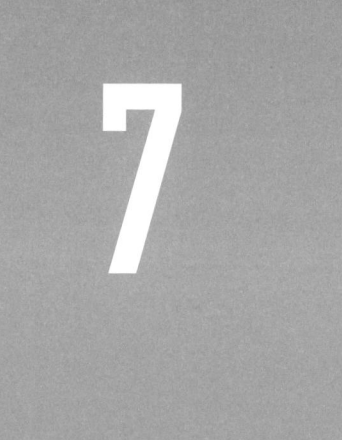

토대 구조 모형

- 토대 구조 모형을 통해 추론을 더 입체적으로 살펴볼 수 있다. 생각의 토대를 이루는 대전제 우세력 하에서 추론이 행해진다.
- 대전제는 인간 머릿속에 무수히 많고 사람마다 다르다. 그런데 만일 모든 인간이 갖고 있는 불변의 대전제가 있다고 가정한다면, 그때 논리학과 형이상학이 만난다.
- 근거와 주장 사이에는 기울기가 있다. 내리막길 기울기에서 근거는 주장을 강화한다. 반면 오르막길 기울기에서는 근거가 주장을 약화한다.

벤다이어그램의 한계

벤다이어그램은 논리 이론에서 많이 사용된다. 대체로 개념의 포함관계를 설명하는 데 이롭다. 간단한 논증의 타당성을 확인하는 데에도 유용하다(15강과 16강에서 벤다이어그램의 유용성을 상세히 다룬다). 〈사과〉라는 개념은 〈과일〉이라는 개념 안에 포함된다. 이것은 의문의 여지

가 없다. 전기 자동차와 내연 자동차 관계에서는 교집합이 있다. 바퀴와 차체의 여러 가지 요소들은 항상 이 교집합 안에 있다. 특히 전기 자동차의 특징과 내연 자동차의 특징을 모두 갖는 하이브리드 자동차가 존재한다. 이것을 벤다이어그램으로 이해하는 데 어려움이 없다.

그런데 추상 개념의 관계를 생각하거나, 추론에서 전제와 결론을 설명하는 데에는 벤다이어그램에 한계가 있다. 예를 들어 〈차별〉과 〈공평〉이라는 두 개념 사이의 관계에서 차별이라는 개념은 공평이라는 개념 안에 포함되지 않는다. 거꾸로 차별이라는 개념 안에 공평이라는 개념이 포함되는 것도 아니다. 의미적으로 차별과 공평의 교집합도 생각하기 어렵다. 그렇다고 차별과 공평을 떼어놓고 보면, 이 두 개념의 관계에 관해 우리가 할 수 있는 것은 고작 전체집합을 생각하는 일인데, 인간 혹은 인간 사회라는 무의미한 전체집합만 가정하게 된다. 그럼에도 차별과 공평은 분명히 관계가 있고, 공평이 차별보다 더 중요한, 더 큰 개념처럼 느껴진다. 그런데 벤다이어그램에서는 그 관계성을 전혀 설명하지 못한다.

토대 구조 모형

그래서 나는 〈토대 구조 모형〉을 제안한다. 포함관계가 아닌 우세력 혹은 규정력에 의한 관계를 모형화해 본 것이다. 이런 모형을 통해, 추론에 대한 이해와 통찰이 개선되리라 생각한다. 논리학과 형이상학은 떼려야 뗄 수 없는 관계에 있음에도, 우리는 좀처럼 논리학과 형이상학을 연계하지 못한다. 그러나 이 모형을 통해 논리학과 형이상학이 어떻게 연계되는지 직관적으로 파악할 수 있다. 그런 이점 때문에 토대 구조 모형이 서양철학의 정수에 좀 더 가깝게 접근할 수 있는 도구 역할을 하리라 생각한다. 물론 이 모형의 도입 이유는 그 유용성에 있다. 인간 머릿속의 구조가 더 쉽게 파악되기 때문이다. 만약 우리가 토대 구조 모형이 제시하는 관계를 잘 파악한다면, 우리 자신뿐 아니라 타인까지 포함해서 인간의 생각을 더 많이 이해할 수 있을 것이다.

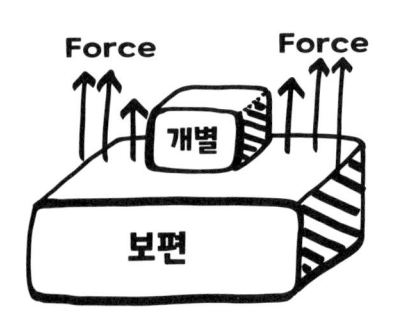

토대 구조 모형은 벤다이어그램처럼 2차원이 아닌, 3차원 모델이다. 먼저 토대가 있고, 그 위에 판단이 놓인다. 보편적인 개념이나 원리가 토대를 차지하고, 이 토대 위에 개별적인 상황에서 생기는 구체적인 판단이 위치한다. 토대를 이루는 보편이 개별에 대해 우세력을 발휘한다. 아주 강한 영향력을 갖는다고 이해하면 되겠다. 보편과 개별은 포함관계가 아니므로 모순이 생기지 않는다. 이런 관계가 다음 예제들을 통해 이해된다면, 이 모형을 더 일반화해서, 과거에 어딘가에서 습득되어 보관되어 있던 판단이 토대를 차지하면서, 그것이 지금 여기의 판단에 우세력을 행사한다고 이해해도 좋다.

몇몇 예를 들어 보자.

현대인에게 정의justice는 보편적인 원리다. 그러나 모든 경우에 정의가 관철되는 것은 아니다. 정의가 보편적인 원리이기는 해도, 인간의 사사로운 삶과 인간 사회의 다양함 속에는 정의 개념을 적용하기 어려운 상황이 많다. 그럼에도 정의는 무시될 수 없으며, 그것이 헌법 원리가 되거나 법률의 강행 규정이 된다. 하지만 인간이 만든 법률 중에는 편리함이나 유용함을 목적으로 만들어진 것이 훨씬 많다. 그것을 일컬어 편의expediency라 부른다. 이것은 보편적인 게 아니라, 개별적인 것이며, 필수적인 게 아니라 유용한 것이다. 그러므로 정의가 편의에 대해 우세력을 행사한다.

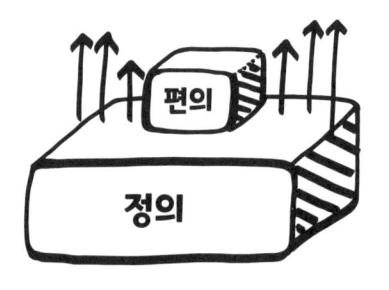

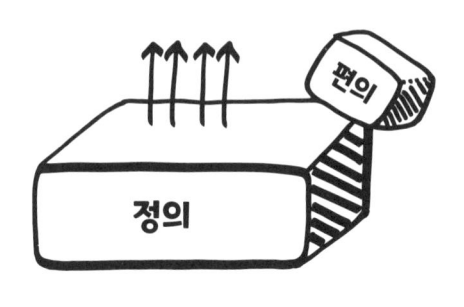

그렇기 때문에 다음 그림처럼 개별적인 상황에서 편의가
정의라는 토대를 이탈했다는 판단이 들면, 우리는 어쩐지
오류를 느낀다. 머릿속에서 뭔가 잘못되었다는 기분이 즉
각적으로 생겨나는 것이다.

다른 예를 살펴보자. 공평의 원리는 보편적이고, 차별은
개별적이다. 사람을 차별해서는 안 된다는 인간 존중의
공평 개념을 인정하기는 해도, 시험을 통해 사람들의 자
격을 차별적으로 인정한다. 사람 사이에 차이와 차별이
인정된다 해도, 그것만으로는 공평의 원리가 무시되는 건
아니다. 공평과 차별이 공존하더라도 공평의 원리는 개별
적인 차별에 우세력을 갖는다.

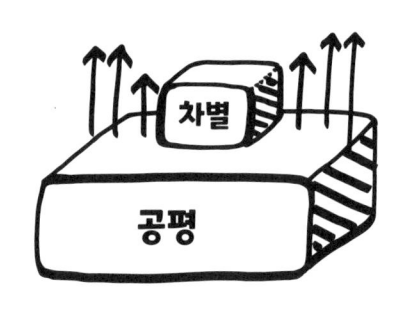

그런데 공평의 원리가 지켜져야 하는 상황에서 부당하게 특혜가 행해지고 근거 없이 차별이 현실 속에서 발생할 수도 있다. 이런 상황을 목격한 우리들의 머릿속에서, 다음 그림처럼, 차별이 공평의 원리를 저버리고 있다는 판단이 생기면, 우리는 즉시 오류를 느낀다.

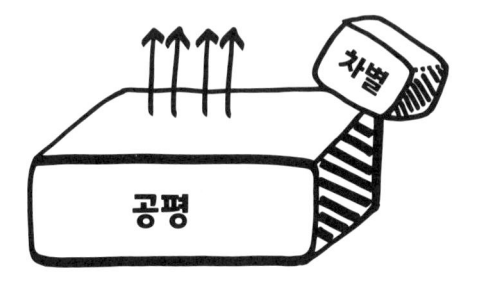

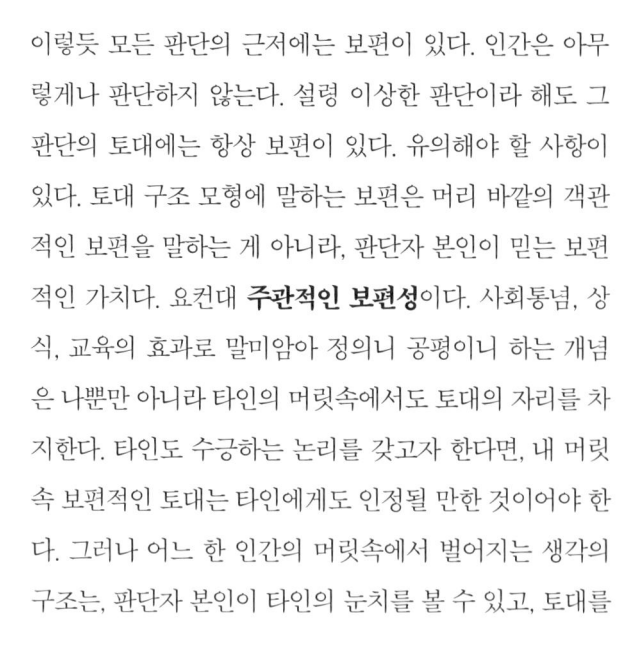

이렇듯 모든 판단의 근저에는 보편이 있다. 인간은 아무렇게나 판단하지 않는다. 설령 이상한 판단이라 해도 그 판단의 토대에는 항상 보편이 있다. 유의해야 할 사항이 있다. 토대 구조 모형에 말하는 보편은 머리 바깥의 객관적인 보편을 말하는 게 아니라, 판단자 본인이 믿는 보편적인 가치다. 요컨대 **주관적인 보편성**이다. 사회통념, 상식, 교육의 효과로 말미암아 정의니 공평이니 하는 개념은 나뿐만 아니라 타인의 머릿속에서도 토대의 자리를 차지한다. 타인도 수긍하는 논리를 갖고자 한다면, 내 머릿속 보편적인 토대는 타인에게도 인정될 만한 것이어야 한다. 그러나 어느 한 인간의 머릿속에서 벌어지는 생각의 구조는, 판단자 본인이 타인의 눈치를 볼 수 있고, 토대를

형성하는 데 타인의 주입된 생각이 작용했을 수는 있어도, 타인이 직접 머릿속으로 들어와 간섭하지는 못한다. 그러니 토대 구조 모형에서 보편은 주관적인 보편이 되는 것이다.

논리학과 형이상학의 만남

이상의 토대 구조 모형을 지난 강의에서 설명한, 생각의 도약, 추론에 적용해 보자. 추론은 위와 같은 토대 위에서 생각을 도약시키는 것이다.

우리는 6강에서 추론을 네 가지 다른 방식으로 설명했다. 마찬가지로 네 가지 다른 방식으로 이 모형을 이용해서 설명한다. 다 같은 의미다.

- 첫째, 지금 여기의 판단(판단 1)에서 새로운 판단(판단 2)으로 이행하는 것을 추론이라 한다. 추론은 '동일한 토대 위에서' 행해진다.
- 둘째, 근거를 이용한 주장이 추론이다. 근거와 주장 사이의 관계는 토대 위에서 만들어진다. 토대 위에 있는 근거는 직접 근거이다. 그런데 토대의 배후 근거가 없으면 이런 추론은 가능하지 않다. 즉 근거만이 주장에 영향력을 미치는 게 아니라, 토대의 원리도 주장의 근거로 작용한다.
- 셋째, 추론은 전제에서 결론을 만드는 일이다. 전제가 두 개가 있다. 토대 위에도 있지만, 토대 자체도 전제이다. 전자를 소전제, 후자를 대전제라 한다. 대전제가 없으면 이런 추론은 가능하지 않다.
- 넷째, 토대는 단순한 대전제가 아니라 법률의 근거로서 역할을 한다. 토대가 법률의 근거로 작용하면, 사실 판단에서 이루어지는 추론은 법적인 권리 주장이 된다.

세상은 복잡하다. 따라서 세상을 이해하는 우리 머리도 복잡하다. 현실에 맞게 이 모형을 조금 더 복잡하게 수정해 보자.

첫째, 근거는 다수일 수 있다. 모든 근거가 주장에 이로운 것은 아니다. 어떤 근거는 주장을 강화하고, 어떤 근거는 주장을 약화한다. 강한 근거는 토대 위에 있다. 토대에서 이탈될 것 같은 근거는 주장을 약화하고, 토대에서 벗어난 근거는 그 주장에 대해 잘못된 근거다.

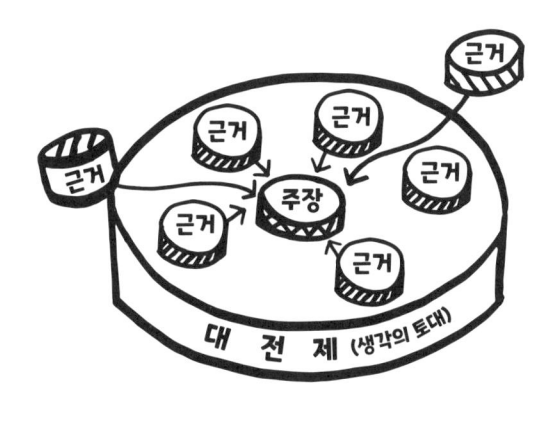

둘째, 토대가 다른, 즉 대전제가 다른 추론은 가능하지 않다. 전제와 결론은 동일한 토대 위에 있어야 한다. 대전제라는 토대에서 벗어난 추론이 타당하려면, 새로운 논리적 토대가 필요하다.

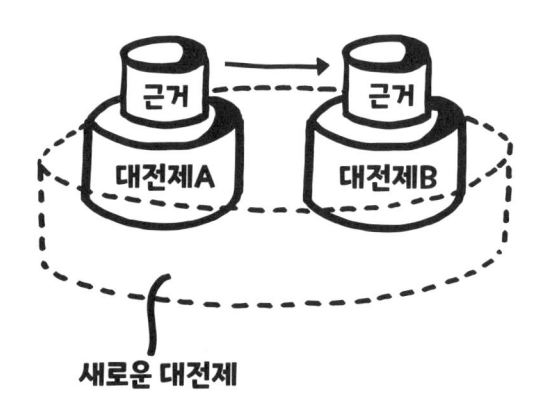

셋째, 근거와 주장은 아주 많다. 그러나 근거와 주장만 많은 게 아니다. 인간의 머릿속에는 토대도 많다. 주장과 근거의 관계만을 탐구하면 시야를 잃는다. 수많은 토대 중에서 어떤 토대인지까지 우리는 살펴봐야 한다. 토대끼리의 다툼에 관해서는 13강에서 자세히 살펴볼 것이다. 우

리들 머릿속 프레임에는 무수히 많은 토대가 있고, 이런 수많은 토대가 사람마다 다르기 때문에, 근거가 같아도 견해와 주장이 사람마다 달라진다.

넷째, 우리들 머릿속에는 수많은 토대가 대전제로 존재하고, 그것들이 모든 이에게 동일한 것은 아니다. 그러나 그 수많은 토대 중에서, 다시 말하면 대전제로 작동하는 개념이나 원리 중에서, 누구나 갖고 있는, 누구에게나 적용되는 절대적인 대전제가 있지는 않을까 하고 생각해 볼 수 있을 것이다.

만약 인간이라면 모두 갖고 있을, 마땅히 인간의 머릿속에 존재하는 대전제가 있다면, 그런 대전제는 '보편적인 토대'가 되는 것이고, 그렇다면 그런 대전제는 누구나 갖고 있는 원리이며, 다시 말하면 인간의 머릿속에 새겨진 원리임이 틀림없을 것이다. 그것이야말로 진리일 터다. 누구의 머릿속 프레임에서든지, 인간이라면 변함없이 갖고 있는 **저 불변의 대전제**야말로 진리일 것이라는 발상, 그런 발생이 생기는 곳, 바로 여기가 논리학과 형이상학이 만나는 지점이다.

형이상학은 불변의 진리를 탐구하는 철학이다. 그런데

'그것이 진리다'라고 우리가 말할 때, '그것'이 무엇인지를 명확히 가리킬 수 없다면 진리라 불릴 자격이 없다. 그런데 경험은 사람마다 달라서 경험이 관여하는 곳마다 '그 무엇'은 사람마다 달라질 수밖에 없다. 경험 세계에서 만물은 변화를 겪는다. 그래서 불변을 탐구하는 형이상학과 변화를 목격하는 경험은 서로 모순 관계에 직면한다. 그러므로 경험 앞에서는 형이상학적 진리는 존재하기 어렵다. 그런데 인간 공통의 형식만을 탐구하는 논리학은 대전제가 위치하는 자리를 보장한다. 그 자리에 '불변의 무엇'이 놓인다면, 혹은 모든 인간이 갖는 공통 대전제가 있다면, 바로 그 대전제가 형이상학이 탐구하는 진리가 된다. 이처럼 형이상학이 논리학을 만나면, 이제 형이상학은 누구나 공통으로 갖고 있는 추론의 대전제를 탐구하는 학문으로 진화한다. 인류는 실제로 모든 근거와 주장 관계에 적용할 수 있는, 가장 보편적인 토대를 원했다. 그것이 한때는 신이라는 이름으로, 진리라는 이름으로, 현대에 이르러 인간 존엄성이라는 이름으로 믿거나 추구했거나 선언되었다. 논리 추론에서 대전제는 형이상학적으로 중요한 의미를 갖는다는 사실을 잊지 말자.

삼단논법을 하나 거론해 보자.

〈사람이 죽으면 천국에 간다〉
〈나는 이제 죽는다〉
〈그러므로 나는 천국에 간다〉

이 삼단논법은 대전제, 소전제, 결론에 이르는 추론 과정이며, 논리적으로는 인간 머릿속에서 가장 탄탄한 추론의 결과를 보여준다. 동물 관찰에서 인류의 본성과 인류사를 유추**analogy**[1]하는 진화론에 비해 '논리학적으로는' 완벽하다. 그런데 우리는 이 삼단논법에서 문제를 느낀다. 또한 굉장히 위험한 완벽함이기도 하다. 왜냐하면 테러리스트 순교자는 머릿속에서 이런 논리로 폭탄을 들고 뛰어들기 때문이다. 〈천국〉 대신에 다른 것을 넣어도 마찬가지다. 웹소설 클리셰들의 주인공들은 이런 논리로 다른 세계로 간다. 이 클리셰의 삼단논법은 이런 것이다. 사람이 죽으면 〈이세계〉에 간다. 주인공은 이제 죽는다. 그러므로 주인공은 이세계에 간다.

이런 삼단논법의 문제는 대전제, 즉 〈사람이 죽으면 천국에 간다〉라는 대전제를, 설령 어떤 개인이 머릿속에서 보

---

[1] 유추에 대해서는 11강에서 자세히 설명한다.

편적인 원리로 삼는다 해도, 그 대전제가 진짜인지 검증할 수 없다는 데 문제의 본질이 있다. 그래서 다음 단계가 중요하다.

다섯째, 만약 어떤 추론이 소통에서 범용적으로 사용할 만한 유용성을 가지려면, 대전제는 보편적인 경험 지식이어야 한다.

철학자 칸트는 「순수이성비판」에서 삼단논법의 대전제는 경험으로 검증할 수 있어야 한다고 주장했다. 그렇지 않다면 일루젼illusion이 발생한다. 즉 **착각의 논리**가 된다는 것이다. 이런 착각의 논리가 종래 형이상학의 문제였음을 지적했다. 그러나 이런 착각의 논리에서도, 토대 구조 모형은 동일하게 적용된다. 대전제는 진위 여부에 아랑곳하지 않고 여전히 강한 우세력을 발휘한다. 그러나 경험이 이것을 통제하지 못한다면, 대전제의 우세력은 언제든지 폭주할 수 있다. (내가 믿는) 신이 존재한다라는 대전제로 인간의 모든 판단과 생각을 좌지우지할 수 있기 때문이다.

이상으로 토대 구조 모형을 살펴봤다. 이 토대 구조 모형을 제시해 본 까닭은, 추론에서 토대에 주목해야 함을 강조하고 싶었기 때문이다. 또한 그래야만 이제부터 살펴볼 **연역과 귀납의 참된 의미**를 이해할 수 있기 때문이다. 요컨대 추론을 제대로 하려면 근거와 주장의 공통 토대에 위치하는 배후 근거, 즉 대전제를 찾아야 한다. 또한 개인적인 추론에 만족하지 않고, 타인과의 소통을 원한다면, 자신의 대전제가 타인에게도 인정될 수 있어야 한다. 그것이 논리적인 소통의 관건이라 하겠다. 만약 우리가 전혀 다른 성향, 경험, 가치관을 가진 사람과 소통을 하고자 한다면, 성향, 경험, 가치관이 다르기 때문에, 그 혹은 그녀가 자기 논리의 대전제로 삼는 개념이나 원리가 다를 수 있다. 그리고 그걸 우리가 모를 수 있다. 소통의 열쇠는 그 사람의 대전제를 제대로 추측하는 데 달려 있다.

대체로 그 과정은 이러하다. 그 사람의 대전제를 추측해 본다. 갖고 있는 정보가 부족하다면, 상식에서 대전제를 생각해 본다. 그이의 대전제를 잘 모르기 때문에, 처음부터 너무 강한 주장을 하지 않는 게 좋다. 그가 어떤 대전제를 갖고 있는지 모르는데 어떻게 강한 주장으로 그와 소통할 수 있겠는가. 강한 주장을 하려면 언제나 사전에 상대방의 대전제가 탐색돼야 한다. 항상 성공하는 것은 아

니다. 그럼에도 대전제에 주목해야 한다는, 분명한 목표
는 어느 정도 설명한 것 같다. 자세한 내용은 13강에서 살
펴보기로 하자. 근거와 주장을 분별했고, 추론이 대전제
에서 행해진다는 것에 우리가 주목했다면, 이제는 근거의
기울기를 살펴봐야 한다.

근거의 기울기

우리는 주장에 대해 어떤 근거들을 제시한다. 어떤 근거를 제시할지는 나의 자유, 당신의 자유다. 주장 책임은 있어도 근거 책임은 없다. 그러나 근거가 좋으면 주장이 빛나고, 근거가 나쁘면 주장은 빛을 잃는다. 주장이 생기면 그 주장의 근거들이 당연히 만들어지는 평화로운 과정은 없다. 근거들과 주장 사이에는 일종의 힘이 작용한다. 인간 공통의 머리 구조 안에는 시간의 흐름이 있고 그래서 원인과 결과가 생기며, 있음과 없음, 필연과 우연, 긍정과 부정 등의 개념이 누구에게나 있고, 이런 공통 개념이 근거와 주장 사이의 관계에 작용한다. 그래서 그것들이 기울기를 만든다.

이제 기울기 모형을 설명하자. 이 모형에서 주장은 고정되어 있고, 근거에는 바퀴가 달려 있다고 가정하자. 우리는 17강에서 강한 연결과 약한 연결을 살펴볼 것이다. 그때 근거와 주장 사이의 더 구체적이고 현실적인 관계가 드러나리라 생각한다. 그러려면 추론 자체를 더 많이 탐구해야 하기 때문에, 일단 기울기 모형으로 대강의 관계만을 생각해 보기로 한다. 근거와 주장이 숙명처럼 연결되는 게 아니라, 임의로 연결되는 것이며, 그것은 선택의

문제라는 메시지를 전하고 싶다.

주장을 강화시키는 근거가 있다. 말하자면 '내리막길 근거'이다.

그림에서 직관적으로 알 수 있는 것처럼, 근거들이 주장에 자연스럽게 달라붙는 경우가 되겠다. 예컨대 주장이 결과이고, 근거가 원인일 때, 이러한 인과관계가 사람들에게 자연스럽게 이해된다. 예컨대 A라는 병원에서 의사가 10명 있었는데, 3명이 나갔다. 그래서 이것을 근거로 의사를 추가로 채용한다고 주장할 때, 이런 근거는 주장을 강화시킨다. 우리 머리가 자연스럽게 느끼는 인과의 추론이다. 물론 그런 주장을 반박하는 더 강한 근거, 예컨대 병원 환자의 수가 30% 정도 줄었다는 등의 다른 사실 판단이 나오면 기울기는 변한다.

반면 주장을 약화시키는 근거도 있다.

말하자면 '오르막길 근거'로서 근거와 주장의 관계가 부자연스러운 경우이다. 예컨대 법정 소송에서 저작권 침해를 주장하면서 **아이디어와 컨셉**이 유사하다는 근거를 제시한다면, 그런 근거는 주장을 약화시킨다. 왜냐하면 저작권법은 독립된 '표현물'을 보호하는 것이지 아이디어와 컨셉을 보호하는 법률이 아니기 때문이며, 대법원은 아이디어와 컨셉은 저작권의 보호대상이 될 수 없음을 판결로 천명해 왔기 때문이다.

이상한 근거도 있다.

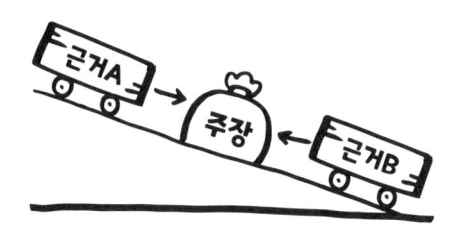

근거 A는 주장을 강화하지만, 근거 B는 주장을 약화시킨다. 주장을 뒷받침하는 근거는 다다익선이라고 생각하는 나쁜 습관 때문에, 유불리를 따지지 않고 근거 A와 근거 B를 함께 제시하는 것이다. 예컨대 병원 의사수 감소를 근거(근거 A)로 의사를 추가로 채용한다고 주장하면서, 장차 의사의 퇴직이 늘어날 수 있다는 근거(근거 B)를 함께 제시하는 것이다. 근거 B는 미래의 가능성에 불과하고, 그런 가능성과 무관하게 필요에 따라 의사를 더 충원할 수 있고, 환자수 감소 때문에 의사 충원이 병원의 중요한 이슈가 아니게 될 수도 있다. 그러므로 확실하지 않은 미래의 사실 때문에 쓸데없는 지출을 늘린다는 논리에 의해 반박될 수 있다. 약한 근거는 제시하지 않는 게 좋다.

다른 근거의 설득력을 없애는 모순되는 근거를 제시하기도 한다.

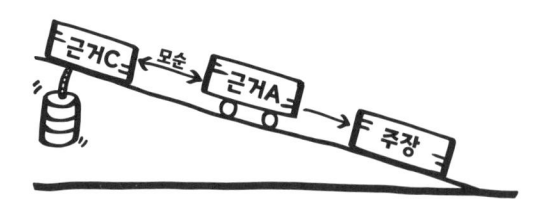

근거 A를 제시하면서 근거의 A와 모순되는 근거 C를 제시하는 경우인데, 예컨대 문해력 문제를 해결하기 위해 한자 교육의 확대를 주장하면서, 그 근거로 어휘력의 증대 효과(근거 A)를 제시하고서는, 지나친 영어 사용의 폐해 방지(근거 C)를 말하는 것이다. 혹은 한글 전용을 강조하면서, 소통의 용이함(근거 A)을 근거로 제시하고서는, 순우리말의 아름다움(근거 C)을 말하는 것이다. 앞의 예에서는 한자 대신 영어를 적극 사용하면 어휘력이 증대될 수 있다는 점에서 근거 A와 모순되고, 뒤의 예에서는 대중이 전혀 모르는 아름다운 순우리말을 발굴해 봤자 소통에 거북함만 초래할 수 있다는 점에서 근거 A와 모순된다. 굳이 근거 C를 말하지 않아도 된다는 말이다.

앞의 저작권 침해 사례를 다시 들어보자. 저작권 침해를 주장하면서, 그 근거로 두 표현물이 서로 유사하다는 근거 A를 제시하고서는, 아이디어 도용이 우리 사회를 해친다고 비판하는 특허 관련 기획 기사를 근거 C로 제시하는 것이다. 그런데 저작권 침해 사건에서, '표현물 유사'와 '아이디어 도용'은 모순되는 근거이다. 전자는 저작권으로 보호해야 하는 근거로 작용하지만, 후자는 저작권으로 보호하면 안 된다는 근거로 작용하기 때문이다(따라서 '아이디어 도용'이 아니라, '창작물 표절'의 폐해를 근거로 제시해야 한다). 그래서 우리는 근거를 제시하기 전에 과연 그 근거가 다른 근거와 모순되지 않는지를 섬세하게 검토해야 한다.

요약

1. 토대 구조 모형을 통해 추론을 더 입체적으로 살펴볼 수 있다. 생각의 토대를 이루는 대전제 우세력 하에 추론이 행해진다.

2. 대전제는 인간 머릿속에 무수히 많고 사람마다 다르다. 그런데 만일 모든 인간이 갖고 있는 불변의 대전제가 있다고 가정한다면, 그때 논리학과 형이상학이 만난다.

3. 근거와 주장 사이에는 기울기가 있다.

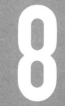

인간 지식의 코어, 연역

오해와 편견

두 가지 잘못된 지식을 바로잡자. 사람들이 흔히 말하기를 추론에는 연역법과 귀납법이 있으며, 이 양자는 서로 대립한다고 하면서, 마치 인간의 추론은 이 둘 중 하나의 선택이라는 것이다. 과연 그럴까? 지난 7강에서 살펴본 것처럼, 인간 머리는 대전제가 활약하는 영토이고, 대전제가 활약하는 한, 그런 대립과 선택은 성립하지 않는다. 연역법은 귀납법과 대립하는 게 아니며, 둘 중 하나를 선택해서 추론해야 하는 것도 아니다. 추론에 관해서는, 즉 생각의 도약에 관해서는, 그저 모든 인간 머릿속에 공통된 기본 프레임이 있고, 그게 바로 연역일 뿐이다. 인간은 기본적으로 연역법으로 추론한다. 귀납법은 연역법을 위해 존재할 뿐이다. 이에 대해서는 이어지는 제9강에서 다시 자세히 설명하기로 한다.

또 사람들이 말하기를 연역법은 '두괄식'으로 이해하면

되고, 귀납법은 '미괄식'이라고 해설하는 것이다. 터무니 없는 견해다. 연역법과 두괄식은 전혀, 아예 상관이 없다. 두괄식은 글의 핵심을 먼저 얘기하는 글쓰기 방식에 불과하고, 생각의 도약과는 아무런 관련이 없다. 연역법은 머릿속 원리를 이용해서, 지금 여기에서의 생각에서, 또 다른 생각으로 도약하는 추론을 의미하고, 두괄식과는 아무런 관련이 없다. 예를 들어 보자.

연역추론의 대표적이고 전형적인 모형을 일컬어 **삼단논법Syllogism**이라 한다.

〈모든 인간은 늙는다〉
〈정우성은 인간이다〉
〈그러므로 정우성은 늙는다〉

소전제인 〈정우성은 인간이다〉라는 문장은 지금 여기에서의 판단이다. 이것은 이 추론의 주장이 아니다. 대전제인 〈모든 인간은 늙는다〉라는 문장은 과거 어딘가에서 머릿속에 새겨져 있는 것이고, 이 또한 주장이 아니다. 그러나 지금 여기에서의 판단이 근거가 돼서 대전제를 호명하면, 〈정우성은 늙는다〉라는 결론으로 도약한다. 처음에는 그저 정우성이 인간이라는 생각만 나타났고, 그런 다

음 이 생각과는 무관한 늙는다는 새로운 생각이 더해졌다. 이 마지막 결론이 주장이다. 그러나 사람들은 그저 일반론에 불과한 대전제를 주장으로 착각하기 때문에, 연역법은 두괄식이라고 오해하는 것이다. 이런 연역법을 두괄식 표현으로 바꾸면 다음과 같다.

〈그렇지만 저는 정우성이 늙는다고 생각합니다. 왜냐하면 정우성은 인간이기 때문입니다(중략), 모든 인간은 늙는다는 것을 여러분도 아시잖아요?〉

이 짧은 단락의 글에서 핵심 주장, 〈정우성은 늙는다〉가 맨 앞에 있다. 연역추론의 교과서적인 순서에서는 결론으로서 맨 나중에 나왔던 문장이, 두괄식에서는 맨 앞에 위치하는 것이다. 그런 게 두괄식이다. 당연하게도 연역추론은 미괄식으로도 표현할 수 있다. 그러면 연역추론의 교과서적인 순서와 같아진다. 다시 말하면 연역추론은 두괄식이 아니라 차라리 미괄식인 것이다.

〈정우성은 인간입니다. (중략) 그런데 모든 인간은 늙지 않습니까? 그러므로 저는 정우성도 늙는다고 생각합니다〉

이처럼 핵심 주장을 맨 뒤에 배치하는 것이 미괄식 표현법이다. 그러나 추론은 표현법이 아니라, 인간 이성이 머릿속에서 활동하는 **생각의 프레임**이다. 즉 연역은 미괄식으로도 두괄식으로도 자연스럽게 표현된다. 그런데 이런 연역추론의 흥미로운 점은 대전제는 생략 가능하고, 대체로 생략된다는 점이다. 예를 들어 〈정우성은 늙습니다. 왜냐하면 그는 인간이기 때문입니다〉라는 문장은 완벽한 연역법이다. 단지 대전제인 〈모든 인간은 늙는다〉라는 문장이 생략되어 있다. 우리는 이런 생략을 자연스럽게 생각한다. 왜냐하면 이 추론의 대전제는 너도 알고, 나도 알고, 모두가 아는 보편적인 원리이기 때문이고, 인간은 누구나 같은 머리 구조를 갖고 있어서 보편적인 원리가 공통 대전제로 나타난다면, 공통된 추론을 할 수 있기 때문이다. 그렇기 때문에 보편적인 대전제를 생략한다고 해서, 의미 전달에 어떤 문제도 생기지 않는다. 그러나 두괄식 혹은 미괄식은 '대전제가 아닌 주장'을 표현하는 방식이며, 그러므로 핵심을 생략할 수 없다. 주장을 표현하지 않아도 그 주장을 이해하는 초능력을 인간이 갖고 있지 않기 때문이다.

토대와 구조

토대와 구조 모형에서 설명한 것처럼, 인간의 머릿속 프레임에서는, 보편이 개별에 우세력을 갖고 계속 영향을 미친다. 연역추론의 기본 구조는 다음과 같다.

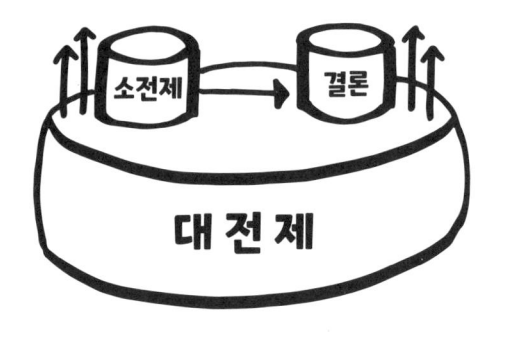

대전제라는 토대가 없다면 추론은 가능하지 않다. 대전제는 마치 결론의 법적근거로 작용한다. 대전제, 소전제, 결론으로 이루어지는 이런 연역추론 구조에서, 대전제, 소전제, 결론을 하나씩 자세히 들여다 보자.

(1) 대전제

대전제는 생각의 토대이자 추론의 토대이며, 소전제에서 결론으로 이어지는 생각의 도약을 결정한다. 그런데 이런 대전제는 사람마다 같을 수 있고, 사람마다 다를 수 있으며, 게다가 아주 많다. 대전제가 건강하면 연역추론의 결과도 건강하다. 대전제가 좋다면 연역한 결론도 좋다. 반면 대전제가 병들었으면 연역추론도 병들고, 대전제가 이상하면 연역한 결론도 이상해진다. 그래서 이 추론의 토대는 **인간 지식의 최종 병기이자 모든 오류의 서식지**가 된다. 대전제가 활약하는 이 연역추론이 인간의 머릿속에 공통으로 존재하기 때문에, 인간의 지식이 확장되기도 하고, 또 잘못된 생각이나 편견이 아무렇지도 않게 인간 머리에 자리잡게 되는 것이다. 이제 그런 추론 사건들을 예를 들어 살펴보기로 하자.

〈지구는 둥글다〉
〈우리는 서쪽으로 항해한다〉
〈그러므로 가다 보면 동쪽이 나올 것이다〉

〈우리는 서쪽으로 항해한다〉와 〈가다 보면 동쪽이 나올 것이다〉라는 두 개의 문장은 서로 관련이 없고, 심지어 모

순 관계이기 때문에, 이 두 개의 문장만으로는 연결되지 않는다. 그런데 〈지구는 둥글다〉라는 대전제가 머릿속에서 발견되자 마자, 소전제 〈우리는 서쪽으로 항해한다〉라는 판단에서 아주 자연스럽게 결론이 연결된다. 이것이 바로 대전제가 활약하는 추론이다. 이런 추론 사건의 결과, 모험자들은 대서양을 건너기로 결심했고 신대륙이 발견되었다. 만약 〈지구는 둥글다〉라는 대전제가 아니라, 〈지구는 평평하다〉라는 대전제를 갖고 있었다면, 무작정 서쪽으로 항해하는 것은 세상의 끝으로 가는 것이고, 결국 어딘가로 떨어져서 죽을 것이라는 공포가 나타날 것이다.

〈전자기파는 빛이다〉
〈전자레인지에서 음식을 데우는 마이크로파는 전자기파다〉
〈그러므로 전자레인지는 빛으로 음식을 데운다〉

만약 우리가 전자기파에 대한 지식을 갖고 있지 않다면, 두 번째 문장에서 세 번째 문장을 끄집어 낼 수 없다. 그러므로 〈전자레인지에서 음식을 데우는 마이크로파는 전자기파다〉라는 지금 여기에서의 판단에서 〈전자레인지는 빛으로 음식을 데운다〉라는 결론을 생각해 내지 못하는

것이다. 그러나 대전제 〈전자기파는 빛이다〉라는 문장이 우리들 머릿속에 나타난다면, 자연스럽게 결론이 정당화된다. 마이크로파는 전자기파의 일종이기 때문이다. 이런 연역추론은 논리적으로 타당할 뿐 아니라 과학적인 지식이다. 그런데 지금 여기에서의 판단은 동일함에도, 대전제가 달라짐으로써 결론이 어떻게 바뀌는지 살펴보자.

〈전자기파는 건강에 해롭다〉
〈전자레인지에서 음식을 데우는 마이크로파는 전자기파다〉
〈그러므로 전자레인지는 건강에 해롭다〉

지금 여기에서의 판단은 앞의 추론 사건과 마찬가지로, 〈전자레인지에서 음식을 데우는 마이크로파는 전자기파다〉이다. 그런데 결론이 달라졌다. 그 까닭은 우세력을 발휘한 대전제가 달라졌기 때문이다. 소전제는 앞의 예와 동일한데, 대전제 하나만 바꾸는 것으로 과학적인 지식이 오류로 바뀌고 말았다. 하지만 논리적 구조 자체는 완벽하기 때문에, 사람들은 이런 잘못된 지식을 믿어버린다. 일단 잘못된 지식을 대전제로 삼으면, 이런 논리 구조가 작동하기 때문에, 그 사람의 주장을 꺾기 어렵다. 우리는 〈어떤 전자기파냐에 따라, 어떤 상황이냐에 따라 전자기

파가 건강에 미치는 영향이 다르다〉라고 친절하게 설명해 줘야 한다. 빛에 대한 지식은 복잡하고, 대전제를 교정하는 일은 아주 피곤한 일이기 때문에, 〈전자기파는 건강에 해롭다〉라는 대전제가 그 사람의 머릿속에서 우세력을 잃을 때까지 외면하는 것도 한 방법이다.

우리는 연역추론에서 어떤 대전제를 선택하느냐에 따라 진실과 오류 사이에서 갈팡질팡하는 지식을 목격할 수 있다. 과학의 세계가 아니라 **의견의 세계**에서는 그 실태가 더 생생하다. 어떤 대전제를 채용하느냐에 따라 주장이 180도 달라지는 경우를 살펴보자.

〈모든 호모 사피엔스는 공평한 대우를 받아야 한다〉
〈여성은 남성과 같은 호모 사피엔스다〉
〈그러므로 여성은 남성과 공평한 대우를 받아야 한다〉

이 추론에서 주장은 〈여성과 남성의 공평한 대우를 받아야 한다〉라는 것이다. 그런데 이런 결론을 만들어 낸 것은 다름 아닌 대전제 〈모든 호모 사피엔스는 공평한 대우를 받아야 한다〉라는 원리였다. 그런데 모든 사람이 이런 원리를 대전제로 삼는 것은 아니다. 다음 추론을 보자.

〈호모 사피엔스는 우열의 차이가 있다〉
〈여성과 남성은 같은 호모 사피엔스다〉
〈그러므로 여성은 남성과 우열에서 차이가 있다〉

이 추론의 주장은 젠더의 차이를 피력하는 것이다. 소전제가 동일함에도 불구하고, 대전제는 아까와는 달리, 〈호모 사피엔스는 우열의 차이가 있다〉라는 문장으로 바뀌었다. 이런 대전제가 작동한 사람의 머릿속에 〈모든 호모 사피엔스는 공평한 대우를 받아야 한다〉라는 원리가 항상 존재하지 말아야 하는 것은 아니다. 단지 〈호모 사피엔스는 우열의 차이가 있다〉라는 대전제가 더 강력한 우세력을 행사하면서 추론을 주도할 뿐이다. 이에 대해서는 13강에서 구체적으로 살펴본다. 서로 대립되는 주장은 결국은 각자가 신념으로 믿는 우세한 대전제에 달려 있다.

비교적 간단한 삼단논법으로 연역추론을 살펴봤지만, 현실에서는 연역이 연쇄적으로 복잡하게 일어난다.

〈당뇨병 환자는 저탄고단 식단관리를 해야 한다〉
〈나는 당뇨병 환자다〉
〈그러므로 나는 저탄고단 식단관리를 해야 한다〉
〈당덩어리는 먹지 말자〉

〈이 찹쌀떡은 당덩어리다〉
〈그러므로 이 찹쌀떡을 먹지 말자〉

이런 추론을 하는 사람은 당뇨병 질환이 있거나 혹은 당뇨병 위험이 있는 사람일 것이다. 대전제 〈당뇨병 환자는 저탄고단 식단관리를 해야 한다〉가 연쇄적인 추론을 이끌고 있다. 〈당덩어리는 먹지 말자〉가 중간에 후반부 추론에 대전제로 관여한다. 만약 이 환자에게 이런 대전제들이 없었다면, 그는 식단관리를 게을리할 것이고, 건강을 해칠 가능성이 크다. 이처럼 건강한 대전제가 머릿속에 있다면, 연역추론이 사람을 안전하게 해준다.

7강에서 살펴본 다음 삼단논법을 다시 떠올려 보자. 논리 공부에서 잊어서는 안 되는 추론이다.

〈사람이 죽으면 천국에 간다〉
〈나는 죽는다〉
〈그러므로 나는 천국에 간다〉

〈나는 죽는다〉가 근거(소전제)가 돼서 〈나는 천국에 간다〉라는 주장(결론)이 나왔다. 만약 대전제가 없었다면, 완전 비논리적인 것처럼 보인다. 그러나 대전제 〈사람이 죽

으면 천국에 간다〉라는 판단이 머릿속에 딱 자리잡고 있으면, 논리적으로 완벽해진다. 논리적으로 오류가 없다. 이런 게 인간 머릿속에서 아무렇지도 않게 생겨난다는 사실을 잊지 말자. 대체로 인류 역사는 이런 삼단논법을 신봉해 왔다. 대전제인 〈사람이 죽으면 천국에 간다〉는 경험으로 검증할 수 없지만, 너무나 강력한 우세력을 갖는다. 그렇기 때문에 이런 대전제를 자기 신념으로 삼는 사람에게, 연역의 결론인 〈나는 천국에 간다〉는 마땅하고 당연한 것처럼 여겨지는 것이다. 그래서 종교적 신념 때문에 죽음을 불사한 행동을 저지르며 각종 테러나 전쟁 같은 사건이 발생하는 것이다. 이런 일들이 인류사에 넘쳐났다.[1] 지금도 사라지지 않았다. 요컨대 이 삼단논법은 머릿속 논리 구조에 의해 인간이 어떻게 극단적인 행동을 자연스럽게 저지르는지 해명한다.

비슷한 연역논리로 다음 추론을 살펴보자.

---

[1] 논리의 구조를 이해하기 위해 이런 추론 사건을 예시했지만, 실제 나는 종교가 갖는 부정적인 의미보다 긍정적인 의미가 비교할 나위 없이 크다고 생각한다. 종교적 가르침에는 〈사람이 죽으면 천국에 간다〉라는 원리보다 더 중요하고 평화로운 원리가 많다. 예컨대 〈원수를 사랑하라〉라는 가르침이 머릿속에 생생하게 살아있다면, 종교인의 자살 테러는 불가능할 것이다.

〈사람의 신분은 하늘이 정한다〉
〈넌 노비냐?〉
〈노비에 맞게 사는 것이 하늘이 정한 순리다〉

이런 추론도 완벽한 연역법이다. 신분 계급 사회를 만든 것은 사실상 〈사람의 신분은 하늘이 정한다〉라는 대전제가 사람들 머릿속에서 막강한 힘을 행사했기 때문이다. 그래서 사람들은 그 오랜 세월 동안 저항 대신 노예 근성을 택하면서 〈노비에 맞게 사는 것은 하늘이 정한 순리다〉라는 결론에 순응했던 것이다. 만약 이런 대전제가 그 시대를 살았던 사람들의 머릿속에 없었다면, 노비라는 판단에서 신분제가 하늘이 정한 순리라는 판단으로 생각을 도약시킬 수 없었을 것이다.

지금까지 우리는 아주 다양한 대전제를 살펴보았다. 그런데 인간의 머릿속에는 무수히 많은 대전제가 있다. 그것들이 때때로 한 개, 때때로 여러 개 등장하고 선택되고 결합돼서 인간의 생각에 지대한 영향을 미친다. 그것이 바로 연역추론의 핵심이며, 인간 공통의 머리 구조에서 벌어지는 일이다. 이들 대전제 덕분에 인간의 생각은 계속 도약한다. 이런 대전제는 한때는 새로운 지식을 찾는 데 기여하고, 또 한때는 오류를 만들어낸다.

(2) 소전제

소전제는, 지금 여기에서의 판단이다. 추론은 이러한 소전제에서 시작한다. 대전제는 스스로 나서는 게 아니라, 소전제를 매개로 나타난다는 점을 잊지 말자. 일반적으로 이런 소전제는 대상에 대한 '사실 판단'이다. 소전제가 없다면, 결론도 없다. 그런 점에서 소전제의 사실 판단은 중요하다 하겠다. 우리는 흔히 **팩트 체크**라는 말을 쓰면서, 마치 '팩트'를 정확히 알기만 하면 사람들이 올바른 판단을 할 것이라는 기대감을 표현한다. 하지만 (사실을 머릿속으로 받아들이는 사람들의 방식이 다소 다르기는 해도 대체로) 사람들이 동일하게 사실 판단을 할지라도, 결론이 달라지는 경우는 많다. 어째서 결론이 달라지는 것일까? 대전제가 다르기 때문이다. 따라서 핵심 주장(결론)이 탄생하는 데, 팩트 체크는 **기대했던 것보다** 중요하지 않다. 우리는 앞에서 연역추론의 구조를 다양한 추론 사건을 통해 살펴봤다. 똑같은 사실 판단을 했음에도 결론이 달라질 수 있음을 충분히 납득할 수 있었다. 팩트 체크 결과, 내 생각이 옳고 '저 사람'의 생각이 틀렸다면서 바보라는 둥, 머리가 어떻게 된 게 아니냐는 둥 비난하지만, 실제로 당신이 옳다고 여기는 논리는 당신의 팩트 체크 결과가 공헌한 게 아니라, 당신 머릿속에 있는 당신의 대전

제가 활약했기 때문이다. 마찬가지로 상대방은 당신과 다른 대전제를 선택했기 때문에, 같은 사실을 보고도 논리 구조적으로 아주 안전하게 다른 결론에 이르게 된 것이다.

소전제 판단에 대해서 다음과 같이 정리할 수 있다.

- 첫째, 앞에서 말한 것처럼, 소전제의 사실 판단은 사람마다 크게 다르지 않다. 설령 다르더라도 교정하는 게 어렵지도 않다. '그거 사실이 아닌데요?'라고 누군가 지적하면, '아, 그렇군요'라고 답하면서 바로 정정할 수 있다. 하지만 소전제 판단을 정정했음에도, 대전제가 우세력을 갖는 한, 결론은 달라지지 않을 수 있다.
- 둘째, 소전제 판단은 지금, 여기에서 나타난 판단이다. 지금 여기에서 내 앞에 있는 대상에 대한 판단일 수도 있고, 지금 여기에서 내가 무엇인가를 생각한 것일 수도 있다.
- 셋째, 소전제는 주장, 즉 결론의 근거이며, 실제로는 한두 개가 아니다.
- 넷째, 팩트 체크를 해서 사실 판단의 오류를 바로잡는 것은 중요한 일이다. 그렇지만 소전제가 근거로서

주장에 미치는 강약의 문제를 주목하는 것이 더 중요할 수 있다. 소전제는 주장을 강화할 수도 있고, 약화할 수도 있다. 이에 대해서는 〈근거의 기울기〉로 다룬 바 있다.

대전제는 아무 때나 등장하지 않는다. 생각하지 않는 사람에게는 대전제는 머릿속에서 가만히 있을 뿐이다. 그런데 사람들은 생각을 한다. 생각이란 무엇인가? 그것은 판단이었다. 따라서 '지금 여기에서의 판단'을 하게 되고, 그러면 대전제가 머릿속에서 깨어나서 그 우세한 위력을 발휘한다. 앞서 살펴본 예문들을 다시 살펴보자. 소전제에 대해서는 그다지 의견충돌이 없음을 알 수 있을 것이다.

〈지구는 둥글다〉
〈우리는 서쪽으로 항해한다〉
〈그러므로 가다 보면 동쪽이 나올 것이다〉

대전제와 결론은 정말이지 아무 관련이 없다. 그런데 지금 여기에서의 판단 〈우리는 서쪽으로 항해한다〉라는 판단이 생기자, 이 세 문장은 견고하게 연결된다. 즉 소전제는 대전제와 결론을 이어준다. 대전제는 소전제를 매개로 추론에 관여한다.

〈전자기파는 빛이다〉

〈전자레인지에서 음식을 데우는 마이크로파는 전자기파다〉

〈그러므로 전자레인지는 빛으로 음식을 데운다〉

전자기파는 빛이라는 대전제와 전자레인지는 빛으로 음식을 데운다라는 주장 사이의 간격은 매우 멀다. 도대체 전자레인지가 무엇인지에 대한 판단이 없기 때문이다. 그러나 〈전자레인지에서 음식을 데우는 마이크로파는 전자기파다〉라고 지금, 여기에서 판단을 하자마자, 그 판단을 근거로 아주 자연스럽게 〈전자레인지는 빛으로 음식을 데운다〉라는 결론이 나온다.

〈전자기파는 건강에 해롭다〉

〈전자레인지에서 음식을 데우는 마이크로파는 전자기파다〉

〈그러므로 전자레인지는 건강에 해롭다〉

이 추론 사건에서 지금 여기에서의 판단은 바로 앞에서 살펴본 사건과 동일하다. 그런데 결론이 완전 다르다. 소전제가 같아도 대전제가 달라지면 그다음 추론 사건처럼 추론은 오류에 휩싸이게 된다.

〈모든 인간은 공평한 대우를 받아야 한다〉

〈여성은 남성과 같은 인간이다〉

〈그러므로 여성은 남성과 공평한 대우를 받아야 한다〉

누가 여성과 남성이 같은 인간이라는 소전제 판단을 반박하겠는가. 생물학적인 특징에는 차이가 있지만, 인간이라는 점에서는 차이가 없기 때문에, 사실 판단은 달라지지 않는다. 그러나 '차이의 대전제'가 등장해서 추론에 우세력을 행사하기 시작하면, 결론이 완전 달라진다. 사람들의 견해 차이, 논쟁의 본질은, 이처럼 사실 판단, 팩트 체크의 차이에서 벌어진다기보다는 결국 대전제의 차이에서 비롯됨을 알 수 있다.

(3) 결론 판단

추론의 핵심은, 다시 말하면 생각의 도약의 핵심은 어떤 결론을 연역해 내느냐에 달려있다. 사실적인 진술을 뜻하는 단순 결론이 있을 수도 있고, 다른 추론에서 대전제로 사용될 만한 원리를 추론해 낼 수도 있다. 연역의 결론이 바로 **주장**이다. 주장에 대한 설명, 설득, 찬반이 인간 활동의 주요 관심사이기 때문에, 결국 이성의 힘으로 생각을 도약시킨 그 결론이 추론의 핵심이다. 그런데 만약 이 주장이 내 마음에 들지 않을 때, 우리는 어쩌겠는가?

만약 누군가의 결론에 맞서면서 반박하고 대항하고 싶다면, 다음 같은 사항을 유념해야 한다.

- 첫째, 주장은 사람마다 같을 수 있고, 다를 수 있다. 같을 때에는 대체로 추론에서 사용한 대전제가 같기 때문일 수 있다. 대전제가 다르다면, 결론도 달라질 가능성이 크다.
- 둘째, 이런 주장은 단순히 근거로 작용하는 사실 판단에서 나온 것만은 아니다. 인간 머릿속에 공통으로 존재하는 연역 프레임이 근거, 즉 **사실 판단을 매개로 대전제를 호출했기 때문**이다. 그러므로 사실 판단

에 사용된 다양한 근거들을 탄핵했다는 것만으로 상대방의 주장을 꺾어냈다고 만족하면 안 된다.

- 셋째, **주장은 주장으로 교정할 수 없다.** 주장은 그저 그 사람이 갖고 있는 대전제의 우세력과 사실 판단에 의해 생겨난 결론이고, 그렇기 때문에 쉽사리 다른 결론으로 대체되거나 교정될 만한 게 아니다. 즉, 대전제가 흔들리지 않는 한, 주장도 흔들리지 않는다. 만약 당신이 타인을 설득하려면, 그 사람의 주장을 직접 바꾸려고 하기보다는, 그 사람의 대전제가 다른 것으로 교체되도록 (즉, 내게 유리한 대전제가 선택되도록) 섬세하게 전략을 짜야 할 것이다. 타인의 머릿속에는 아주 많은 대전제가 들어있다.

- 넷째, 결론 판단은 단순한 사실일 수도 있지만, 또 다른 원리일 수도 있다. 인간의 머릿속에서는 무수히 많은 개념과 판단이 연결된다. 종종 끊기기도 하지만 그 연결이 수정되거나 새롭게 이어지기도 한다. 연역추론에서 나타난 결론이 머릿속에서 연결 없이 고립될 리 없다. 결론은 끊임없이 피드백돼서 새로운 대전제가 될 수도 있다. 이리하여 인간은 연역 프레임 속에서 생각을 통해 많은 원리를 생각해 내는 것이다. 연역추론 자체는 간단한 논리 구조이지만, 덕분에 인간은 지식을 확장할 수 있다.

앞에서 살펴본 추론 사건들을 결론 중심으로 다시 살펴보자.

〈지구는 둥글다〉
〈우리는 서쪽으로 항해한다〉
〈그러므로 가다 보면 동쪽이 나올 것이다〉

위와 같은 연역추론의 결과, 신대륙이 발견되었다.

〈전자기파는 빛이다〉
〈전자레인지에서 음식을 데우는 마이크로파는 전자기파다〉
〈그러므로 전자레인지는 빛으로 음식을 데운다〉

이 추론 사건의 결과 새로운 지식 ― 전자레인지의 원리와 기능에 대한 과학 지식 ―이 확장되었다.

〈전자기파는 건강에 해롭다〉
〈전자레인지에서 음식을 데우는 마이크로파는 전자기파다〉

〈따라서 전자레인지는 건강에 해롭다〉

이 추론 사건의 결과, 건전하지 못한 결론으로서 오류가 확산되고 말았다. 빛은 그 파장의 크기에 따라 감마선, 엑스선, 자외선, 가시광선, 적외선, 가시광선, 마이크로파, 라디오파 등으로 나뉘고, 이 중에서 감마선, 엑스선, 자외선이 에너지가 크다는 점에서 인체에 해롭다. 마이크로파는 에너지가 낮아서 **그것만으로는** 인체와 음식에 해로운 영향을 끼치지 못한다.

〈모든 호모 사피엔스는 공평한 대우를 받아야 한다〉
〈여성은 남성과 같은 호모 사피엔스다〉
〈그러므로 여성은 남성과 공평한 대우를 받아야 한다〉

이런 결론이 페미니즘 사상의 대전제가 된다.

〈당뇨병 환자는 저탄고단 식단관리를 해야 한다〉
〈나는 당뇨병 환자다〉
〈그러므로 나는 저탄고단 식단관리를 해야 한다〉
〈당덩어리는 먹지 말자〉

〈이 찹쌀떡은 당덩어리다〉
〈그러므로 이 찹쌀떡을 먹지 말자〉

첫 번째 추론 사건의 결론인 〈나는 저탄고단 식단관리를 해야 한다〉가 두 번째 추론 사건의 결론인 〈이 찹쌀떡을 먹지 말자〉라는 주장의 대전제로 작용하고 있다. 그리고 마지막 결론이 내 행동의 향방을 규정한다. 이렇듯 연역 추론의 결론은 사람들의 생각만이 아니라 **행동에까지** 관여한다.

〈사람의 신분은 하늘이 정한다〉
〈넌 노비냐?〉
〈따라서 노비에 맞게 사는 것이 하늘이 정한 순리다〉

대전제가 폐기되면 결론도 힘을 잃는다. 혹은 결론이 터무니없으면 대전제를 수정한다. 핵심 주장이 이치에 맞지 않거나, 명백히 사실과 다르거나, 그 사회가 이룩한 **인류 진보 수준에 걸맞지 않게 되면**, 대전제 자체가 머리 바깥으로 쫓겨난다.

미지의 대전제

지금까지 살펴본 결과, 우리는 대전제가 연역추론에서 얼마나 결정적인 역할을 하는지 체감할 수 있었다. 결국 논리 문제는 대전제 문제다. 추론 사건은 대전제가 우세력을 미치는 사건이었다. 그런데 사람의 머릿속에는 공통 프레임도 있지만, 그 사람의 **개성**도 있고, 개성이 그 프레임을 이용한다. 즉 인간 머리 안에는 공통 요소도 있고, 개별 요소도 있으며, 그게 아주 많고, 변화하고, 다양하다. 이렇게 요약할 수 있을 것 같다. 시간, 공간, 사람마다 대전제가 다르다. 시대마다 대전제가 바뀌고, 장소마다 대전제가 다르며, 사람마다 대전제에 차이가 있다. 그래서 결국 대전제는 미정된 상태, 미지의 상태로 남고, 그렇다면 미지의 대전제를 탐구하는 것이 논리적 생활의 기본 과제가 된다.

사람들의 공통 대전제는 사회의 일반적인 원리일 가능성이 크다. 그 시대와 장소에서 우세한 대전제다. 그런 것으로는 자연법칙이 있고, 그것에 준하는 도덕법칙이나 도덕 원리를 들 수 있다. 과학적 검증과 토론과 교육을 통해 얻은, 대체로 우리들의 상식과 통념이, 머릿속 공통 요소로서의 대전제 기능을 할 것이다.

개별 요소의 대전제는 그 사람이 선택한다. 다음 세 가지를 떠올려 볼 수 있겠다. 첫째, 세계관은 강력한 대전제다. 철학에 다뤄지는 세계관도 대전제이며, 창작에서 다뤄지는 세계관도 대전제다. 문학에서 작가는 세계관을 만드는 작업을 해야 한다. 그것은 그 작품 전체에 우세력을 행사하는 대전제를 만드는 작업이다. 세계관이 없다면, 즉 작품 전체에 미치는 대전제가 없다면, 문학은 소구력을 잃을 가능성이 크다. 둘째, 문학이 아닌 경우, 개인의 경험 지식이 대전제를 만든다. 경험이 다르면 대전제도 다를 가능성이 크다. 셋째, 흥미롭게도 그 대전제는 내 생각이 아니라 타인이 주입한 생각일 수도 있다. 결과적으로 대전제는 난공불락의 철옹성이 아니다. 타인이 주입한 대전제의 경우, 의식의 주체로서 내가 등장함을 계기로 대전제가 바뀔 수 있다.

확정된 대전제

우리들이 벌이는 논쟁의 실체는 대전제를 두고 벌이는 공방이다. 대립되는 주장끼리 서로 다른 대전제를 토대로 삼고 있는 이상, 서로 평행선을 달릴 수밖에 없다. '나는 당신과 생각이 달라'라는 것은 결국 '그대의 대전제에 동의할 수 없네'라고 말하는 것이다. 따라서 생산적인 논쟁이 되려면 논쟁의 배후에서 주장을 지배하는 **대전제를 인지해야** 한다. 그러나 주장이 아닌 원리를 공격하면, 인간 사회의 논쟁은 더욱 치열해진다. 추론을 지배하는 대전제가 직접 공격을 받는다면, 대전제는 모든 논리를 동원해서 맞서고, 그것이 불충분하다면 감정을 동원해서 싸우기 때문이다. 이런 치열함을 방치하면, 사회가 위험해진다. 통제할 수 없는 싸움으로 번지거나, 심지어는 전쟁이 벌어질 수도 있다.

슬기롭게도 우리 인간은 솔루션을 마련했다. 대전제를 미리 확정해 두는 것이다. 사회적 약속을 통해 사람들이 그 대전제에 동의하도록 할 수 있다. 사회의 크기는 임의적이다. 두세 명 수준일 수 있고, 가족이나 회사일 수도 있으며, 좀 더 큰 공동체일 수도 있다. 국가 수준일 수도 있다. 국가 수준의 약속을 일컬어 우리는 법률이라 부른다. 그

때의 법률은 실정법이라는 이름을 갖는다. '인류의 약속'이라는 개념이 가능할지는 모르겠으나, 그런 수준의 법으로서 모든 이의 마음속에 있는 도덕법일 수도 있다. 또한 과학, 기술, 학문 분야의 성과로 만들어진 전문 지식일 수도 있다. 대전제를 확정해 둠으로써 대전제 자체에 대한 도전과 다툼을 제한해 두는 것이다.

이 경우 대전제에 대해서는 논쟁의 여지가 없거나 적다. 우리는 대전제를 인정하거나 복종해야 한다. 물론 대전제는 더 높은 수준의 법에 의해 통제될 수 있으며, 더 진보된 지식으로 대체될 수는 있다. 통제되고 대체되기 전까지, 우리는 그 대전제에 따라야 한다. 확정된 대전제는 추론의 토대이자 법적 근거가 되고, 그것이 연역의 결과를 만들어 낸다.

예를 들어 보자. 특허 침해 사건이 발생했다. 손오공은 새로운 아이스크림 아이디어에 대해 특허를 취득했다. 그런데 사오정이 정말 똑같아 보이는 아이스크림을 제조했다고 가정하자. 특허권자는 흔히 상대방을 '카피캣'이라면서 도덕적으로 비난한다. 손오공은 두 아이스크림 제품을 보여주고 비교하면서 얼마나 동일한지 근거를 댄다. 우리는 과연 유사하다면서 손오공의 주장에 공감하고, 사오정

의 행위를 비난한다. 〈타인의 권리를 침해하면 안 된다〉
는 대전제가 자연스럽게 작동하면서 공감을 만들어 내는
중이다.

그러나 이런 주장과 근거는 논리적인 분석이 아니며, 우
리의 공감은 논리적인 생활이 아니다. 대전제가 확정되어
있기 때문이다. 우리는 법률의 규정에 따라 **연역**해야 한
다. 특허법 제97조는 〈특허발명의 보호범위는 특허청구
범위에 기재된 사항에 의해 정하여진다〉라고 규정한다.
이 추론 사건에서, 위와 같은 법률의 규정이 대전제로 확
정되어 있다. 침해냐 침해가 아니냐가 주장, 즉 결론이 될
것이다. 사실 판단은 법률의 규정의 적용 여부를 살펴보
는 행위가 되며, 그 내용은 한편으로는 특허청구범위에
어떻게 기재되어 있는지 그 기재 사항을 읽어보고, 다른
한편으로는 사오정의 아이스크림을 비교하는 것이다. 그
런 다음 연역추론을 한다. 법률은 대전제를 확정한다. 이
때의 연역은 확정된 대전제를 인정하라는 권리 주장이다.
연역의 이런 특성을 파악한 임마누엘 칸트는 「순수이성
비판」에서 연역을 **법적 근거를 둔 정당한 권리 주장**이라
고 해설한다.

대전제가 확정되어 있다면, 추론 사건은 간단하다. 우리

는 그저 연역법을 사용하면 된다. 그런데 대전제에 대한 다툼이 없다. 따라서 논쟁은 사실 판단, 즉 근거를 찾아서, 그 근거가 대전제에 얼마나 부합한지, 설득하는 것이고, 그 설득력 향상에 초점을 놓는 것이다. 그런데 이때 우리가 대전제를 모른다면? 예컨대 권리 주장을 하면서 법률의 규정을 모른다면? 비논리적인 주장은 법의 보호를 받을 수 없다.

요약

1. 연역은 인간의 머릿속에서 생각을 도약시키는 추론 중에서도 가장 중요하고 가장 기본적인 추론이다.

2. 연역추론은 대전제, 소전제, 결론의 구조를 갖는다. 소전제는 지금 여기에서의 판단이며, 결론이 이 추론의 주장에 해당한다.

3. 연역추론에서 대전제는 인간 지식의 최종 병기이자, 모든 오류의 서식지다. 머릿속에 보관된 대전제가 있는 한, 인간 지식은 끊임없이 확장될 것이다. 그러나 대전제는 항상 올바른 지식으로만 안내하지 않는다. 인간의 모든 오류는 머릿속 대전제가 잘못 기능할 때 발생한다.

6

연역을 보충하는 귀납

귀납이란 무엇인가

귀납추론Inductive Reasoning이란 직접 경험하거나 혹은 간접적으로 경험해서(즉 타인의 지식을 공부하여 습득하거나 어딘가에서 주워들었거나 해서) 얻은 판단들에서 **어떤 원리를** 생각해 내는 추론이다. 흔히 개별적이고 구체적인 경험적 사실을 일반화하여 원리를 찾아내는 추론이라고 칭해진다.

〈저 안에 먹을 것이 있었다〉
〈지금 저 안에 먹을 것이 있다〉
〈그러므로 앞으로도 저 안에 먹을 것이 있을 것이다〉

이와 같은 문장의 연결은 귀납추론이 아니다. 이런 문장 연결은 그저 지금 여기에서 과거, 현재, 미래를 생각하거나 기억하거나 기대하는 것일 뿐이어서, 사실상 생각의 도약이 없고, 발견된 원리도 없기 때문이다. 추론이 아니

기 때문에 이성이 활동한 것도 아니다. 단순 경험, 경험들의 단순한 참 거짓 판단, 지금 여기에서 벗어나지 못한 판단은 귀납이 아니다. 어제 비가 내렸고, 오늘도 비가 내렸으니까, 내일도 비가 내릴 것이라는 예측도 귀납이 아니다. 추론이 아니기 때문이다.

〈지금까지 내가 관찰한 까마귀들은 검었다〉
〈다른 색깔은 본적이 없네〉
〈그러므로 모든 까마귀는 검다〉

위와 같은 문장의 연결은 추론이다. 지금 여기서 관찰하거나 생각한 까마귀에서 벗어나, 일본이나 미국에 있는 까마귀에 대해서도 적용하는 원리에 도착했으므로, 생각의 도약이 일어났고, 경험적인 관찰에서 일반론으로 이어졌으므로 전형적인 귀납추론이다.

연역추론에 비할 바는 아니지만, 이러한 귀납추론도 지금 여기의 판단에서 생각의 도약을 낳기 때문에 추론이다. 다만 연역추론과 달리 대전제가 없다. 당연하다. 귀납추론은 연역추론처럼 '주장하기 위한 추론'이 아니라 '대전제가 될 만한 원리'를 찾는 추론이며, 따라서 그렇게 찾아낸 원리를 머릿속에, 나의 머릿속에 혹은 여러분의 머릿

속에, 넣기 위한 추론이기 때문이다. 요컨대 연역추론은 대전제를 이용해서 주장하기 위한 추론이다. 반면 귀납추론은 그런 대전제를 찾기 위한 추론이다.

〈저기 수평선을 향하는 배를 우리 배 갑판에서 바라봤을 때보다 돛대 위로 올라가 망원경으로 바라봤을 때 더 많은 게 보이더라고〉
〈월식 때 달 표면에 지구의 그림자가 비친단 말이지, 그게 구형이란 말이야〉
〈따라서 지구는 둥근 게 아닐까?〉

위와 같이 관찰에 기반한 가설을 세우면서, 〈지구는 둥글다〉라는 원리를 만들어 내는 것, 이것이 바로 귀납추론이다.

귀납추론은 관찰, 즉 경험을 통해 원리를 획득하는 것이고, 결과를 통해 거꾸로 원인을 찾아내는 추론이기 때문에, 필연적이지는 않다. 반드시 타당한 것도 아니다. 다른 관찰 결과가 나타나면 애써 발견한 원리는 반박된다. 과학자들은 귀납추론을 과학적 탐구의 방법론으로 삼는다. 그러나 상당히 높은 신빙성이 있더라도, 그것이 진리라는 보증은 없다. 이런 귀납추론은 무생물이나 자연에 관한

원리를 발견하는 데 상당히 높은 수준의 신뢰도를 보여준다. 우연 요소가 적기 때문이다. 과학과 기술이 발전할수록 그 신뢰도가 향상돼 왔고, 향상될 것이다. 그러나 귀납추론이 생명체, 특히 인간과 인간 사회에 대한 것이라면, 그 신뢰도는 낮아진다. 이런저런 우연이 자주 관여하고, 그런 우연을 태연하게 추론에 섞기 때문이다. 우연에 관대한 사람들은 귀납추론의 결과를 머릿속에 대전제로 삼을 가능성이 크고, 우연에 관대하지 않은 사람들은 귀납의 원리를 대전제로 삼지 않을 것이다.

손오공이 여기저기 식당에서 먹어본 계란찜은 다 맛있었다. 그래서 결론을 내린다.

〈계란찜은 맛있는 한국 요리다〉

이런 판단이 손오공 머릿속에 자연스럽게 보관된다. 그러다가 어느 날 외국인 친구가 와서 맛있는 한국 요리를 소개시켜 달라고 하길래, 손오공은 계란찜을 추천한다. 그런데 그날 따라 맛이 없었다. 이처럼 귀납추론의 결론, 즉 귀납추론이 만들어낸 원리는 의심스러울 수 있다.

저팔계는 달걀 알러지가 있다고 가정하자. 그렇다면 손오공이 일반화한 원리는 저팔계에게는 전혀 통하지 않는다. 손오공이 저팔계에게 정말 맛있다고 말하면서 선의로 계란찜을 권했음에도, 〈달걀을 먹으면 죽는다〉라는 대전제가 머릿속에 딱 들어있는 저팔계는 신경질적으로 거부한다. 그러자 손오공이 화를 내는 것이다.

귀납추론의 화신인 손오공과, 대전제에 순응한 저팔계 중에서 누가 더 논리적 혹은 비논리적인가?

사실 각자가 모두 논리적으로 생각하고 행동한 것이다. 그러나 우리는 저팔계 편을 들 것이다. 알러지라는 개념이 우리들 머릿속에 있기 때문에, 손오공 귀납의 오류를 우리는 안다. 그러나 만약 우리 머릿속에 알러지 개념이 없다면, 즉 알러지에 대한 지식을 우리가 갖고 있지 않다면, 어쩌면 그렇게 타인의 선의를 무시하느냐면서 저팔계를 비난하고 손오공 편을 들었을지도 모른다.

연역추론에서 두 가지 의문

7강과 8강을 통해 나는 **토대 구조 모형**을 독자에게 제안하면서 연역추론에서 우리들 머릿속에 있는 대전제가 얼마나 큰 우세력을 발휘하는지 설명했다. 정말이지 우리들 머릿속에 있는 대전제는 인간의 모든 생각의 도약에 관여하면서, 지금 여기에서의 판단을 매개로, 한편으로는 지식을 확장하고, 다른 한편으로는 온갖 오류를 낳는다.

그러면 우리는 두 가지 의문이 든다.

— 그런 대전제들은 어떻게 머릿속에서 생겨났을까?
— 대전제가 잘못 작동해서 생겨나는 오류를 어떻게 정정할 것이며, 더 나은 지식으로 어떻게 업데이트할 수 있을까?

이 의문에 대한 논리적인 답변 중 하나가 바로 귀납추론이다. 귀납추론의 답변을 듣기 전에 먼저 지난 강의로 돌아가 보자.

8강에서 나는 사람들이 추론의 종류로서 흔히 말하는 연역법과 귀납법의 대등한 관계를 부정하면서, 인간 머릿

속에서 벌어지는 기본 추론은 귀납이 아니라, 연역이라고 강조했다. 먼저 이것부터 해명하자. 지금 여기에서의 판단(즉 소전제)이 머릿속에 나타나기만 한다면, 대전제가 결론을 결정하는, 다시 말하면 머릿속에 있는 기본 원리가 주장으로 도약하는 연역추론의 프레임은, 그 결론이 참이든 거짓이든, **순전히 머릿속에만 있는 프레임**이다. 그러나 앞에서 설명한 귀납추론은 머리 바깥에서 일련의 관찰 활동을 한다는 점에서, 그리고 귀납이 더 수준 높은 성과를 올리려면, 그런 관찰 활동을 연이어 해야 한다는 점에서, 연역과는 분명하게 차이가 있다. 그렇기 때문에 우리가 논리를 〈인간 공통의 머리 구조〉로 정의한다면, 귀납법은 빠지는 것이고 연역법만이 진정한 논리 추론이 된다는 것이다.

논리학에 대한 선행 지식을 갖고 있는 사람이라면, 이런 얘기가 어쩐지 불편할 것 같다. 우리는 당연하게도 연역법과 귀납법을 동등하게 취급해 왔기 때문이다. 그런데 어떤 귀납법을 사용하든 〈대전제―소전제―결론〉의 구조에는 변함이 없다. 아니, 더 정확하게 말하자면 귀납법은 기존 대전제를 옹호하거나 기존 대전제를 수정하거나, 아니면 새로운 대전제를 낳을 뿐이어서, 결국 〈대전제―소전제―결론〉의 기본 뼈대에는 영향을 주지 않는다. 즉 귀

납추론을 했을지라도, 결국 귀납추론의 결과를 대전제로 삼는다는 것이고, 그리고 실제로 생각의 도약을 할 적에는 다시 연역논리를 따른다는 것이다.

다음과 같은 연역추론에서, 〈지구는 둥글다〉라는 원리가 대전제가 되고, 이 대전제의 영향력 때문에, 지금 여기에서의 판단인 〈우리는 서쪽으로 항해한다〉에서 〈가다 보면 동쪽이 나올 것이다〉라는 주장이 나왔다.

〈지구는 둥글다〉
〈우리는 서쪽으로 항해한다〉
〈그러므로 가다 보면 동쪽이 나올 것이다〉

이런 항해자들의 생각에서 귀납추론은 나타나지 않는다. 귀납추론을 적용할 수도 없다. 대전제인 〈지구는 둥글다〉가 있어야만 저런 연역추론이 가능하기 때문인데, 〈지구는 둥글다〉라는 원리는 지금 여기에서 〈우리는 서쪽으로 항해한다〉라는 머릿속 판단에 **실시간으로** 간섭하고 있다. 이때 항해자들이 잠시 멈춰 무슨 귀납을 하겠는가?

만약 귀납법을 적용하면 연역추론을 하지 않아도 된다면, 귀납법과 연역법은 동등하거나 선택적이게 될지도 모른

다. 하지만 실제로는 귀납이 있든 말든 연역추론은 쉬지 않고 계속 작동한다. 귀납법과 연역법이 동시에 활동하지도 않는다. 귀납법은 그저 연역법 앞에 있거나 뒤에 있을 뿐이다.

앞서 이야기만 하고 해답은 제대로 하지 않았던 두 가지 의문 중에서 첫 번째 의문을 풀어보자. 그것은 '**그런 대전제들은 어떻게 머릿속에 생겨났을까?**'라는 의문이었다. 이에 대한 해답은 대략 네 가지를 생각해 볼 수 있다.

- 내가 직접 경험해서 얻은 귀납추론의 결과, 내 머릿속에서 이런저런 대전제가 만들어진다(직접 경험).
- 내가 직접 경험하지는 않았으나, 세상을 통해 배우거나 공부한 지식, 누군가의 귀납추론의 결과로부터 생긴 지식으로 이런저런 대전제가 만들어진다. 이건 매우 흥미로운 이야기다. 말하자면 '간접 경험'이라고 말할 수 있지만, 좀 더 정확하게 표현한다면, 타인에게서 주입된, **이식된 대전제**라는 것이다. 자기가 직접 관찰하고 경험한 지식이 아니다.
- 위의 직접 경험의 결과와 간접 경험의 결과가 서로 연결되고, 거기에 이런저런 사사로운 경험이 더해져서 새로운 대전제를 만들어 낼 수도 있다. 인간 머릿

속에서는 하여튼 여러 가지 것들이 연결되기 때문이다.

전통적으로 이런 세 가지 루트로 연역추론의 대전제가 만들어진다. 이 세 가지 루트의 특징을 한마디로 말한다면, **경험**이다. 경험을 통해 대전제가 만들어지는 것이다.

- 그렇다면 경험하지 않고서는 대전제가 생기지 않는 것일까? 대전제로 활약하는 머릿속의 개념과 원리 중에서 내가 응애 하고 태어났을 때부터, 마치 유전자처럼 선천적으로 간직했던 것은 없을까?

이게 철학 분야에서 아주 유명한 논쟁 이슈이다. 그런 게 있다고 주장한 철학자들도 있었고, 그런 게 없다고 선언한 경험주의 철학자들도 있었다. 그리고 칸트는 이런 철학적 논쟁을 절충해서, 내용에 관련된 것은 모두 경험적이고, 프레임, 즉 형식에 관해서는 '일부' 비경험적인 대전제가 있다는 입장으로 정리했다. 그런 비경험적인 대전제를 일컬어, 칸트의 표현을 빌자면, **선천적 순수 개념**이라고 한다. 그런데 이걸 얘기하면 길어지기 때문에, 인내력을 발휘에서 여기에서는 생략하자.

대전제를 만드는 경험 루트는 귀납추론 활동과 관련된다. 귀납추론은 연역추론 이전의 문제로서 다양한 대전제를 생산해 낼 수 있다는 의미다. 물론 연역추론 자체도 대전제를 만들어낼 수 있고, 단순한 경험적 사실이 머리 안에서 축적돼서는 그것들끼리 이어지면서 어떤 대전제가 생겨날 수도 있다.

이제 두 번째 의문을 살펴보자. 그 의문은, '**대전제가 잘못 작동해서 생겨나는 오류를 어떻게 정정할 것이며, 더 나은 지식으로 어떻게 업데이트할 수 있을까?**'였다. 단지 대전제 선택의 문제라면, 머릿속에 있는 더 좋은, 더 나은 대전제로 교체할 수 있을 것이다. 다양한 경험 끝에 혹은 반성적인 생각을 통해 인간은 자기 머릿속 대전제의 오류를 스스로 교정할 수 있다. 하지만 반성적으로 되새김질 하는 사람은 생각보다 많지 않다는 점을 감안한다면, 역시 귀납추론이 인간이 대전제를 교정할 수 있는 매우 유용한 수단이라 하겠다.

〈전자기파는 건강에 해롭다〉

〈전자레인지에서 음식을 데우는 마이크로파는 전자기파다〉

〈그러므로 전자레인지는 건강에 해롭다〉

이 연역추론에서 대전제 〈전자기파는 건강에 해롭다〉에 오류가 있다. 조금만 더 생각해서 머릿속의 다른 지식을 찾아내면 교정하는 게 어렵지 않은 대전제다. 그러나 만약 이런 오해가 사회의 상식이 되어, 〈지구는 평평하다〉, 〈태양이 지구를 돈다〉, 〈태양이 우주의 중심이다〉와 같은 과거 사회통념으로 자리잡은 사회적 오류가 된다면, 개인이 쉽게 교정하지 못한다. 그런 경우 자기 머릿속에서는 교정이 안되기 때문에, 머리 바깥으로 나와야 한다. 인간은 관찰하고, 찾아보고, 실험해 보면서 지식을 찾아낼 수 있다. 다시 말하면 귀납추론을 통해 새로운 대전제가 될 만한 원리를 추론할 수 있다. 내가 직접 관찰하고 경험할 수 없다면, 과학자들이 혹은 전문가들이 관찰하고 연구한 결과를 통해 간접적으로 귀납할 수 있다. 그 대표적인 개인 행동이 독서이다.

귀납으로 확인된 결론이 널리 퍼진 사회적 오류를 정정하기까지 시간이 걸릴 것이다. 그러나 결국 귀납추론이 잘못된 대전제를 올바르게 교정할 수 있다. 이것이 과학적 방법론의 요체다.

물론 귀납추론이 모든 대전제를 교정할 수 있는 것은 아니다. 귀납추론은 경험에 의존하는데, 인간의 머릿속에는 경험할 수 없는 생각들이 많이 들어있기 때문이다.

〈사람이 죽으면 천국에 간다〉
〈나는 죽는다〉
〈그러므로 나는 천국에 간다〉

이 연역추론에서 〈사람이 죽으면 천국에 간다〉라는 대전제는 도무지 관찰할 수 없고, 죽어 볼 수도 없으며, 천국이 어디에 있는지도 모르고, 하여튼 총체적으로 경험이 불가능하다. 따라서 귀납추론의 대상이 되지 못한다. 그렇다면 〈사람이 죽으면 천국에 간다〉라는 식의 대전제를 어떻게 취급해야 하는가? 경험으로 검증할 수 없고 과학으로 증명할 수 없는 얘기는 그만두자는 사람이 있고, 여기서 한 발 더 나아가 그런 것은 존재하지 않는다면서 본인도 증명할 수 없는 반론을 과감하게 말하는 사람도 있다. 반면 유한자의 경험으로 무한자의 섭리를 증명할 수 없는 법이라면서 그럼에도 이 세계가 탄생하고 인간이 태어난 이유가 있다면서 사후 세계를 믿는 사람도 있다. 그런 세계의 존재를 논리적으로 증명했노라 선언하는 사람도 있다. 이에 대해서 대철학자 칸트의 답변은 이러하다.

〈경험 너머에 있으므로 인간은 알 수 없다〉
〈그러나 그런 세계가 요청된다〉

선량한 사람들이 온갖 고통을 겪으며 살아가는 인생을 우리는 안다. 그런데 사악한 자들이 남의 인생을 망치면서 자기만의 영화로움을 누릴 때, 저렇게 살면 안 된다고 가르치려면, 역시나 사후 세계의 엄벌이 필요하지 않을까? 선량한 사람들에게는 이번 생의 고통을 다 보상하고도 남을 커다란 위로가 기다리고 있다면 좋지 않을까? 이런 상식적인 생각으로 칸트의 요청 이론을 이해할 수 있을 것이다. 그러나 무엇이 옳은 소리를 하는 것인지 나는 모른다. 당신도 모를 것이다. 천국행 왕복권을 사서 직접 천국에 다녀온 경험이 나타나지 않는 한, 누구도 모른다. 그럼에도 인간의 머릿속이 기묘한 것은, 이렇게 경험을 초월해 있음에도, 〈사람이 죽으면 천국에 간다〉라는 대전제는 지금도 누군가의 머릿속에서 막강한 힘을 발휘한다는 점이다.

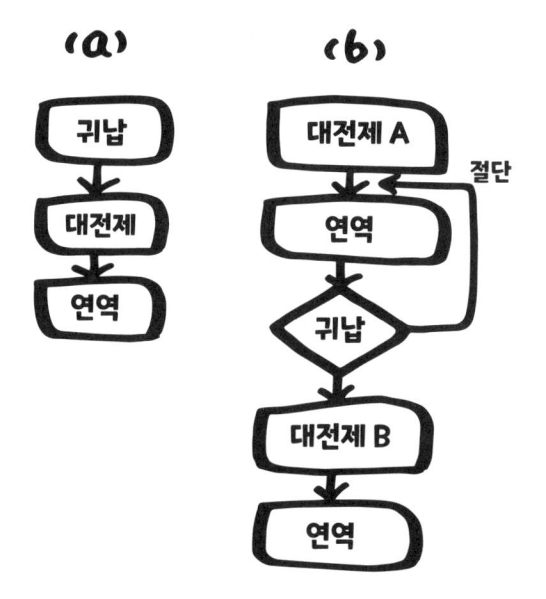

요약

1. 귀납추론은 경험을 통해 얻은 판단들에서 '어떤 원리'를 생각해 내는 방법이다.

2. 귀납과 연역은 서로 경쟁하는 추론이 아니라, 귀납이 연역을 보충하는 관계다.

3. 귀납은 머릿속 대전제를 만들어낸다. 또한 귀납은 머릿속 대전제의 오류를 교정한다.

쉬어 가는 논리 여행 2

논리적으로
독서하는 법

사람들의 대화, 서면, 기사, 토론, 스피치, 말싸움에서 우리는 타인을 이해하려고 한다. 그리고 타인에게 내 생각을 이해시키려고 하며 또 타인을 설득하려고 한다. 그때 내가 해야 할 첫 번째 일은 근거와 주장을 분별하는 일이다. 우리는 근거에 동의하기 어려워도 주장에 동의하면 우리편이라고 생각하고, 근거에 공감해도 주장에는 공감할 수 없다면 우리편이 아니라고 생각한다. 그리고 근거와 주장이 따로 놀면, 그것을 일컬어 비논리적이다, 설득력이 없다고 우리는 말한다.

사람들이 흔히 말하길 논리력을 키우려면 독서를 많이 해야 한다고 한다. 그러나 문제는 독서가 쉽지만은 않다는 사실이다. 짧은 글에서조차 핵심을 파악하지 못하는 사람들이 있고, 도무지 책을 읽지 못하는 사람도 있다. 읽을 수는 있으나, 글이 너무 복잡하면 안 된다. 현대인은 어려운 낱말과 복잡한 문장을 인내하지 못한다. 배고픔이 사라지자 영양의 부조화가 생겨난 것처럼, 영상을 통해 지식을 구하게 되자, 난독증은 현대인의 신종 질병인 것처럼 비친다. 책을 좋아하는 사람이라고 해서 안전한 것은 아니다. 많이 읽는 것처럼 보이지만 옹졸한 식견의 지식인도 적지 않다. 게다가 책이라고 해서 무조건 좋은 도구인 것만은 아니다. 좋은 책이 있다면, 나쁜 책도 있다. 책은 지식을 전파하기도 하지만, 오류와 편견을 확산시키는 도구이기도 하기 때문이다. 독자는 그 책을 읽는 '자신을 위해서' 오류와 편견을 간파할 수 있어야 한다.

좋은 책이라면 그 책에서 더 많은 지혜와 지식을 얻을 필요가 있다. 하지만 독자에게 **'좋은 스킬'이 없다면** 매우 어려운 일이다. 그래서 우리는 묻는다. 논리적인 독서 방법 같은 것은 없을까? 책에는 수많은 문장이 있는데 그걸 다 꼼꼼히 읽어야 하는가? 똑같은 책을 읽는데 사람들의 반응은 왜 저마다 다른 것인가?

주장 중심 독서

'주장 중심 독서'를 하는 것이 좋다. 먼저 저자의 주장을 찾아야 한다. 주장이 여러 개라면, 핵심 주장을 선별하는 것을 우선해야 한다. 다행히 주장은 그 분량이 적다. 추론 과정에서 생겨나는 대전제, 대전제 역할을 하는 상식, 개념, 원리는 중요한 근거일 수는 있어도 주장이 아니다. 주장은 그런 대전제 토대 위에서 펼쳐지는 저자의 생각이다. 저자가 중요하다는 표현을 쓰면서 강조하는 문장은 주장에 해당한다. 저자는 그 주장이 중요할수록 더욱 강조하고 싶어 하고 **실제로 강조한다**. 그래서 반복되는 문장, 되풀이해서 과장하거나 비유법이 반복 사용된 문장은 주장에 해당한다. 책에 수록된 다양한 제목과 관련되는 생각이라면 그것은 주장이며, 주장 중에서도 핵심이다. 저자가 책에서 **저술 의도**를 밝힐 때에는 핵심 주장이 나타나거나, 그것을 찾아낼 실마리가 들어 있다.

졸아도 좋을 때, 졸면 안 될 때

처음부터 끝까지 정신 차리고 집중해서 독서해야 하는 건 아니다. 모든 책을 그런 식으로 읽는 것은 가능하지도 않다. 학자들이 학문 목적으로 읽는 게 아니라면, 혹은 아주 작정하고 읽는 게 아니라면, 졸면서 읽어도 좋고 책을 읽으며 딴생각을 해도 좋다. 문제는 어느 시점에서 졸고, 어느 대목에서 딴생각을 하느냐이다. 저자가 '단어'를 **정의**할 때, 졸지 말아야 한다. 왜냐하면 정의 대목에서는 책에서 다루는 중요한 개념이 등장하기 때문이다. 저자가 **전제나 가정**을 내거는 경우에도 주목해야 한다. 누구든지 자기 생각이 오해되는 것을 좋아하지 않는다. 책을 쓰는 저자는 더욱 좋아하지 않는다. 그래서 저자는 일종의 예방행위를 한다. 그것이 바로 전제와 가정을 내거는 것이다. 본인의 주장이 왜곡 혹은 오해되지 않도록 안전 지대를 설치하는 대목이기 때문에, 여기서 졸면 책을 오해하게 된다. 그리고 무엇보다 저자의 핵심 주장이 등장할 때에는 졸지 말아야 한다. **핵심 주장은 많지 않다.** 책 전체의 핵심은 대체로 한 단락으로 요약될 수 있다. 부/장/절마다 핵심은 몇 개 안 된다. 책 분량의 대부분은 근거이거나, 설령 주장일지라도 핵심 주장은 못된다. 배경설명, 사례 제시, 비유적 수사, 근거를 해석하거나 평가하는 자잘한 주장들도 그다지 중요하지 않다. 그 대목에서는 졸아도 괜찮다.

재반박 주장

사람들의 생각이 다 같지 않기 때문에, 주장이 있다면 반박도 있게 마련이다. 책이 기존 통설을 비판한다면 그 통설이 반박에 해당한다. 일련의 논쟁을 거친 후에 책을 쓰는 것일 수도 있다. 저자가 자기 주장만 하고 그 주장에 반박하는 견해에 대해서는 침묵할까? 아니면 반대 의견을 겨냥해서 재반박할까? 당연히 재반박한다. 재반박도 주장이다. 그렇다면 핵심 주장과 재반박 중에서 어느 쪽이 더 중요한가? 반박을 초래하는 핵심 주장이 더 중요하다. 그런데 어느 쪽 **분량**이 더 많을까? 재반박 주장이 핵심 주장보다 분량이 훨씬 더 많다. 로마 시대를 대표하는 저명한 작가이자 웅변가인 키케로, 그리고 공리주의 사상가 존 스튜어트 밀은 재반박의 중요성을 강조하면서 책 분량의 ¾을 재반박하는 데 할애하라고 조언했을 정도다. 결국 책의 상당수의 분량은 핵심 주장이 아니라는 얘기다. 독자는 분량에 낚이기 때문에 재반박하는 부분에서 저자의 사상적 코어를 찾으려고 한다. 그런 식으로 독서하면 그다지 효과적이지 않다. 저자의 핵심 주장이 재반박에서 반복될 여지는 있겠으나, 그곳은 워낙 반대 견해와 충돌하는 전장이기 때문에, 비본질적이거나 파생적인 주장(반박이 없었다면 하지 않았을 주장)들이 생긴다. 그러므로 그곳에서 딴생각을 하거나 졸아도 괜찮다. 차라리 대체 뭘 주장했길래 반박당했나, 어째서 반박당했나를 생각하는 게 효과적이다.

볼펜과 낙서

이런 식으로 주장 중심 독서를 하려면 머릿속에서 평화롭게 정리하면서 책을 읽는 것만으로는 부족할 것이다. 책에 표시를 하면서 독서할 것을 권한다. 볼펜을 사용해서 마음껏 낙서하면서 책을 읽는 방법이다. 천재적인 기억력을 갖고 있는 독자가 아니라면, 한 권의 책을 읽는 동안에도 앞의 내용을 까먹고 만다. 만약 단어의 뜻을 파악하는 데 어려움이 없음에도 독서가 어렵다면, 아마도 그 까닭은 앞의 내용을 까먹었기 때문일지도 모른다. 나는 그다지 머리가 좋지 않아서 몇 쪽 앞에서 읽은 것조차 잊어버리곤 한다. 그래서 밑줄을 긋거나, 낙서를 하거나, 다시 **'이 부분으로' 돌아올 나를 위해** '이 부분에' 메모를 남긴다. 저자가 선언하는 중요한 전제와 조건은 반드시 표시해 둬야 한다. 핵심 주장이라면 볼펜을 피할 수 없다. 책을 읽다가 드는 생각이 있다면 그 생각을 책의 여백에 직접 메모한다. 이런 나의 관점에서는 책을 보물처럼 귀하게 다루기는 어렵다. 그렇지만 이런 '더럽게 읽기'의 장점은 책의 내용이 내 머릿속에 보물처럼 보관된다는 점이다.

독서하는 이유

인간은 똑같은 근거로 다른 주장을 할 수도 있다. 우리가 독서하는 까닭은 저자의 견해와 주장을 듣기 위함이다. 그런데 무엇이 저자가 전하려는 진짜 메시지인가, 무엇이 핵심 주장인가를 책은 친절하게 안내하지 않는다. 저자의 글솜씨가 제한적이어서, 편집자가 도움을 주지 않아서, 디자인이 엉망이어서 등등의 이유가 있겠지만, 우리말로 쓰여 있음에도 메시지가 잘 전달되지 않는 일이 부지기수로 일어난다. 그러므로 근거와 주장을 분별해서 독서하는 게 좋다. 만약 저자의 주장에 완전 납득한다면 사실 독서는 끝난 것이다. 가벼운 마음으로 읽으면 된다. 잘 납득이 안된다면 저자의 근거들을 살핀다. 그래도 납득이 안된다면, '대전제 문제'일 가능성이 있고, 이것이 우리가 7강에서 살펴본 토픽이었다.

쉬어 가는 논리 여행 3

논리적인 글쓰기

논리학에서 의미는 단어에 담기고, 생각은 문장에 담긴다. 그러므로 논리란 결국 언어 진술이며, 그것들은 모두 머릿속에서 일어난다. 논리는 모든 인간이 공통으로 갖고 있는 머릿속 프레임이고, 언어는 인간 공통의 알고리즘으로 머릿속에 설치되어 있거나 설치되기 때문에, 인간은 언어를 생각의 도구만이 아닌 '소통의 도구'로도 활용할 수 있다. 머릿속 논리가 언어로 표현되어 머리 바깥으로 나오는 것, 그것이 말이고 글이다. 이처럼 인간의 글말은 논리가 만들어낸 결과다. 그리고 그 결과물을 타인이 읽고 듣는다. 화자와 청자가 모두 논리를 갖고 있고, 그 프레임만큼은 동일하기 때문에, 청자는 화자가 진술한 표현물을 자기 머릿속에 가져올 수 있다.

그러나 온전히 가져올 수 있는 것은 아니다. 만약 논리적으로 잘 표현되었다면, 화자가 전하려는 생각이 더 쉽게 내 머릿속으로 수용될 것이다. 만약 논리적으로 잘 표현되지 않았다면, 독자는 화자의 생각을 머릿속으로 가져오기 어렵다. 독자의 머릿속에는 화자와 같은 언어 체계가 있기 때문에, 표현된 문자 자체는 중요하지 않다. 문제는 글말에 담긴 의미와 표현이 '논리적으로' 진술되었느냐다. 그렇지 않았다면 독자는 혼동을 겪는다. 자기 머릿속 논리 시스템이 화자의 글을 제대로 **처리하지 못하기** 때문이다. 단순한 생각이나 감정이 아니라, 복잡한 지식이나 심정을 표현한 글이라면 더욱 그러하다. 그런데 인간이 소통하는 목적은 내 머릿속에 있는 생각을 타인의

머릿속에 전달하기 위함이고, 타인의 머릿속에서 나온 생각을 내가 이해하기 위함이다. 머릿속 내용물은 사람마다 다르고, 그래서 각자의 견해와 주장이 다를지언정, 우리는 머릿속 프레임과 알고리즘이 동일하다는 사실을 신뢰한다. 그렇기 때문에 우리는 각자가 갖고 있는 의미와 생각을 더 잘, 더 자연스럽게, 좀 더 정확하게 주고받을 수 있기를 희망할 수 있는 것이다. 그래서 '논리적' 글쓰기가 우리의 관심이 된다.

논리적 글쓰기는 재미있는 글 혹은 문학적으로 탁월한 글을 쓰는 것과는 다르다. 하지만 아예 관련이 없는 것도 아님을 명심해야 한다. 논리적 글쓰기는 모든 유형의 글쓰기의 시작점이자 기초이고, 논리적 글쓰기 다음 단계로 문학적이거나 미학적이거나 매력적인 다양한 형태의 글이 나타나기 때문이다. 그러므로 논리적 글쓰기의 중요성을 아무리 강조해도 지나침이 없다. 이제부터 설명하는 여덟 가지 글쓰기 방법을 충분히 기억한 다음에, 전문가들이 조언하는 다양한 글쓰기 방법론을 자기에 맞게 활용한다면, 누구나 논리적으로 글을 쓸 수 있으리라 생각한다.

첫째, 논리를 알자

글쓰기는 내 머리 안에 있는 생각을 글로 표현하는 것이다. 당신의 생각이 아주 멋지고 그 생각을 들으면 사람들이 감전될 수밖에 없다고 확신하는 게 아니라면, 멋지게 표현하려고 애쓸 필요 없다. 그냥 잘만 표현하면 된다. 그런데 글쓰기는 논리적인 현상임을 잊지 말자. 따라서 논리가 무엇이고, 인간의 머릿속이 어떤 **구조**로 이루어져 있는지 아는 것이 중요하다. 열일곱 편의 강의를 통해 이 책이 자세히 설명한 생각의 기술을 이해하는 것만으로도 글을 잘 쓸 수 있는 충분한 논리 지식을 갖게 됐노라고 나는 생각한다. 다시금 간단하게 요약해 보자.

논리적인 사람은 **어휘력**이 좋다. 더 많은 단어를 머릿속에 보관하고, 그 단어를 적재적소에서 꺼낼 수 있다면, 글쓰기에 유리할 것이다. 생각이란 단어와 단어를 연결하는 문장이며, 그 문장을 일컬어 판단이라 한다. 그러므로 글쓰기를 하면서, 문장이 곧 내 생각이며, 나는 매번 판단하고 있다는 사실을 잊지 말아야 한다. 판단력이 좋은 사람이 논리적이다. 그런데 우리는 문장을 한 개만 쓰지 않고, 여러 개의 문장을 쓰면서 그 문장들을 연결한다. 이 연결 과정에서 어떤 문장은 근거가 되고, 어떤 문장은 주장이 된다. 그리고 이런 근거와 주장의 연결을 논리에서는 추론이라고 불렀다. 논리적인 사람은 문장과 문장의 연결이 순조롭다.

한 개의 문장에서는 사람들 사이에 생각이 비슷하다. 그런데 문장이 여러 개 연결되면, 머릿속 대전제가 사람마다 달라서 생각의 차이가 나타난다. 순전히 나를 위한 글쓰기에서는 그런 차이를 무시해도 되기 때문에, 남이야 뭐라든 그냥 계속 전진해도 괜찮다. 그런데 타인이 내 글을 읽을 것이고, 그것을 염두에 두는 글쓰기라면, 이제부터 타인이 다르게 생각할 수 있다는 사실을 잊지 말고, 문장과 문장의 **연결을 점검**해 나간다. 어떤 연결은 강하게 연결하고, 어떤 연결은 가위질로 끊어내서 버린다. 이런 과정을 거치면서 글을 쓰는 것이 논리적인 글쓰기다. 화려하지 않아도 좋다. 적절한 단어를 사용했고, 단어와 단어가 잘 연결됐으며, 그 문장이 내 머릿속 생각과 일치하고, 그다음 문장과 문장을 잘 연결함으로써 근거와 주장 관계가 **다른 사람의 머릿속에서도** 납득되도록 쓰는 글, 그것이 논리적으로 훌륭한 글이다.

둘째, 내 머릿속을 꺼내보자

좋은 언어로 멋진 글을 만들어 낸다는, '창조적 관점'으로 글을 쓰면 십중팔구 망한다. 그런 건 재능의 영역이지, 논리적 글쓰기의 영역이 아니다. 평범한 사람이 천재 흉내를 내서는 안 된다. 정말이지 탁월하게 글을 쓰는 작가들이 있지만, 그들의 '타고난' 능력은 내 것이 아니다. 천재의 머릿속에 있는 생각을 꺼내는 것이 아니라, 평범한 내 머릿속에 있는 생각을 꺼내는 것이 글쓰기다. 글쓰기가 모방의 영역일지라도, 그때의 모방은 천재를 흉내내는 게 아니라, 나를 모방하는 것이다. 즉 내 머릿속에 있는 생각을 모방해서 그 생각을 글로 표현하는 것이다. 다시 말하면 논리적 글쓰기란 **머리 안에 있는 것을 밖으로** 꺼내는 행위다. 이렇게 글쓰기의 자세를 조정해 둔다면, 우리는 한결 부담감 없이 글을 쓸 수 있다.

글쓰기란 머릿속 생각을 꺼내서 언어로 표현하는 것이라면, 평소 생각이 많은 사람이 논리적 글쓰기에 유리할 것 같다. 그러나 어휘력이 강하다면 큰 차이는 없다. 실시간으로 언어 활동을 하는 경우, 사람의 머리는 생각을 빠르게 처리하는 데 빼어난 능력을 보여주기는 해도, 기억의 영역에서는 매우 제한적인 역량을 갖고 있는 것 같다. 그래서 생각을 그대로 보관하기보다는, 즉 평소 생각 그 자체를 문장으로 기억하기보다는 개념(단어)으로 보관하는 듯하다. 그렇기 때문에 평소 생각을 많이 하더라도, 실

상 그 사람의 머릿속에는 그 생각이 문장으로 새겨져 있는 것은 아니다. 그러므로 머리 안에 있는 것은, 엄밀히 말하면, 명징한 생각이 아니라 어렴풋한 표상[1]이다. 따라서 글쓰기란 그 표상을 생각으로 바꾸는 언어 활동이다. 그래서 글을 쓰다 보면 의도치 않게 적절한 단어들이 나타나는 체험을, 내가 썼다는 사실이 의심스러울 정도로 멋진 문장이 나타나는 체험을, 문장을 쓰면서 자기 생각이 정리되는 체험을 하는 것이다. 글쓰는 과정과 거의 동시에 머릿속에서는 매우 빠르게 표상을 생각으로 바꾸는 판단들이 나타나기 때문이다. 무엇보다 우리가 글을 쓰는 까닭은, '나는 생각한다. 그러므로 글을 쓴다'가 아니라, '**상황**이 됐다. 그러므로 글을 쓴다'가 주된 이유여서, 평소 생각의 많고 적음이 글쓰기에 결정적인 영향을 미치는 것은 아니다.

따라서 자기 생각이 빈약하다면서 의심하고 두려워할 필요가 없다. 그냥 쓰면 된다. 당신의 의심과 두려움을 풀어줄 스킬이 준비되어 있다.

[1] 표상이란 머릿속에 있는 것을 뜻한다. 일반적으로는 아직 판단을 행하기 전, 즉 생각으로 표현되지 않은 데이터를 의미한다.

셋째, 페르소나를 선정하자

많은 사람이 오해하고 있는 사실이 있다. 글은 '나의 생각'을 표현하는 것이지, '나'를 표현하는 것이 아니다. 나는 전문적으로 글을 쓰는 작가들이 이 두 가지를 제대로 구별하지 못하면서 겪는 혼란을 목격해 왔다. 그래서 이런 혼란을 조정해 주는 작업이 그들을 돕기 위해 편집자로서 내가 가장 먼저 하는 역할이었다.

우리는 모르는 것을 표현하지 못한다. 아는 척하면서 글로 감춰 봤자 결국 무지는 탄로난다. 그런데 '나'를 안다는 것은 불가능하다. 따라서 '나'를 글로 표현한다는 것은 무지의 영역에서 아는 척하는 행동에 불과하다. '진정한 나'는 어딘가에 어떤 모습으로 있을 것이다. 그러나 철학자 칸트는 그 정체를 알 수 없고, 이 무지에서 벗어날 수도 없다고 선언했다. 나는 그의 견해에 동의한다. 나를 안다는 것은 '**파악되지 못한 나**'에 대한 오만이며 불명예다. 나를 알기 위한 모든 시도는 방황만 낳을 뿐이다. 따라서 모든 글은, 아무리 탁월하고 멋진 글일지라도, '나'를 온전히 표현한 글이 아니라, 글 쓸 당시의 '나의 생각'을 표현한 글에 불과하다. 글로 '나'를 표현한다고 생각하면 부작용만 생긴다. 마치 야구 경기에서 어깨에 힘이 들어간 투수가 실투하는 것처럼 원하는 글을 쓸 수 없다.

나는 진정한 나를 알 수 없고, 글이란 나를 표현하는 게

아니라, 나의 생각을 표현하는 것이라면, 글을 쓰는 이 사람은 누구인가? 지금 글쓰는 내가, '나'가 아니란 말인가? 이런 질문에 준비된 답이 있다. 글의 주체는 '나'가 아니라 '내가 선택한 혹은 선택해야 하는 페르소나Persona'이다. 페르소나란 가면을 뜻하며, 고대 그리스의 연극에서 등장인물이 사용하던 가면에서 유래된 단어다. 심리학자 융은 인간은 천 개의 페르소나를 지니면서 상황에 따라 적절한 페르소나를 쓰고 사회적 관계를 맺는다고 주장하기도 했다. '가면Persona'이 글쓰기의 '인격Person'이다. 앞에서 말한 것처럼, 우리는 글을 써야 하는 상황이 됐으므로 글을 쓴다. 그렇다면 그 상황에 맞는 페르소나를 선정해서, 그 페르소나 관점으로 글을 쓰는 것이다.

예를 들면 다음과 같다. 손오공은 대학생이며 기말고사 시험을 치른다. 그가 쓰는 답안의 페르소나는 손오공 자신이 아닌 그 과목을 듣는 수강생이다. 사오정은 형이상학 관점에서 살펴본 인공지능에 관한 논문을 쓴다. 이 논문의 페르소나는 해당 주제를 심도 깊게 탐구한 연구자이지 사오정 자신이 아니다.

사업가 저팔계는 투자자들을 상대로 투자 제안서를 쓴다. 이 글의 주체는 저팔계 본인이 아니라 투자를 받을 만한 사업을 하는 사업가다. 변호사 우마왕은 수임한 소송 사건에 대한 준비서면을 쓴다. 이 준비서면을 쓰는 페르소나는 사건 당사자를 훌륭하게 변호하려는 전문가이지

우마왕 본인이 아니다.

홍길동은 음악 에세이를 써서 책으로 출간하려고 한다. 책은 저자 본인이 아닌 저자가 선정한 자기 머릿속 페르소나가 집필하는 것이다. 홍길동이 가장 먼저 해야 할 일은 이 저술 프로젝트의 페르소나를 선정하는 작업이다. 예컨대 페르소나는 현대 사회에서 지친 사람들을 음악으로 위로해 주는 사람으로서 박학다식한 전문가일 수 있고, 음악사를 친절하게 설명해주는 교수일 수 있으며, 음악 뒤에 숨겨진 얘기를 풀어주는 입담 좋은 저자일 수 있다. 설령 저자가 홍길동 본인일지라도 글쓰기의 주체는 홍길동이 선택한 페르소나다.

임꺽정이 보고서를 쓴다면, 그 보고서는 임꺽정 본인이 아니라 누가 그 보고서를 읽을지 알며 그 문서가 어떻게 활용될지를 아는 담당자가 쓰는 것이다. 개발자 장길산이 자기가 개발한 장치나 솔루션을 설명하는 글을 쓸 때, 글을 쓰는 페르소나는 평소 글쓰기 재능이 없다고 자책하는 장길산 본인이 아니라, 그 제품을 누구보다 잘 아는 개발의 당사자다. 마찬가지로 소설가 성춘향이 소설을 쓰는 게 아니라, 성춘향이 섬세하게 깎아놓은 페르소나가 성춘향의 이름으로 소설을 쓰는 것이다. 작품 세계와 현실 세계가 다른 것처럼, 작가의 페르소나와 작가 본인이 다르다.

이처럼 논리적 글쓰기를 쉽게 하려면, '나'를 버리고, '나의 페르소나'를 선정해야 한다. 이렇게 페르소나 관점으로 글을 쓰면, 글쓰기를 어렵게 만드는 다양한 **'나의 문제'**에서 벗어나 더 부담 없이 글을 쓸 수 있다. 완벽함을 욕망하지만 실제로는 연약한 나 자신에서 벗어날 수 있다. 논리적이지 않은 자기 검열, 글과 어울리지 않은 나의 감정, 무용한 고집, 지나치게 무지하거나 지나치게 똑똑한 나의 지식 수준, 글쓰기를 어렵게 만드는 나의 습관이나 심리에서 자유를 얻고, 덤으로 시간낭비를 줄이고, 정신적인 에너지 소모를 줄일 수 있다.

내가 아닌 내 페르소나가 글을 쓴다고 해서 진정성이 부족해지는 것도 아니다. 결국 '나의 생각'을 표현하는 글이기 때문에, 진정성이 어딘가로 도망가지 않는다. 진정성 문제는 내 생각이 아니라 타인의 생각을 표현할 때 생기는 것이다. 페르소나는 나의 단편이며, 표현된 생각은 나의 것이다. 단지 그것이 내 전부가 아닐 뿐이다.

넷째, 글의 순서를 생각하자

글의 순서에 정해진 규칙은 없다. 글을 쓰는 상황, 글의 성격, 독자의 특징, 글의 주제를 종합적으로 고려해서 결정한다. 다만 화자의 시간과 독자의 시간이 다르다는 점을 기억해 두는 것이 좋다. 화자는 글을 쓰는 데 적지 않은 (혹은 아주 많은) 시간을 쓸 것이고, 써야만 한다. 시간을 쓰는 것이 화자의 의무다. 그런데 독자에게는 그런 의무가 없다. 예술가가 수많은 시간을 써서 만든 작품을 관객이 스쳐지나가 버리는 것처럼, 물건을 만드는 장인이 그토록 애썼건만 소비자는 몇 초의 눈길도 주지 않는 것처럼, 글도 마찬가지 숙명일 수 있다. 그러므로 독자가 화자의 글을 짧은 시간만 대할 가능성이 있다는 점을 기억하자. 이런 점은 글의 순서와 스타일에 영향을 미친다.

단순 메모가 아닌 한, 타인이 읽는 글에는 꼭 **제목**을 붙인다. 독자가 글을 다 읽지 못해도 제목만 봐도 메시지가 느껴지도록 하기 위함이다. 제목 붙이는 게 어렵더라도 포기하지 말자. 평범한 제목이 좋다. 챗지피티에게 어떤 제목을 쓰는 게 좋겠느냐는 질문을 해서라도 제목을 붙인다. 글의 분량이 길고, 단락들의 내용이 다르다면, **소제목**을 붙이는 것이 미덕이다. 성급한 독자를 위해 가급적 앞부분에 글의 중요한 메시지를 **요약**하는 것이 좋다. 그밖의 순서는 그 글을 쓰는 페르소나가 결정한다.

다섯째, 생각의 집합을 유념하자

논리적 글쓰기는 생각의 집합 안에서 이루어진다. 만약 생각의 집합에서 벗어난 이야기를 하면, 우리 머리는 논리적으로 이상하다는 신호를 보낸다. 생각의 집합에 대해서는 15강에서 자세히 살펴본다. '생각의 운동장'이 있고, 우리는 이 운동장 안에서만 '플레이'하는 것이다. 운동장에서 벗어난 얘기를 하면 우리는 어리둥절한다. 그래서 화자는 청자에게 '잠시 딴소리 좀 하겠다'고 사인을 보낸다. 얼굴 보고 대화하기 때문에, 청자는 그냥 들어준다. 그러나 글에서는 그런 사인이 잘 통하지 않고, 독자가 인내하지도 않는다. 그렇기 때문에 생각의 집합 안에서만 글을 쓴다. 생각의 집합이 여러 개라면, 섞이지 않도록 경계를 확실히 만든다. 예를 들어 집합이 구별되도록 장 chapter을 바꾼다. 섞으면 비논리다.

논리적 글쓰기에서는 몇 가지 **실무적인 규칙**이 있다. 제목과 특별히 관련 없는 이야기는 하지 않는다. 설령 나중에 수정되더라도, 소제목의 목록을 순서대로 정해 놓는 것이 유용하다. 그렇다면 소제목이 정하는 주제와 무관한 글을 그 소제목 안에 두지 않는다. 글의 목적과 개요를 먼저 써두는 것도 좋다. 그렇다면 그 목적에 어울리지 못하고, 개요에서 벗어난 이야기는 가급적 쓰지 않는다. 작가들은 세계관을 먼저 명확하게 설정한 후에 작품을 쓰는 것도 미리 생각의 집합을 정해 놓기 위함이다.

여섯째, 단어를 잘 선정하자

내가 쓴 단어의 의미를 독자가 알지 못한다면, 단어의 선택에 문제가 있는 것이다. 독자의 수준에 아랑곳하지 않고 자신의 권위에 의존해서 글을 쓰는 사람이거나, 독자의 머릿속에 관심이 없는 사람이거나, 아무 생각 없는 사람이 단어 선택에 주의하지 않는다. 논리는 단어에서 시작한다. 그러므로 **단어에서 실패한다면** 논리적 글쓰기는 안되는 것이다. 글을 쓰는 페르소나는 자기 글에 맞는 단어를 고르기 위해 애써야 한다.

자기들끼리만 통용되는 단어를 사용하면서 사람들이 못 알아듣는다고 한탄해서는 안 된다. '너희들이 직접 알아보라'고 독자에게 요구하는 것은 권위주의 분위기가 인정되는 곳에서 가능한 일이다. 자기 생각을 전하기 위해서 더 효과적인 단어를 선택하는 것은 화자의 의무다. 그러나 화자가 시험출제자인 경우처럼 특별한 사정이 있는 게 아니라면, 독자는 화자의 단어를 알아야 할 **의무가 없다.** 심지어 화자의 글 자체를 읽을 **의무도 없다.**

가급적 약어와 전문 용어를 쓰지 않는 게 좋다. 당신이 그런 약어와 용어를 쓰지 않았다고 해서 사람들이 당신의 지적 수준을 의심하지는 않는다. 물론 약자와 전문 용어를 써야 할 때가 있다. 그런 경우라 해도 친절하게 약자를 풀어 주고, 용어를 쉽고 '충분하게' 정의해 준 다음에, 이

야기를 시작해야 한다. 글 쓰는 사람에게 이런 일은 귀찮은 일이다. 귀찮아서 그냥 넘어가기 일쑤다. 그런데 소통이란 원래 **피곤한 일**이다. 그런 피곤함이, 내가 글 쓰느라 애썼는데 독자가 오해하거나 알아듣지 못하는 것보다는 낫다. 인간은 텔레파시 능력이 없고, 화자와 독자 사이에 이신전심이 없으며, 단어를 알아야만 문장에 담긴 생각이 전달되는데 사람마다 어휘력이 다르기 때문에, 피곤하고 귀찮더라도 어쩔 수 없다.

어떤 단어를 사용하는 것이 논리적 글쓰기에 유리할까? 사람들이 평범하게 사용하는 **보통의 단어**가 좋다. 성장하면서 자주 들었거나 접했거나 사용했던 단어, 직장인의 담소에서 들리는 표현, 입술 냄새 나는 단어가 좋다. 순우리말이냐 한자어냐 영어냐는 중요하지 않다. 흔하게 사용하는 단어여서 독자가 알아듣기에 충분하다면 좋은 단어 선택이다. 그러자 이런 질문이 들린다.

— 논리적 글쓰기가 머릿속에 있는 나의 생각을 글로 표현하는 것이라면, 평소 전문 용어로 생각하는 나는 그 전문 용어를 머리 바깥으로 꺼내놓는 게 자연스러운 일이 아닌가?

자연스럽다. 일기장에서 내 생각을 쓰는 것이라면, 심지어 당연하기까지 하다. 그러나 논리적 글쓰기는 페르소나를 소환해서 소통을 위해 쓰는 것임을 유의하자. 당신

의 머릿속에 있는 그 생각이 당신의 글을 통해 타인의 머릿속에 '자연스럽게' 옮겨갈 수 있는가? 만약 당신의 글을 읽는 독자가 영혼의 친구라거나 같은 '이너서클'에서 소통하는 사람이 아니라면, 머릿속 전문 용어의 뜻과 동일한, 평범한 단어를 탐색하는 것이 제일 바람직하다. 그게 불가능하다면, 용어를 쉽게 정의하는 활동에 정성을 다해야 한다. 그래서 지식인들도 소통에 필요한 어휘력 요청을 피해갈 수 없다.

어휘력은 사전 한구석에 숨어있는 기똥찬 단어나 잔뜩 어깨에 힘준 지식인의 논문이나 단행본에서 얻는 게 아니다.

일곱째, 연결에는 강한 것이 있고
약한 것이 있다

단어와 단어를 연결하여 문장을 만든다. 문장이 명제이며 판단이다. 그것이 생각의 기본 단위다. 논리학은 '주어'와 '술어'의 연결로 문장을 다룬다. 문법처럼 복잡하지 않기 때문에, 논리적 글쓰기에서는 화려한 용법이 필요 없다. 이 개념과 저 개념을, 이 단어와 저 단어를 '조사'를 사용해서 연결하기만 하면 된다. 조사 사용법은 다음과 같다.

267

- 주격 조사: 앞에 자리한 단어를 주어가 되게 하는 조사다. {이, 가, 께서, 에서} 중에서 선택한다. (문법이 아니라) 논리학에서 조사는 주어와 술어를 연결하는 역할을 하지만, 이런 주격 조사는 단순 연결일 뿐, 그 연결을 강하게는 못한다. 더 강한 연결을 원한다면 — 논리적 글쓰기에서는 그런 결속이 필요하다 — **보조사**의 사용이 중요하다. {은, 는, 도, 만, 까지, 조차, 부터, 마저, 대로, 야말로, 나마} 같은 보조사를 필요에 따라 선택해서 적극 사용함으로써 주어와 술어의 연결을 강화한다.
- 서술격 조사: '~이다', 어떤 단어를 술어가 되게 하는 조사다.
- 관형격 조사: 단어와 단어를 연결해서 하나의 개념

을 만드는 조사다. '의' 하나 뿐이며, 일본어에서 영향을 받은 조사이지만, 일본말과 달리 우리말에서는 생략하는 게 자연스러운 경우가 많고, 중복 사용은 피하는 게 좋다.

- 목적격 조사: '을, 를'이 있다. 술어 부분에서 단어들을 연결하는 역할을 한다. 예컨대 논리학에서는 〈손오공이 책을 읽는다〉라는 문장에서, '손오공'이 주어이고, '책을 읽는다'가 술어이다.

연결에는 강한 연결이 있고 약한 연결이 있다. 중요해서 그 의미를 강조해야 할 부분은 강하게 연결해야 한다. 화자의 기대와 달리 독자는 좀처럼 집중해서 글을 읽지 않는다. 난독증을 겪는 독자도 있고, 틈만 나면 딴생각을 하는 사람도 있으며, 인간은 다양한 편견에서 자유롭지 못하고, 툭하면 오해하기 일쑤이기 때문에, 단순 연결만으로는 화자가 전하려는 메시지가 독자의 머릿속에 도착하지 못할 수 있다. 그러므로 강한 연결이 필요하다. 과하면 글이 유치해질 수 있다는 단점이 있기는 해도, 그 단점을 안다는 전제로, 형용사로 단어를 강조하고, 부사로 연결을 강화한다. 중요한 생각은 **반복해서** 강조한다. 반복을 피하는 것이 문학적 글쓰기라고는 해도, 필요하다면 반복해서 강조하는 것이 논리적 글쓰기 스킬이다. 논리적 글쓰기의 목표는 미학적인 감성을 보여주는 게 아니라 표현된 내 머릿속 생각을 타인의 머리 안으로 옮기는 것이므로, 필요하다면 반복적인 강조를 '실행'한다.

한편 당신이 글쓰기에 자신 있는 사람이라면, 비유법을 써서 강조하는 것도 좋다. 그러나 비유가 실패했을 때 생기는 **부작용** — 독자의 거부감이나 괜한 반발심을 초래한다 —을 감안한다면, 비유는 추천할 만한 논리 스킬이 아니다.

접속사는 문장과 문장을 연결할 때 중요하다. 문학적 글쓰기를 하는 사람들은 문맥만으로 문장이 연결됨을 강조한다. 그런 관점에서는 접속사 사용이 부질없다. 그러나 논리적 글쓰기를 할 때에는 가급적 접속사를 생략하지 않고 사용한다. 다음은 9급 국회직 공무원 시험(2012년 국어) 문제이다. 괄호 안에 들어가는 접속사는 무엇일까? ① 그리고 ② 그러나 ③ 그래서 ④ 그러므로 ⑤ 그런데 중에서 하나를 골라 보자.

> **철학(philosophy)은 '지혜를 사랑한다'라는 뜻이 있습니다. 고대 그리스 사람들이 지혜를 사랑한다라고 말했을 때 그 뜻하는 바는 세계에 대한 지식을 탐구한다는 것이었습니다. 즉 철학을 한다 하면 세계에 대한 지식을 탐구한다는 뜻이었습니다. 그 이후 지금에 이르기까지 철학 하면 세계에 대한 근본 인식과 근본 태도를 가리키는 말이었습니다. 이때의 '세계'란 세계 지도라고 말할 때의 그것과는 달리 '존재하는 모든 것'을 뜻합니다. 따라서 철학이란 존재하는 모든 것에 대한 근본 인식과 근본 태도를 가리키는 것입니다. '존재하는 모**

든 것' 속에는 자연도 포함되고 사회도 포함되고 인간도 포함됩니다. 그러므로 철학이란 자연과 사회 그리고 인간에 대한 근본 인식과 근본 태도라고 말할 수 있습니다.

(   ) 세계에 대한 근본 인식과 근본 태도를 다른 말로 표현하여 세계관이라고 합니다. 즉 철학은 '세계관'입니다. 세계관은 우리가 세계를 어떻게 보는가, 어떻게 생각하는가를 가리키는 말입니다.

두 개의 단락이 비슷한 이야기를 하면서 서로 대등하게 이어지면, 접속사 '그리고'를 사용한다. 〈손오공은 똑똑해. 그리고 글도 잘 써〉 두 개의 단락이 서로 반대되는 이야기로 이어진다면, 접속사 '그러나', '하지만', '그렇지만'을 쓴다. "이제 좀 쉬도록 해. 그러나 너무 나태해지면 안 된다." 두 개의 단락이 원인과 결과로 이어진다면, 인과관계에 사용하는 접속사를 사용한다. "어제 물병을 깨드렸어. 그래서 오늘 아침에 물병을 새로 샀어." 인과관계 접속사는 논리적 글쓰기에서 가장 중요한 연결 수단이다. '그러므로', '그리하여', '따라서', '그렇기 때문에', '그런고로' 등의 접속사를 바꿔 가며 사용함으로써 글을 윤택하게 연결한다. 원인과 결과의 순서를 바꾼다면, '왜냐하면~ 때문이다'라는 관용 표현을 쓰는 데 망설이지 말자.

제시문 첫 번째 단락에서는 '철학'의 의미를 설명한다. 두 번째 단락에서는 '세계관'의 의미에 대해 설명한다. 이처럼 두 개의 단락이 서로 다른 이야기를 하고 있을 때 연결하는 접속사는 '그런데'다. 글의 관심사나 화제를 잠시 바꾸는 역할의 접속사이다. "사오정은 똑똑해. 그런데 어제 게임을 했어."와 같이 사용한다. 제시문의 첫 번째 단락에 비록 '세계'라는 단어가 있기는 해도, '세계관'은 아니었다. '세계'에 관한 이야기와 '세계관'에 대한 이야기는 대등한 관계가 아니고 인과관계도 아니다. 그저 이야기의 화제나 관심사가 바뀐 것이다.

여덟째, 가위질로 약한 연결을 잘라내자

논리적인 글에서는 약한 연결을 군이 가져갈 필요가 없다. 강한 연결이 필요하다면 강하게 연결하고, 약하게 연결되어 있는 것은 가위질을 하여 끊어낸다. 약한 연결은 어차피 **독자의 머릿속에서 생겨나는 반론에 의해** 잘려나갈 것이다. 그 약함 때문에, 글의 인상이 나빠지고 화자가 말하려는 메시지가 독자에게 전해지지 않을 수 있다. 그러므로 화자가 미리 끊어내야 한다. 관련하여 '논리 끈'과 '가위'의 논리적 역할에 대해서는 17강에서 자세히 살펴볼 것이다.

글의 내용은 시간과 공간의 영향을 받는다. 시간의 영향에서는 **인과율의 지배**가 있다. 필연이라면 그것에 합당한 표현을 써서 강하게 연결하고, 우연이라면 가위질의 후보가 된다. 무엇의 원인으로서 그 무엇을 글에 담아야 한다면 인과관계를 강하게 연결해야 한다. 그러나 그 무엇의 배경에 불과하다면 다양한 반론에 부딪힐 것이다. 그 경우 가위질이 필요한지 여부를 과감하게 결정해야 한다. 만약 퇴고 과정에서 그 배경을 남기고 싶다면, 원인에 어울리는 표현이 아니라, 배경에 적합한 표현으로 약화시켜 글을 쓴다. 그래야 독자의 반발심을 줄일 수 있다. 공간의 영향에서는 **비교 논리**가 지배한다. 축소 모형으로 같은 장소에 나란히 놨을 때 설득력이 있다면, 그 비교를 강화한다. 인구 천 만 명이 살아가는 사회 구조를 비판

하는 주장을 하면서, 불과 수백 명이 살아가는 사회를 모범 사례로 삼는다면, 비교 논리에 설득력이 없는 것이다. 이처럼 설득력이 없다면 잘못된 비교이므로 가위질의 대상이다. 한편 비교 논리에는 통계와 사례가 자주 사용된다. 그 내용이 구체적이어야 한다.

이리하여 우리는 논리적 글쓰기에 필요한 스킬을 습득했다. 훈련이 우리를 더 논리적으로 만들 것이다. 우리는 노벨문학상을 목표로 글을 쓰는 게 아니다. 내 머리 안에 들어있는 생각을 머리 바깥으로 꺼내놓기 위함일 뿐이고, 그런고로 평범한 단어와 단순한 문장일수록 글의 논리가 빛난다.

10

경험은 논리에서
어떤 역할을 하는지

- 경험이 부족하면 논리적이지 않다. 선한 경험을 많이 하면 선한 사람이 되고, 악한 경험을 많이 하면 악한 사람이 된다. 사람은 경험을 통해 변한다.
- 경험의 능력을 키우려면 먼저 섬세한 감각이 필요하다. 경험을 통해 무엇인가를 개념화하려면, 단어를 선명하게 기억하기 위해 노력해야 한다.
- 경험에는 한계가 있다. 경험이 진리를 보증하지는 않는다.

다음 두 가지 질문에 대한 해답을 찾는 과정에서, 경험이 논리에서 어떤 역할을 하는지 살펴보자.

— 〈경험은 부족하지만 논리적인 사람이야〉라는 표현, 이런 게 과연 타당한 판단일까?

— 인생사 풍부한 경험을 한 사람이 있다. 그런데 그런 사람들 중에서, 어째서 누군가는 경멸받는 꼰대가 되고, 누군가는 존경받는 스승이나 현자가 되는 걸까? 도대체 경험이 머릿속에서 어떤 역할을 했길래 이런 차이가 생겼던 것일까?

경험 데이터베이스

논리는 인간 공통의 머리 구조이다. 이것은 프레임, 뼈대, 골조, 형식일 뿐 내용이 아니다. 내용은 인류 공통일 수 없고, 사람마다 다르다. 논리는 그저 프레임, 뼈대, 골조, 형식일 뿐이어서, 논리만으로는 어떤 판단이나 추론의 참과 거짓을 보장하지 않는다. 따라서 그 사람이 내세우는 근거와 그 근거에서 비롯된 주장이 논리적이라고 해서, 그 근거와 주장이 진실될 것이라는 보장은 없다. 우리들 머릿속에서 오류는 인간 세포보다 더 많은 박테리아가 몸 안에 서식하는 것만큼이나 자연스러운 일이다. 하지만 아무리 그래도 우리는 박테리아보다는 인간 세포가 낫고, 오류보다는 진실을 더 좋아한다. 우리가 그저 인간 공통의 프레임, 뼈대, 골조, 형식만이 아닌, 진실을 알고 싶고, 더 좋은 지식을 생각하고 표현하고자 한다면, 그것은 내용을 말하는 것이고, 그러면 더 이상 인간 공통만이 아닌 **개성**, 즉 차이를 포함해서 이야기하는 것이 된다. 이제 우리가 이것을 다뤄 보자.

인간의 머릿속에는 **데이터베이스**가 있다. 본래 데이터베이스란 저장소에 저장되어 있으면서 컴퓨터가 처리할 수 있도록 준비된 데이터의 집합을 뜻한다. 인간 머리도 컴

퓨터와 마찬가지로, 데이터가 보관되는 저장소가 있고, 그 저장소에 단어와 문장이, 즉 개념과 생각이, 다시 말하면 지식이 보관되어 있다. 만약 이런 지식 보관소가 인간 머리에 없다면, 인간은 본능에 따른 행동밖에 하지 못할 것이다. 만약 지식 보관소가 있기는 해도 지식이 그곳에 무질서하게 아무렇게나 보관되어 있다면, 제대로 판단할 수 없다. 그래서 인간 머리는 컴퓨터처럼 지식 보관소와 머릿속 데이터베이스가 필요한 것이다. 우리가 어떤 대상을 볼지라도, 머릿속 데이터베이스가 텅 비어 있다면, 그 대상을 감각할 수는 있을지언정, 그 대상에 대한 단어(즉 개념)가 머릿속에 없기 때문에, 의미가 생기지 않는다. 대상에 관한 이런저런 감각 데이터를 하나의 단어로 연결시키지 못하기 때문이다. 더욱이 단어와 단어를 연결해서 문장을 만들어야 하는데, 즉 개념과 개념을 연결해야 하는데, 그것도 불가능하다. 그러므로 생각하지 못하는 것이다. 이런저런 단어들이 보관되어 있기는 해도, 만약 데이터베이스의 성능이 좋지 못하면, 겨우 지금 여기의 생각은 할 수 있을지 몰라도, 다른 곳으로 생각을 도약시키지 못할 것이다. 지금까지 설명한 대전제가 빈약하기 때문이다.

따라서 우리는 어찌 됐든 머릿속 데이터베이스를 채워놔

야 한다. 가능한 한 많은 데이터를 머릿속에 저장해 둬야 한다. 현대의 컴퓨터가 눈부시게 발전하여 인공지능으로 달리 표현되는 까닭은 마침내 빅데이터를 보유하게 되었고 그 빅데이터를 학습하는 모델을 갖게 됐기 때문이다. 인간도 마찬가지다. AI가 인간 머리를 모델 삼았기 때문에 당연한 이치로 보인다. 인간 머릿속의 그 빅데이터를 이야기해 보자.

철학자들은 데이터를 머릿속에 가져오는 것을 일컬어 '경험'이라 했다. 17세기 영국 철학자 존 로크는 인간이 태어날 적에는, 머릿속이 텅 비어 있다고 주장했다. 그런 상태를 일컬어, 텅 빈 서판이라는 뜻으로 **타불라 라사**Tabula rasa라 칭했다. 인간은 타불라 라사 상태의 머리에 경험을 통해 지식을 채워넣는다는 것이다. 단어(개념)를, 문장(판단)을 새겨넣는다. 경험하면 할수록 보관되는 데이터가 많아진다. 인간은 타불라 라사를 채워서 〈이 정도면 한 명의 성인으로서 괜찮은 머릿속 데이터베이스네〉라고 인정할 정도로 경험해야 한다. 그렇게 십 년 세월을 훌쩍 뛰어넘는 시간 동안 차곡차곡 경험을 쌓아야만 비로소, 판단할 때, 추론할 때, **꺼내 쓸 수 있는 분량의** 개념과 원리를 얻을 수 있다. 그래서 신체뿐 아니라 정신도 성인에 걸맞게 성장하려면 시간이 걸리는 것이다.

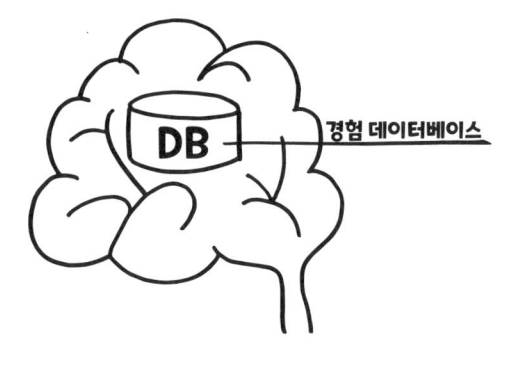

경험 데이터베이스

그러므로 우리는 머릿속 데이터베이스를 일컬어 **경험 데이터베이스**라고 부르자. 경험 데이터베이스에는 공통 부분과 개별 부분이 있다. 머릿속 데이터베이스의 기능만큼은 인간 공통이다. 경험을 통해 차곡차곡 보관해 둔 지식이 인간의 어휘력에, 판단력에, 추리력에 결정적으로 영향을 미친다는 기능, 그런 기능은 누구에게나 같다라는 의미다. 그러나 그 경험 데이터베이스에 무엇이 들어 있는지는 저마다 다르다. 그것이 **생각의 차이**를 만든다.

경험이 머릿속에서 하는 역할

경험은 인간 머리에 절대적인 영향을 미친다. 인간의 지식은 경험이 아니면 얻을 수 없고, 경험이 아니면 지식을 검증할 수 없다. 경험할 때마다 데이터가 머릿속으로 들어온다. 그리고 머릿속 데이터베이스가 업데이트된다. 이런 **경험의 역할을 논리 관점으로** 이해해 보자.

경험을 통해서만 인간 머리 안에 개념이 생긴다. 따라서 경험이 없다면 어휘력도 없다. 직접 경험하든, 간접 경험하든, 더 많은 경험을 통해 더 많은 어휘가 쌓인다. 이처럼 어휘력은 경험의 산물이다. 경험이란 머릿속에 언어를 쌓는 행위, 인간 머리 안에 사전을 만들고 그 사전의 성능을 개선하는 행위다. 경험은 개념만 수집하지 않는다. 우리는 다양한 사건을 겪으면서 끊임없이 생각한다. 생각이란 개념과 개념을 연결하는 활동이었다. 두 개 이상의 단어를 연결하는 행위, 다시 말하면 어휘력을 실제로 사용하는 행위였다. 그것이 '판단'이다. 즉 경험은 판단력을 섬세하게 만든다. 판단력이 섬세해질수록 어휘력도 좋아진다. 왜냐하면, 생각을 거듭할수록, 단어가 갖는 의미 크기를 더 잘 알게 되고, 의미의 선명함이 개선되고, 단어들의 소속 체계가 더 분명해지기 때문이다.

경험을 통해 단어들이 많아지고 판단들이 쌓임으로써 우리들 머릿속 '대전제'가 풍요로워진다. 그러므로 인간 머리 안에서 우세력을 발휘하는 대전제의 활동이 더 활발해지면서 추리력이 더 빠르고 정확해지며, 대체로 건전해진다. 경험의 **최종 목적지**는 추리력을 강화해서 생각을 더 나은 방향으로 도약시키는 것이다.

그런데 이런 경험의 역할이 좋은 방향으로만 가는 것은 아니다. 모든 경험이 다 이로운 것도 아니고, 좌절, 실패, 실수, 손해, 악행, 부정, 폭행, 거짓, 우발적인 사고 등 이롭지 않은 다양한 경험도 있다. 그러나 좋은 경험이든 나쁜 경험이든, 이로운 경험이든 해로운 경험이든, 경험은 인간 머릿속의 어휘력, 판단력, 추리력에 절대적인 영향을 미친다는 점에서는 차이가 없다. 왜냐하면 경험이 데이터 공급을 독점하기 때문이다.

그러면 앞에서 제시한 첫 번째 질문에 답해 보자. 〈**경험은 부족하지만 논리적인 사람이야**〉라는 판단이 타당한 표현인지에 대한 질문이었다.

경험이 부족하고 일천하다는 것은 그 사람의 어휘력, 판단력, 추리력이 낮다는 것을 의미한다. 그런데 어휘력, 판

단력, 추리력이 **논리력의 3요소**이다. 그러므로 경험이 일천한 사람은 논리력이 낮을 수밖에 없고, 따라서 논리적일 리 없다. 경험이 부족한 사람이 논리적으로 보일지라도, 그것은 우연히 가끔 그렇게 보일 뿐이고, 실제로는 논리력이 낮을 것이다. 다만 **배우려는 자세(학습력)가 좋아**서, 더 빠르게 논리력을 키울 수 있으리라는 기대감은 있겠다. 그러나 경험을 쌓기보다는 자기 머리를 신뢰해서 쉽게 판단하고 주장하기를 좋아한다면, 그런 사람이야말로 인생을 '뇌피셜'에 맡기기 십상이다. 나는 그런 사람들의 대전제를 신뢰하기 어렵다. 제대로 시련을 겪지 않고 도전을 당하지 않은 채 견고하게 자리잡고 있는 **그들의 대전제가 얼마나 고집스러울까를 생각할 때마다** 나는 오히려 걱정이 앞선다. 그 혹은 그녀가 지능이 좋다면, 더욱 걱정스럽다. 지금껏 살멸서 그런 사람들을 부지기수로 만났다.

성선설이냐 성악설이냐

사람의 천성이 본래 선한지, 본래 악한지는 모르겠다. 성 선설과 성악설로 표현되는 사람들의 주장을 들어본 적이 있으나, 선한 기관과 악한 기관, 혹은 선한 유전자와 악한 유전자를 들어본 적은 없다. 그런데 이 문제를 논리적으로 이해한다면, 다음과 같이 생각할 수는 있을 것이다. 선 악의 기준이 사람마다 다르지만, 어떤 기준에 따르든 마찬가지다.

선한 경험을 많이 한 사람이 더 선하다. 왜냐하면 머릿속에 선함에 관한 개념과 원리가 더 많을 것이기 때문이다. 선량한 대전제가 더 많이 더 강하게 활약하는 사람, 그 사람이 선량하다. 그러므로 인간에게 선한 경험 데이터베이스가 필요하다는 것이고, 그렇다면 우리가 지금까지 이야기한 것을 종합해 보면, 실제로 선한 경험을 해봐야 한다. 따라서 선한 행동을 하자. 어려운 상황에 처한 타인을 돕고, 기부하고, 타인을 용서해 주자. 거짓을 멀리하되 약속을 지키며 양심을 거스르는 행동을 삼가자. 그러나 버젓이 악한 행동을 일삼으면 그 사람은 악할 것이다. 머릿속 경험 데이터베이스에 악한 개념이나 원리가 많을 것이고, 우세한 머릿속 대전제가 틀림없이 악할 것이기 때문이다.

사악한 대전제가 활동하도록 그대로 놔두면서 경험이 그런 대전제를 계속 보충하고 강화한다면, 누구든지 사이코패스, 소시오패스가 된다.

그러므로 착한 행동, 선량한 행동을 하는 경험의 중요성은 몇 번을 강조해도 지나침이 없다. 이런 선한 행위의 권고는 단순히 도덕적인 동기나 결과의 중요성 때문만이 아니다. 우리들 머릿속에서 우세력을 발휘하는 **대전제의 건강함**을 위해서라도 인생을 살면서 가급적 선량한 행동을 경험해야 하기 때문이다.

사람이 변하지 않는 이유?

그런 것 없다. 사람은 변한다. 육체적인 변화뿐 아니라, 정신적으로도 변화한다. 스타일이나 관심사만이 아닌, 성격도, 가치관도, 인성도 변한다. 다만, **변화의 기울기**가 너무 작아서, 변하긴 하는데, 본인이든 타인이든 그 변화를 실감하는 것보다, 이번 생을 마감하는 시점이 더 빨리 오기 때문에, 그 변화를 제대로 알지 못하는 것이다.

그렇다면 우리 관심사는 변화의 기울기를 향한다.

어째서 변화의 기울기가 작은가?
어째서 변화를 실감하기 어려운 것인가?

왜냐하면, 인생을 살면서, 변화의 기울기가 작은 경험만을 했기 때문이다. 머릿속 대전제, 생각의 토대는, 대체로 게으르고, 변하기보다는 견고하게 굳어서 신념이 되기를 바란다. 이렇듯 대전제는 안정을 추구한다. 그러므로 웬만한 충격이 아니고서는 대전제는 잘 변하지 않는다. 머릿속 대전제가 그대로라면, 자잘한 경험으로 어떻게 사람이 크게 바뀌겠는가? 자잘한 경험들은 머릿속의 기존 대전제에 흡수, 강화, 복종, 혹은 튕겨져 나갈 뿐이다. **평범한 경험의 충격량**은 자기 머릿속 대전제를 흔들 정도에 미치지 못한다. 그래서 생각의 전환, 정신적 거듭남이라는 것은 논리적으로 매우 어려운 현상이다.

대체로 경험은 그 개수가 많든 적든, 많이 경험하든 적게 경험하든 기존 대전제의 질서를 해치지 않는다. 대부분의 경험은 편견을 강화하는 데 봉사할 뿐이다. '유유상종'이라는 사자성어는 같은 무리끼리 서로 사귄다는 의미다. 이 말은 비슷한 대전제를 갖고 있는 사람끼리 교류한다

는 뜻으로 비쳐진다. 만약 서로 **공통 대전제**를 갖고 있다면, 다른 직업, 다른 소속을 갖고 있어서 경험의 내용이 다르더라도, 이들이 서로 주고받는 경험의 충격량은 그들의 공통 대전제를 흔들지 못한다. 그러기는커녕 기존 대전제를 강화한다. 그렇기 때문에 사람은 변하지 않는 듯한 착각에 빠진다.

그렇지만 '어떤 경험'은 사람을 크게 바꾼다. 사람의 머리를 근본적으로 바꿔버리거나, 그 정도는 아닐지라도 기존 대전제의 질서를 크게 흔들기도 하는 특별한 경험이 있다. 그런 경험들은 대체로 **낯선 체험의 충격**을 동반한다. 낯선 경험이 기존 대전제의 질서에 미치는 충격량은 방금 언급했던 평범한 경험의 충격량이 비할 데 없이 크다. 기독교에서 말하는 회심, 인생의 깨달음, 사서하는 고생, 충격적인 책, 이상한 사람과의 진지한 교제, 믿을 수 없는 패배(실패, 배신, 좌절), 그외 인생의 전환점을 일으키는 경험이 그런 낯선 체험의 충격을 동반한다. 평범한 경험보다 그 수효가 적을 뿐이지, 살다 보면 만나는 그런 충격적인 경험이다.

이상한 사람과의 진지한 교제

낯선 체험의 충격 중에서 '이상한 사람과의 진지한 교제'에 대해서 좀 더 살펴보자.

예컨대 정치 이야기다. 보수와 진보가 강대강으로 대결하는 우리 정치 문화를 생각해 보자. 강대강 대결만 할 뿐이지 평소 나는 무엇이 보수이며, 무엇이 진보인지, 모호한 것 같은 기분을 지우기 어려웠다. 그럼에도 불구하고 보수파를 경멸하는 진보파의 머릿속 프레임은 견고하다. 진보파를 혐오하는 보수파의 머릿속 프레임도 마찬가지다. 아주 단단하다. 그들은 모두 상대방의 견해를 듣지 않는다. 반면 같은 집단에 속한 사람들의 견해는 비교적 경청한다. 이는 **〈대전제는 안정을 추구한다〉**라는 점에서 논리적인 현상이다. 그런데 어느 진보파가 개인적으로, 깊은 통찰력과 인품을 지닌 어느 보수파의 진정 어린 이야기를 경청하는, 경청해야만 하는 경험을 갖는 경우, 마찬가지로 어느 보수파가 개인적인 만남으로, 날카로움과 넉넉함을 겸비한 어느 진보파의 깊은 이야기를 경청하는, 경청해야만 하는 경험을 갖게 된 경우, 그때의 충격량은 기존 대전제의 질서에 영향을 미친다. 왜냐하면 평소의 자기 생각과는 너무 낯선 체험을 하고, 해야만 하기 때문이다.

그리고 이런 낯선 체험을 통해 대전제가 흔들리거나 대전제들의 우선순위가 바뀌거나 새로운 대전제가 생성되는 만큼 생각의 폭이 달라지고, 그러므로 이런 인상적인 체험을 한 사람의 머릿속 변화의 기울기는 그런 경험이 없는 사람에 비해 더 커질 것이다. 그래서 누구를 만나느냐가 인생에서 중요한 것이다. 생각이 바뀌든 태도가 변화하든 다양성과 포용성이라는 머릿속 개념이 더 강한 우세력을 발휘하는 방향으로 바뀔지도 모른다.

결론적으로 사람은 바뀐다. 변화된 모습을 이번 생이 끝나기 전에 알아챌 수 있도록 그 변화의 기울기가 컸으면 좋겠다. 그것을 일으키는 동력이 경험인 것이다. 경험 중에서도 낯선 체험이다. 그래서 옛 스승들이 다양한 사람들을 만나 말을 섞어 보고 사서 고생하라고 말씀했던 것이다.

이제 앞에서 언급했던 두 번째 질문에 답해 보자. 그것은 **〈왜, 누구는 꼰대가 되고 누구는 현자가 되는가〉**였다. 풍부한 경험을 지닌 사람 중에서 어째서 누군가는 경멸받는 꼰대가 되고, 누군가는 존경받는 스승이나 현자가 되는 것일까?

그 이유를 정확히는 알 수 없다. 그러나 논리적으로 어느 정도 해명은 할 수 있을 것 같다. 직업에 대해, 지식에 대해, 인생에 대해 풍부한 경험을 했다면, 꼰대든 현자든, 경험이 선물해 준 실력은 있을 것이다. 그렇지만 그런 경험들과 대전제의 관계는 꼰대와 현자가 다를 것 같다. 꼰대와 현자 모두 베테랑 같은 경험을 했더라도, 즉 모두 삶의 도전과 모험의 시기를 거쳤더라도, 그때의 실전 경험이 자기 머릿속 대전제에 어떤 영향을 미쳤느냐에 따라 그 향방이 달라질 것이다.

어떤 경험은 긍정으로 작용하고, 어떤 경험은 부정으로 작용한다. 앞서 살펴본 것처럼, 본인이 갖고 있던 기존 대전제를 강화하고 그 대전제에 봉사하는 경험이 있고, 반면 본인이 갖고 있던 기존 대전제에 도전하거나 변경하는 수준의 경험도 있다. 기존 대전제가 깨지면 그 대전제가 생산해 냈던 각종 편견도 힘을 잃는다. 그만큼 생각이 유연해진다.

대전제가 지나치게 굳건해지면 그 대전제에 어울리는 신념이나 편견이 생기게 마련이고, 그 신념과 편견이 자기와 다른 생각을 튕겨낸다. 수많은 경험을 한 실력자가 경험을 통해 자기 대전제를 의심하는커녕 그것을 더 확신하

고, 그런 확신에 기초해서 명령과 간섭과 잔소리를 늘어놓는다. '니들이 해봤어?', '내가 해봤는데…'라고 말한다. 그렇다면 어느 누가 이 실력자에게 맞설 수 있겠는가? 대체로 우리는 가급적 꼰대와의 대면 접촉을 피할 뿐이다. 반면 수많은 경험을 한 실력자가 경험을 통해 자기 대전제를 의심하게 되었고, 세상에는 확신할 수 없는 것이 많다고 생각하면서, 실패와 오류를 되새김질해 온 경우에, 만약 그런 사람에게 질문하면 재미있는 이야기가 나올지언정, 상황과 시대와 사람이 다를 것이라면서, 명령과 간섭과 잔소리를 늘어놓지 않는다면, 어느 누가 이 실력자를 존경하지 않을 수 있겠는가? 우리는 현자에게 가까이 가서 더 많은 조언과 가르침을 구한다.

어떻게 경험의 능력을 키울 것인가

경험은 머릿속으로 데이터를 보내고 그것을 처리하는 행위다. 그런 데이터를 통해 어휘력, 판단력, 추리력이 향상된다. 그런 것들이 인간 지식을 만든다. 이런 경험의 권능을 **경험의 능력**이라고 칭해 보자. 이 책을 통해 반복해서 설명한 것처럼, 인간 머리 구조에서는 단어 — 문장 — 단락의 순서로 데이터를 처리한다. 다시 말하면, 개념 — 판단 — 추론이다. 이것을 또 다르게 표현하면 어휘력 — 판단력 — 추리력이다. 경험의 능력이란, 어휘력을 키우는 능력이며, 판단력을 향상시키는 능력이고, 이성의 힘, 즉 생각의 도약을 일으키는 능력을 뜻한다. 이런 사실에 유념해서 경험 활동을 해야 한다.

경험을 통해 어떻게 판단력을 키우고, 생각을 도약시키는 능력을 향상시킬 것인가를 이야기하려면 그것만으로도 한 권의 자기계발서 정도의 분량이 생기므로, 더 깊이 들어가지 말기로 하자. 다만 여기에서는 **어휘력 관점으로** 딱 세 가지만 언급하자. 이제부터 설명하는 경험이라는 단어를 공부로 바꿔도 좋다.

(1) 주의력 혹은 섬세한 감각이 필요하다

감각이 섬세하지 않은 사람은 경험의 능력이 작다. 그렇기 때문에 똑같은 경험을 하더라도, 경험을 통해 얻는 것이 적다. 무엇인가를 대충 보는 사람이 자기 머릿속으로 보내는 데이터의 양은, 그 무엇인가를 자세히 관찰하는 사람이 자기 머릿속으로 보내는 데이터 양에 비해 매우 적을 것이다. 하루 이틀이 아니라 몇 년이 지나면, 경험 지식에 관한 한, 대충 보는 사람은 자세히 관찰하는 사람을 이겨낼 수 없다. 마찬가지로 대충 듣는 사람이 자기 머릿속으로 보내는 데이터의 양은, 타인의 얘기를 귀 기울여 듣는 사람이 자기 머릿속으로 보내는 데이터의 양에 비해 아주 적을 것이다. 경험을 했다는 사실이 중요한 게 아니라, 우선 경험을 통해 **머릿속으로 보낸 데이터의 양**이 중요하다. 머릿속 데이터가 적다면 그걸 처리해서 얻는 지식도 적을 수밖에 없기 때문이다. 결국 섬세한 감각이 필요하다. '주의력'이라고도 표현하는 이러한 감각은 생각을 집중한다는 의미가 아니다. **감각을 집중한다는 의미**다. 생각은 그 이후의 문제이기 때문이다. 우리는 우선 더 많은 데이터를 머릿속으로 보내야 한다. 그러기 위해서라도 섬세한 감각이 필요하다.

(2) 단어를 선명하게 기억해야 한다

단어를 선명하게 기억한다는 말은 경험을 **개념화**한다는 뜻이다. 경험 활동은 단어 활동이다. 우리가 무엇인가를 새롭게 경험할 때, 그리고 무엇인가를 학습하거나 공부하거나 체험할 때, 머릿속에서 벌어지는 첫 번째 유의미한 이벤트는 단어에 관한 것이었다. 새로운 단어를 머릿속 사전에 등록하거나, 더 정확한 의미로 머릿속에 이미 보관된 그 단어의 기존 의미를 업데이트하는 것이다. 이것이 바로 '개념화'다. 그런데 개념화란 단순히 그 단어에 해당하는 문자를 암기했다는 의미가 아니다. 그 단어의 의미를 제대로 포착했다는 것이며, 다시 말하면 단어의 의미를 제대로 이해해서, 선명하게 기억했음을 뜻한다. 그러려면 자기 머릿속 단어 사전에 그 단어를 아주 쉽게 풀이해서 보관해야 한다. 쉽게 풀어서 보관한다는 말은 그 단어를 머릿속에 붙들어 놓는다는 뜻이다. 그렇지 않으면, 그 단어를 까먹고 말 것이다. 이런 식으로 단어를 선명하게 머릿속에 보관하는 사람, 그 사람이야말로 경험의 능력을 최대한 활용하는 사람이다. 습관이 되지 않으면 생각보다 어렵다. 나는 유튜브 채널을 통해 논리를 〈인간 공통의 머리 구조〉라고 정의하면서 논리 강의를 진행했다. 논리 정의에는 고작 4개의 단어가 사용되었을 뿐이

다. 그런데 누군가 이런 내 견해를 반박하면서 어떻게 70억 인구가 생각이 같을 수 있느냐면서 댓글로 핀잔을 준다. 이 사람은 4개의 단어를 봤음에도, '공통'이라는 단어에 신경을 쓴 나머지, '구조'라는 단어를 포착하지 못한 것이다. 이렇듯 눈에 바로 보이는 단어조차 그 의미를 제대로 포착하지 못하는 것이 인간의 경험 활동이니, 개념화가 쉬운 일은 아니다.

개념화는 타인이 정의한 의미를 그대로 내 머리 안으로 가져온다는 게 아니다. 그것은 단순 암기에 불과하다. 우선 경험하면서 그 단어를 **발견해야** 한다. 앞의 사례처럼 주의력이 없으면 그 단어가 발견되지 않을 것이다. 그다음 그 단어를 자기 머릿속으로 **가져와야** 한다. 그리고 그 의미를 **선명하게** 만들어서 기억하는 것이다. 훈련이 필요하다. 시간이 꽤 걸리고 여러 번 경험을 반복해야 할지도 모른다. 그러나 이런 과정을 거치지 않으면, 아무리 경험을 해도, 지식이 습득되지 않는다.

아무 생각없이 경험만 하고 있는 것이고, 아무 생각 없이 책만 읽는 것이니, 원하는 효과를 얻을 수 없다. 무슨 일이든 실력이 늘지 않는다.

(3) 단어를 잘 분류해야 한다

모든 단어는 크기와 선명함을 갖지만, **소속**도 갖는다. 이
는 4강에서 강조한 내용이었다. 무질서하게 단어를 보관
할 게 아니라, 잘 분류해서 '머릿속 캐비닛'에 넣어야 한
다. 인간의 모든 학문은 사실상 단어의 분류 체계다. 단어
의 분류 체계야말로 참된 지식이자 경험활동의 핵심이 될
터인데, 이 또한 습관이 필요하고 시간이 꽤 걸린다. 그러
나 '단어를 제대로 분류해야 한다'라는 사실을 기억하는
것만으로도 도움이 될 것이다.

경험의 한계

경험이란 인간 바깥의 여러 데이터를 머릿속으로 가져와서 처리하는 활동이며, 인간은 경험을 통해 머리 안에서 정보를 만들어 낸다. 이 과정에서 데이터가 변환된다. 머리 바깥에서 실제로 존재하는 사물은, 그리고 세계 그 자체는, 경험을 통해 인간 머리 안으로 들어오면서, 인간 머리가 생각하고 판단하고 추리하는 형식으로 바뀐다는 뜻이다. 컴퓨터로 말하자면 아날로그가 0, 1의 기호로 디지털 변환되는 것과 같은 이치다. 그러므로 경험이 인간 머리 바깥의 세계에 대하여 100% 확실한 진리나 지식을 주지는 못한다(변환됐기 때문에). 게다가 사람마다, 상황마다, 시대마다, 장소마다, 조건마다 경험이 인간 머릿속으로 선물해주는 데이터가 달라질 수 있다. 사람들은 관찰을 통해 얻은 지식을 ─ 심지어 자기가 직접 관찰한 것이 아님에도 불구하고 ─ 완전무결함의 확신으로 주장하곤 한다. 이따금 과학자들이 자신의 지적인 흥분을 참지 못하고 그런 식의 과장을 하기도 한다. 경험이 완전무결한 확신으로 오용된다면 그것은 더 이상 과학이 아니라 종교다. 지식은 생각보다 겸손하다. 왜냐하면 지식을 만들어 내는 경험에 근본적인 한계가 있기 때문이다.

경험이 아무리 풍부해도, 마치 무슨 대단한 진리를 아는 것처럼 잘난 척할 수는 있어도, 경험이 진리를 제공하지 못한다는 한계는 굳건하다. 세상에는 진리가 없기 때문이 아니다. 진리와 우리 머리 사이에 놓인 장벽을 우리가 넘을 수 없기 때문이다. 구조적으로 그런 능력을 우리 머리가 갖고 있지 않다.

그림에서 보는 것처럼, 인간과 세계 사이에 넘을 수 없는 벽이 놓여있고, 그 벽에는 반경 R의 구멍이 뚫려있으며, 그 구멍을 통해 벽 너머의 세계를 볼 수는 있지만, 그 무엇도 그 구멍을 통과할 수는 없다고 가정해 보자. 그런데 인간이 그 구멍에 d미터 이내로 접근하는 것은 허용되지 않는다는 조건이 붙어있다.

우리는 최대한 구멍에 다가가서 그 구멍을 통해 세계를 볼 수 있고, 벽 너머의 세계에 대한 지식을 얻을 수 있다. πR^2 넓이의 구멍을 통해 보이는 만큼의 확신도 가능하다. 그러나 **세계 전체를 알 수는 없다.** 이것이 인간 경험의 숙명적인 한계다. 그래서 경험론자는 자연스럽게 회의주의에 도착하게 된다. 그래도 우리는 경험의 풍요로움 속에서 인생을 살아가는 데 필요한 지식을 알맞게 얻을 수는 있다. 세계의 본모습을 속속들이 알아야 하는 것이 우리들 인생의 목표도 아니다.

한편 자기가 아무리 똑똑하다고 믿더라도, 실제로 지능지수가 높다고 할지라도, 만약 머릿속으로 가져오는 데이터의 양이 적다면, 그 빈약한 머릿속 경험 데이터베이스를 갖고서는 인생을 살기에 적당한, 타인과 소통하고, 타인에게 인정받고 살기에 충분한 지식을 갖지는 못할 수 있

다는 점을 유념하자. 어휘력, 판단력, 추리력이 빈곤하기
때문이다.

요약

1. 인간의 머릿속에는 경험 데이터베이스가 있다. 경험이란 머릿속 경험 데이터베이스에 언어를 쌓는 행위다. 경험이 인간의 온갖 지식을 만들어낸다.

2. 경험이 부족하면 논리적이지 않다. 선한 경험을 많이 하면 선한 사람이 되고, 악한 경험을 많이 하면 악한 사람이 된다. 사람은 경험을 통해 변한다.

3. 경험의 능력을 키우려면 먼저 섬세한 감각이 필요하다. 경험을 통해 무엇인가를 개념화하려면, 단어를 선명하게 기억하기 위해 노력해야 한다. 그러나 경험에는 한계가 있다.

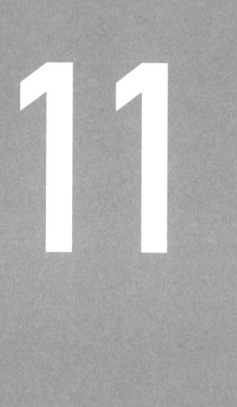

유추, 경험할 수 없는 것에
대한 인간 지식의
좌충우돌

- 인간은 도무지 이해가 되지 않는 무엇이 있을 때, 자기 힘으로는 도저히 경험지식을 얻을 수 없을 때, 그리고 당면한 문제를 해결하는 방안이 보이지 않을 때, 완벽한 해결책은 아닐지라도, 묘수를 찾아내고 요술을 부리를 수 있는 생각의 도약법이 있으니, 바로 유추라 불리는 추론이다.
- 직접 경험하는 귀납추론도 정확성을 보장하지 않는다는 점을 감안한다면, 경험을 우회하는 유추의 정확성은 의심스럽다.

경험할 수 없는 것에 대해서는 인간이 지식을 구하지 못할까? 그렇지 않다. 신기하게도 인간은 자신이 경험할 수 없음에도, 나아가 영원히 도달할 수 없는 것에 대해서도 지식을 구한다. 이런 지식도 인간 머릿속에서 상당히 체계적으로 이루어지며, 그래서 논리적인 현상이다. 이것이 인간 머리 구조의 또 다른 특이점이다.

경험할 수 없는 것들

인간은 경험을 통해 지식을 얻는다. 따라서 무엇인가를 경험하지 못한다면, 그 무엇에 대한 지식을 얻을 수 없다. 하지만 실제로는 직접 경험하지 않고도 우리는 다양한 지식을 아무렇지도 않게 얻는다. 한편으로는 인류가 경험을 공유할 수 있기 때문이며(타인의 경험 지식을 내 것으로 취할 수 있다), 다른 한편으로는 우리들 머릿속에 있는 수많은 경험 지식의 집합 속에서 이성의 추리를 통해 새로운 지식을 재구성할 수도 있기 때문이다.

그런데 그 누구도 직접 경험할 수 없는 대상이 있다. 그런 대상에 대한 지식은 어떻게 구할 것인가? 그런 대상으로는 두 종류가 있다.

첫째, 실제 세계에서는 도무지 존재하지 않는, 누구도 그 존재를 증명할 수 없는 대상이다. **감각 세계 너머**에 있기 때문에, 정말이지 실제로는 확인할 수 없고 경험할 수 없음에도, 우리들 머릿속에서 아무렇도 않게 '생각되는 것'이다. 이 어쩔 수 없는 사유물을 탐구하는 것이 형이상학이었다. 신, 내세(영혼의 불멸), 자유, 세계 자체의 시작과 종말 따위의 이런 형이상학적 대상은 경험을 초월해 있기

때문에 경험을 이용할 수 없다.

둘째, 실제 세계에 확실히 존재하거나 존재했던 것인데, 우리 인간의 능력으로는 '직접' 접근할 수 없거나 접근이 어려운 대상이 있다. 예컨대 그 대상이 너무 멀리 떨어져 있거나, 너무 작아서 볼 수 없거나, 시간을 거슬러 올라갈 수 없는 경우다. 이것은 형이상학의 대상이 아니라, 과학의 대상이다. 그러나 직접 경험할 수는 없기 때문에, 실험할 수도 없고 귀납추론을 직접 이용할 수도 없다. 그런 대상을 일컬어 **접근 불가능한 경험**이라고 칭해 보자. 실제 세계에 존재하거나 존재했다는 리얼리티가 있으므로, 만약 인간이 한계 상황을 극복할 수 있는 초능력만 있다면야 이론적으로는 경험할 수 있으니, 접근 불가능한 경험도 결국 경험인 것이다. 예컨대 만약 SF 영화의 캐릭터들처럼 인간이 양자 단위로 작아지거나 시공간을 넘나들며 텔레포트할 수 있다면, 또 만약 인간이 유전자와 대화를 하고, 유전자보다 훨씬 작은 원자 내부의 미립자들에게서 직접 지식을 얻을 수 있다면, 그러면 경험할 수 있는 무엇이다. 그렇지만 우리 인간은 그런 초능력이 없다. 대신 논리력은 있다.

아날로지, 유추의 논리

인간 머릿속에서 단어와 단어를 연결해서 지식을 만들 듯, 인간은 **기존 경험을** 접근 불가능한 경험에 연결함으로써 지식을 만들어 낼 수 있다. 경험의 검증이 불가능하다는 점에서 정확성은 담보하지 못한다. 아주 높은 확률의 가능성 혹은 아주 낮은 개연성만을 갖는 지식임을 유념하자.

〈접근 불가능한 경험〉에 대한 지식을 얻기 위한 서양 철학의 논리학 방법 중 하나가 바로 **아날로지Aanalogy**다. '유비추론'으로 번역되거나 혹은 '유추'라고 약칭되곤 한다. 편의상 **유추**라고 부르자. 유추는 경험을 통해 우리가 익히 알고 있는 어떤 것(소스 도메인: **Source domain**)에 대한 지식을 이용하여, 우리가 경험할 수 없지만 알고 싶은 것(타깃 도메인: **Target domain**)의 의미를 찾거나 이해하는 논리 기법을 뜻한다. 다시 말하면 내가 경험을 통해서는 직접 알 수 없는 것에 대해, 이해하고 싶고, 지식을 얻고 싶을 때, 그때 예외적으로 사용하는 논리적 방법론이다. 예컨대 다음과 같은 구조의 논리 기법이다.

① S가 어떤 관점에서 T와 유사하다.

② S는 어떤 특징 Q를 갖고 있다.

③ 그러므로 T도 Q를 갖고 있거나, 그와 유사한 Q'를 갖고 있을 것이다.

T는 경험할 수 없거나 경험하기 어려운 대상이어야 한다. 만약 T가 경험할 수 있는 대상이라면, 유추라는 간접적이고 우회적인 논리를 사용할 필요가 없다. 직접 탐구하거나 실험해서 알아내면 될 일이다. 당연하게도 유추보다는 직접 경험해서 과학적으로 알아내는 지식이 더 확실하다. 직접 관찰해서 그 관찰 대상에 대한 원리를 발견하는 추론에서도 경험의 한계가 작용했다. 그런데 유추는 그런 추론을 적어도 두 번 해야 하고, 그 두 번째 추론은 경험으로 검증할 수 없다(단, 접근이 어려운 경험에 대한 유추에서는 경험 검증이 가능하다). 그러므로 귀납보다 추론의 정확성이 떨어진다. 한편 귀납추론에서와 마찬가지로, 유추에서도, 인간 머릿속 대전제가 활약하는 연역추론을 방해하지는 않는다. 유추의 결과가 대전제로 자리잡을 뿐이다. 유추처럼 보이지만, 실제로는 단순한 경험지식의 활용이거나 대전제의 작용에 따른 연역일 수 있으므로 주의할 필요가 있다. 이제부터 유추의 논리가 적용되는 다양한 예를 알아 보자.

(1) 화성인

아직까지 화성에는 사람이 갈 수 없다. 기술 발전에 힘입어 가까운 장래에 화성에 갈 수 있을지도 모른다. 화성을 관찰할 수는 있다. 그러나 직접 경험할 수는 없다. 옛날 사람들은 지구와 화성의 유사점을 확인한 다음에, 즉 화성은 목성이나 토성과 달리 지구처럼 땅이 있고, 태양으로부터 너무 가깝거나 멀지 않으며, 작은 달이 있음을 파악한 다음에, 지구에 생명이 살고 있다는 사실을 전제하고 나서, 화성에도 생명이 존재할 것이라고 추론했다. 이런 추론이 유추다. 지구와 화성은 완전히 동일하지 않을 테니까 생명체도 동일하게 생겨먹지는 않았을 것이다. 그러나 태양계 어느 행성에 생명체가 있다면, 그 행성은 화성일 게 틀림없어 보였다.

이런 유추의 성과로, 영국 소설가 허버트 조지 웰스는 1898년 「The War of the Worlds」라는 소설(우리말로는 '우주 전쟁'으로 번역되었다)을 출간했다.

이 소설에서 삼각 다리의 기계를 타고 있는 화성인은 인간의 신체와 달리 문어형태였다. 이런 소설 얘기까지 나오면 유추의 논리는 상당히 신빙성이 적어 보인다. 그러

나 이것은 착각의 논리가 아닌, 인간의 아주 오래되고 익숙한 생각의 도약 기법이다.

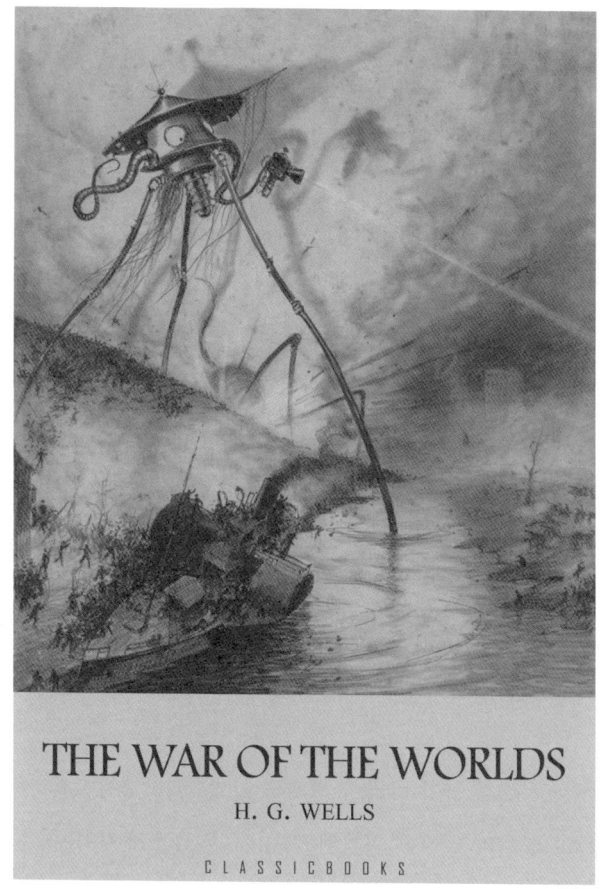

THE WAR OF THE WORLDS

H. G. WELLS

CLASSICBOOKS

(2) 고고학적 추론

우리는 시간을 거슬러 과거의 사실을 경험할 수 없다. 기록물과 유물을 통해 과거의 문화와 사건을 추측할 수 있을 뿐이다. 우리가 A라는 지역의 과거 기록물과 유물을 갖고 있다고 가정하자. 거기서 우리는 A 지역에서의 옛날 사회를 추측하거나 귀납할 수 있다. 그런데 B라는 지역에서 발견된 유물이 A 지역의 유물과 상당히 비슷했다. 그러면 우리는 B 지역에 대한 기록물이 없을지라도, A 지역에 대한 지식을 유추하여, B 지역에 대한 과거의 역사를 추론할 수 있다. 이런 고고학적 유추를 생각하니, 아날로지 기법의 신뢰성이 회복된 듯한 기분이 든다.

(3) 진화생물학의 지식

하지만 유추는 직접 경험으로 추론하는 것이 아니라 간접 경험으로 추론하기 때문에, **우연**이 개입할 가능성이 크다는 점에서 그 결론을 지나치게 신뢰해서는 안 된다. 예컨대 진화생물학은 다른 분야의 과학과 달리 '전형적인 귀납추론'으로 원리를 제안하지는 않는다. 교리에 기초해서 성립한 기독교 창조론과 대립하기 때문에 마치 진화론이 과학을 대표하는 것처럼 비치지만, 직접 관찰을 통해 원리를 찾는 과학적 방법론으로 성장해 온 물리학이나 생물학과 달리, 진화생물학은 직접 관찰이 불가능하다는 그 학문의 특성상 직접적인 귀납이 아닌 유추에 기반한다. 이 학문은 소스 도메인과 타깃 도메인을 **여러 번 교차해서** 추론한다. 여러 종의 동물에 대한 관찰 결과로 소스 도메인의 원리에 도착하고, 인간도 동물처럼 생명이라는 공통점에 근거해서 타깃 도메인에 대한 결론에 이른다. 이런 결론의 논리적 본질이 유추라는 사실을 우리가 안다면, 귀납추론보다 한계가 있는 결론이라는 점을 떠올릴 수 있다. 그런데 여기에 억 년 단위의 시간 속에서 추론이 행해지기 때문에, 우발적인 요소가 개입할 수밖에 없을 것이다. 동물과 인간 사이에 이루어지는 교차 과정에서, 오랜 시간 속에서 어떤 우연이 생길지도 모른다. 그런

데 인간에게는 그런 우연을 관찰할 초능력이 없다. 우연을 피할 수 없는 숙명을 지닌 진화론은 — 어떤 우연적인 사건이 일어나 필연적인 진화를 일으켰다는 논리로 — 아예 우연을 학문의 필수 요소로 삼는다. 이런 추론의 한계와 학문 성취의 빈약함[1]에도 불구하고 **동물학자들이** 인간을 가장 많이 아는 것처럼 보인다. 그렇다고 나는 진화론이 틀렸다고는 생각하지 않는다. 오류가 있다는 가능성만으로 과학의 진지함이 부정되는 것은 아닌 데다가(오류가 부정되는 완전무결함은 종교에서나 가능하다), 오류가 있음을 증명하기도 어렵기 때문이다. 다만 진화생물학이 유추하는 지식을 진리의 대전제로 삼아 인간과 인간 사회에 대해 어떤 주장을 **연역하려는** 경우, 유추의 한계는 — 더 이상 과학으로 보기 어려울 정도로 — 두드러진다.

---

[1] 지난 백 년 동안 생물학, 특히 분자생물학이 이룬 학문적 성취는 눈부시다. 직접 관찰하는 과학적 방법론에 기초하기 때문이다. 그것에 비해 진화론은 1859년 다윈의 책이 출간된 이후로 크게 달라지지는 않았다. 학문으로 자리잡기 위해 생물학적인 성과를 끌어와서 '진화생물학'이라고 명명한다거나, 자연선택의 단위를 개체에서 유전자 단위로 변경하는 시도가 알려졌다.

(4) 동물실험

〈접근 불가능한 경험〉은 **현실적으로 접근이 어려운 경험**에도 확대 적용된다. 이론적으로는 직접 경험할 수 있지만, 실제로는 여러 가지 이유로 경험이 어려운 경우, 우리는 유추를 사용한다. 예컨대 신약이나 건강기능식품 등을 개발할 때, 구체적인 실험 데이터가 있어야 한다. 그래야만 특허를 받을 수 있고, 또 그래야만 식품의약품안전처의 판매 허가를 받을 수 있다. 그런데 사람을 실험 대상으로 삼기는 어렵다. 인체실험은 윤리적인 관점에서든 위험 방지의 관점에서든 법적으로 쉽게 허용될 만한 게 아니기 때문이다. 그럼에도 실험을 통해 그 약리효과와 안정성을 검증해야 한다면, 우리는 인간과 포유류라는 공통점을 갖는 대상을 선정한다. 예컨대 실험용 집쥐인 랫트rat에 대해 동물실험을 한다. 만약 신약물질 X를 랫트에 투입한 실험 결과 Q라는 특징이 발견되었다면, 같은 포유류인 인간에게도 그것과 동등한 Q'라는 특징이 발현되리라는 생각의 도약에 기초한다. 즉 유추의 대표적인 예이다.

(5) 심리학 실험

인류의 인구는 80억 명에 달한다. 인간에 대한 정확한 지식을 얻으려면 '직접 경험' 관점에서는 80억 명을 모두 알아 봐야 한다. 그러나 그것은 불가능하다. 흥미롭게도, 상당수의 심리학적 실험은 수십, 혹은 수백 명의 참여자만을 대상으로 실시된다. 그리고 그것이 지식으로서 논문으로 발표되고 저널에 실린다. 통계 표본 안의 인간 사회와, 전체 인간 사회가 공통점이 있음을 전제로, 소스 도메인 표본의 결과에서 타깃 도메인인 전체 사회에 대한 지식으로 생각이 도약한다. 물론 그 신뢰성은 의심스럽고, 전적으로 동의하기도 어렵다. 그러나 우리는 이런 심리학 실험 결과를 상당히 유의미한 지식으로 인정한다. 대부분의 심리학 실험은 유추 논리를 확대해서 적용한 것이다.

(6) 프로토타입 실험

프로토타입**prototype**이란 어떤 물건 X를 제조하기 전에 시험을 위해서 그 물건 X와 물리적으로 동일하지는 않지만, 시험용으로 임시 제작한 x라는 물건을 뜻한다. 저렴한 소형 제품도 프로토타입을 만들기는 하지만, 제조하기 위해 천문학적 자금을 써야 하는 고가의 제품에서 특히 유용하다. 그 X가 제대로 작동하는지, 혹은 어떤 문제가 있을 것인지를 실험하기 위해 실제 X를 제조하기보다는 그것의 프로토타입인 x를 제작해서 실험하는 것이다. 예컨대 인공으로 바람을 일으켜 기류가 물체에 미치는 작용이나 영향을 실험하는 터널형의 장치(풍동: **Wind tunnel**)를 만든 다음에, 그 안에 소형 비행기를 설치하여 실험할 수 있다. 이 풍동 실험 결과를 이용하여 실제 비행기를 설계하는 논리가 바로 유추이다.

(7) 설명의 편리

사람마다 어휘력이 다르고 지식 수준이 같지 않다. 지식을 전달할 때, 지식을 있는 그대로 전하기보다는, 상대방이 알아듣기 쉽도록 비유해서 전할 때가 있다. 그때 유추를 사용하곤 한다. 더 쉬운 지식, 즉 누구나 쉽게 경험할 수 있는 지식을 이용해서 더 어려운 지식을 설명한다. 주로 학생들을 가르칠 때 이런 추론 기법을 사용하며, 임시적인 추론이다. 어째서 임시적인 추론일까? 언젠가 타깃 도메인을 직접 경험할 수 있기 때문이다. 문학적인 비유로도 사용하는 추론이기도 하다. 예컨대 누구나 마라톤을 안다. 그렇다면 마라톤에 대한 지식을 빗대어 인생의 여러 가지를 가르칠 수 있다. 또한 에어컨이 켜진 실내, 온돌 시스템이 있는 방을 우리는 쉽게 경험한다. 실내공기의 위아래 온도 차이를 떠올려 볼 수 있다. 그렇다면 그것을 소스 도메인으로 해서 대기의 대류를 설명할 수 있다. 이런 설명을 사람들이 쉽게 납득할 수 있는 까닭은 소스 도메인에 대한 지식을 손쉽게 얻을 수 있기 때문이다.

파이프를 통해 흐르는 유체 시스템을 소스 도메인으로 전기 회로를 설명할 수도 있다. 유압과 전압은 비슷하고, 파이프의 직경은 저항과 비슷하다. 이런 유사함을 통해 전

기회로를 이해하는 데 도움을 얻는다.

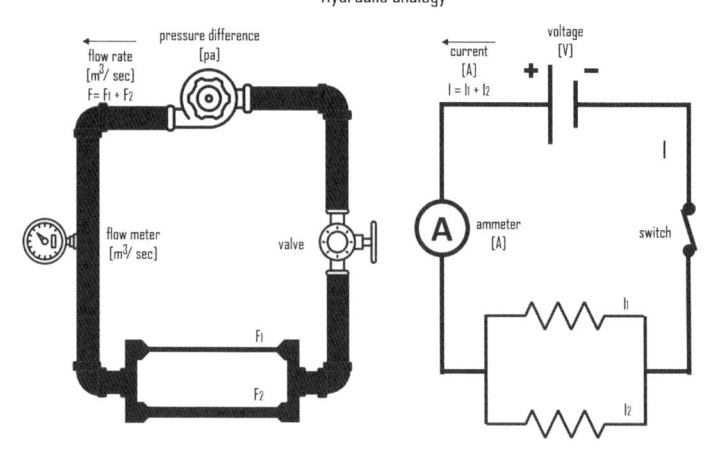

Hydraulic analogy

(8) 시간의 유추

칸트는 시간과 공간이 인간 머릿속의 직관 형식이라고 주장했다. 쉽게 설명하자면, x-y 좌표계에 있는 점은 (x, y)로 표현된다. 그런 것처럼 머릿속으로 들어오는 모든 데이터는 시간 값과 공간 값을 갖게 된다는 것인데, 말하자면 머리 바깥의 데이터가 인간 머리 안으로 들어올 때, 즉 직관할 때 그 데이터는 (데이터time, 데이터space)로 변환된다는 것이다. 공간은 크기를 갖고 감각적이기 때문에 머릿속에서 떠올리기 어렵지 않다. 그러나 시간은 감각이 없다. 그래서 칸트는 모든 인간의 머릿속에서 연상되는 시간에 관해 다음과 같은 유추 논리를 적용했다. 타깃 도메인은 시간이 되고, 소스 도메인은 직선이 된다.

① 직선은 무한히 이어진다는 점에서 시간과 유사하다.
② 직선 위에 있는 점은 연속하는 계열로 연결되는 특성이 있다.
③ 그러므로 시간도 그런 연속한 시계열을 갖는다.

이런 유추를 통해 인간이 시간 순서와 인과율을 이해한다는 것이다. 칸트의 다른 주장도 살펴보자.

칸트의 순수이성비판

칸트의 주저 「순수이성비판」은, 인간이 사물을 바라보고 그 사물에 대한 지식을 얻을 때, 인간의 머릿속에서 대체 어떤 일이 일어나는지를 탐구한다. 그런데 우리는 인간 머릿속 안으로 들어가서 속속들이 관찰할 수 없다. 그러므로 칸트의 책은 너무 어렵다. 다시 말하면 칸트의 책이 어려운 까닭은 우리가 머릿속으로 들어가 볼 수 없기 때문이다.

이처럼 경험할 수 없는 상황에서 우리 인간이 사용하는 논리가 바로 유추임을 기억하자. 18세기를 살았던 칸트는 유추를 끌어다 쓸 기존 지식을 갖고 있지 않았다. 그는 오직 사유의 힘을 통해 고독하게 저술했다. 그러나 21세기를 살고 있는 우리는 아주 훌륭한 소스 도메인을 갖고 있다. 오늘날 컴퓨터 데이터 기술, 특히 인공지능 기술의 논리 구조는 칸트가 「순수이성비판」에서 설명하는 이성의 논리 구조와 매우 유사하다. 그러므로 컴퓨터와 인공지능 기술에 대한 지식을 소스 도메인으로 삼고, 칸트 철학의 내용을 타깃 도메인으로 하여 칸트가 말하려는 지식을 유추할 수 있다(그 반대도 마찬가지다). 이런 유추 논리는 매우 효과적이어서 칸트 철학의 복잡함과 난해함이 단숨

에 단순해지고 쉬워진다.

오늘날 컴퓨터는 센서라는 도구를 획득했고, 통신망을 통해 스스로 데이터를 수집하는 기능을 얻었다. 프로세서와 알고리즘의 눈부신 성능 향상은 두말할 나위 없다. 이제 사람들은 그런 컴퓨터를 일컬어 **인공지능**이라 부른다. '인공'이라는 관점에서 인간의 설계와 도움이 필요하지만, '지능'이라는 관점에서는 인간의 두뇌와 비슷해졌다. 인공지능을 모범 삼아 인간의 머리의 구조와 기능을 유추해 보자. 이런 상황은 「순수이성비판」을 어려워하는 사람들에게 희소식이다. 항상 성공하지는 않겠고, 유추의 한계상 당연히 오류가 발생하겠지만, 철학의 미로에서 길을 잃었을 때마다 참고할 수 있는 유용한 추론 도구를 우리가 얻은 것이다.

인공지능과 칸트의 「순수이성비판」 사이의 유추 결과는
다음과 같다.

AI (소스 도메인)	순수이성비판 (타깃 도메인)
데이터(컴퓨터 밖)	데이터
데이터(컴퓨터 안)	표상
정보(데이터처리)	생각
알고리즘	개념
센서	감각기관
비트	공간
비트스트림	시간

음모론의 확산

우리는 8강 연역 추론에서 사실 판단이 생각보다 큰 역할을 하지 못함을 알게 되었다. 음모론에서도 마찬가지다. 생각보다 사실 판단은 인간 머릿속에서 큰 역할을 하지 못한다.

만약 지금 여기에서의 판단, 즉 소전제가 없다면, 우리는 생각의 도약을 할 수 없다. 만약 우리가 무엇인가를 정확히 판단하려면, 우리는 사실 판단을 구성하는 근거 자료 전부를 입수해야 한다. 그런데 실제로는 여러 가지 이유로 우리는 그저 사실 판단의 편린, 약간의 단편만을 입수하는 경우가 허다하다. 그렇지만 괜찮은 것이다. 사실 판단은 대전제와 결론(주장)을 이어주는 매개 역할을 하는 것일 뿐, 실제로는 대전제가 결론을 주도하고, 부족한 근거 자료는 유추로 채워버리기 때문에, 근거의 단편만으로도 추론이 가능해진다.

그래서 음모론이 자연스럽게 확산되는 것 같다. 음모론의 주장에는 '객관적인' 근거 자료가 부족하다. 그러나 '주관적으로는' 근거 자료가 부족하지 않다. 언제든지 다른 사건에서 유추해서 부족분을 채울 수 있고, 그런 활동을 대

전제가 편안하게 해내기 때문이다. 특히 정치적인 경향이나 종교적인 신념에서 나타나는 음모론의 경우처럼, 적대적인 원리를 갖고 있는 사람들에게 유리한 결론보다는 자기 쪽에 유리한 결론을 선호할 수 있으며, 믿어야 하는 결론보다 자기가 믿고 싶은 결론을 우리가 원할 수도 있다. 그렇다면 당면한 사건에 관한 자료가 아니더라도, 기존 경험 지식에서 자료를 추출하여 당면한 사건에서 부족한 근거 자료로 활용하는 것이다. 이것이 매우 편리하고 만족스러워 음모론의 믿음을 강화하게 되는데, 이 경우 음모론의 부당함을 밝히는 사실 자료가 속속 드러날지라도, 한번 생겨난 믿음은 잘 흔들리지 않는 것이다. 음모론의 믿음을 옹호하는 모종의 대전제가 흔들리거나 무너지지 않는 한, 이 믿음은 좀처럼 사라지지 않는다. 이런 점을 볼 때 인간은 논리적으로 답답한 존재이기도 하다.

유추의 한계

이처럼 인간은 기존 경험지식을 활용하여 경험할 수 없는 타깃에 대한 지식을 얻기 위해 생각을 도약할 수 있다. 이런 추론(Analogy: 유추)은 일종의 귀납이지만, 그 신뢰성은 직접 경험에 기반한 귀납추론보다는 낮다. 우리는 이미 경험에도 한계가 있음을 안다. 경험이 진리를 보증하지 않음을 우리가 살펴봤다. 그런데 유추는 접근 불가능한 경험 혹은 현실적으로 접근하기 어려운 경험에 대한 생각의 도약이기 때문에, 당연하게도 **경험보다 더 큰 한계**가 있고, 추론의 정확도도 떨어진다. 따라서 오류가 쉽게 발생할 수 있다는 점을 감안하면서, 실용적인 목적을 넘어서 유추를 남용하거나 유추를 통해 다다른 결론을 지나치게 확신해서는 안 된다. 시공간 속에서 펼쳐지는 추론의 결과가 **경험으로 검증할 수 없다면**, 그 추론 지식이 어떤 이름을 갖든 — 많고 적음에 차이는 있겠으나 — 결국 개인의 믿음이나 신조에 의해 지탱되는 것이다. 과거나 미래의 일을 확신하고, 가보지도 않은 장소를 누구보다 확실히 아는 사람들을 우리는 흔히 볼 수 있다. 나는 그들의 모습에서 유추를 애호하는 인간의 자연스러운 상상력을 체험한다. 오류는 인간의 인간적인 특징이다. 문학과 종교에서는 유추가 마음껏 허용된다. 전자는 오류를 검증하

지 않고, 후자는 오류를 넘어서기 때문이다. 그러나 진실이냐 아니냐가 중요한 학문과 사회적 소통의 영역에서는 유추를 하더라도 겸손함이 필요하다.

한편 경험으로 쉽게 확인할 수 있는 지식이라면, 유추를 하지 말고, 직접 경험해야 한다. 경험으로 확인할 수 있음에도 유추한다는 것은, 그 사람의 정신이 게으르다는 사실을 증거한다. 경험할 수 없으니까, 경험하기 힘드니까 유추 논리를 사용하는 것임을 잊지 말자.

요약

1. 인간은 도무지 이해가 되지 않는 무엇이 있을 때, 자기 힘으로는 도저히 경험지식을 얻을 수 없을 때, 그리고 당면한 문제를 해결하는 방안이 보이지 않을 때, 완벽한 해결책은 아닐지라도, 묘수를 찾아내고 요술을 부리를 수 있는 생각의 도약법이 있으니, 바로 유추라 불리는 추론이다.

2. 직접 경험하는 귀납추론도 정확성을 보장하지 않는다는 점을 감안한다면, 경험을 우회하는 유추의 정확성은 의심스럽다.

3. 그러므로 유추에 기반한 지식을 진리인 것처럼 지나치게 확신하거나 너무 강하게 주장하기보다는 경청할 만한 견해로 여기자.

12

확률의 위안

Infallibility

전통적인 논리학에서 참, Truth(진리)는 '절대적인 참'을 의미했다. 〈이것은 사과다〉라는 문장이 참이라면, 이것은 항상 사과여야 한다. 사과였다가 돌멩이가 돼서는 안 된다. 〈동전을 던지면 앞면이 나오거나 뒷면이 나온다〉라는 문장이 진실이라면, 항상 진실이어야 한다. 동전의 앞면과 뒷면이 동시에 나오면 안 된다.

흔히 일본식으로 '무류성', '무오류성' 등으로 번역되기도 했던 Infallibility라는 단어는, 틀릴 수 없다는, 오류가 불가능하다는 **완전무결함**의 의미를 가리킨다. 단순히 오류가 없음을 넘어 잘못이 개입되지 않는다는 강한 신뢰를 포함한다. 진리란 곧 완전무결함을 뜻했다. 이런 관념은 한때 서양 정신세계를 지배했던 입장이기도 했다. 무릇 진리라면 항상 진리여야 하므로, 오류가 없고 잘못이 개입될 수 없으며, 거짓이 아닌 완전무결한 속성을 갖는다고 보았다. A

는 A라는 동어반복적인 확신은 당연해 보였다. 이 원리는 믿음과 도덕에 관해 가톨릭교회를 대표하여 교황이 어떤 결정을 내릴 때, 그 결정에는 오류가 들어있을 수 없다는 교리(**Papal infallibility**: 교황 완전무결함)에도 사용되었다. 개신교는 당연히 이를 인정하지 않았고, 현대인의 관점에서도 어처구니 없는 주장이다. 하지만 이것은 교황이 신이라는 관념에서 비롯된 게 아니라, 진실**truth**을 '절대적인 참'으로 여기는 전통적인 관념이 작용한 결과로 이해된다. 당시 사람들에게 교황이 거짓을 말한다는 관념이 어려웠던 것이다.

오랫동안 논리학은 무엇이 참인지를 증명하는 수단으로 간주되었고, 그 무엇이 참인지 거짓인지 판명된다면, 항상 참이거나 항상 거짓이어야 했다. 어중간하게 참과 거짓이 섞여 있다면 참이 아닌 거짓이라는 이런 입장은 두 가지 영역에서 기계적인 완고함을 보였다.

첫 번째 완고함의 영역은 **형이상학**이었다. 예컨대 〈신은 존재한다〉라는 형이상학적 진리는 언제나 어디에서나 절대적으로 참이어야 했다. 신의 존재 증명에 성공했다는 철학자도 있었고, 나는 이런 식으로 증명했다는 사람도, 나는 저런 식으로 증명했다는 사상가도 나타났다. 그런데

형이상학적인 진리라는 것이 '절대적인 참'에 해당함을 인간이 결코 알 수 없노라고 대철학자 칸트가 **논리학적으로** 해명하자, 오랜 세월 그런 신념을 옹호했던 역사가 무색하게도, 철학은 아주 빠른 속도로 진리의 완전무결함을 버렸다.

진리에 대한 완고함을 보이는 두 번째 영역은 흥미롭게도 **수학**이었다. 확신을 잃은 황무지에서 절대적인 참을 좇아 수학으로 망명한 수리 논리학자들이 Infallibility를 수학에서 펼쳐냈다. 망명지에서 그들은 안심하면서 안정감 있게, 형이상학의 이상을, 다시 말하면 참이란 완전무결함을 지닌 진리라는 이상을 수식으로 안전하게 표현했다. 그래서 그들이 명제를 정의하기를, **머리 바깥으로 나와 언어로 표현된 문장 중에서**, 참과 거짓을 명확하게 판별할 수 있는 것만으로 한정해 버린 것이다. 그래야 수식으로 안전하게 표현할 수 있기 때문이다. — 우리는 고등학교 수학 시간에 그렇게 배웠고, 그런 명제 정의를 지금껏 의심없이 상식처럼 받아들였다.

수학에서 그런 완고함을 보이는 것은 좋다. 그러나 현실은 수학처럼 안전하거나 필연적이지는 않기 때문에, 사람들이 소통하는 공론장에서든, 개인의 의견과 취향의 세

계에서든, 명제의 완전무결함은 공허하다. 표현된 기호를 다루는 수학과 달리, 인간 머릿속 구조에서 펼쳐지는 생각의 세계는 참의 세계가 아니라 **의견의 세계**이며, 따라서 그런 완고함은 통하지 않는다. 영국 경험주의자들은 진리의 완전무결함에 맞서 모든 영역에서 싸웠다. 그들이 보기에 인간의 머리를 채우는 지식은 경험을 통해 이루어지고, 경험은 사람마다 상황마다 조건마다 다르기 때문에, 완전무결함을 결코 보여주지 못한다. 그러므로 진리는 상대적이다. 인간의 의견에는 참과 거짓이 섞인다. 인간의 진리는 오류를 포함한다. 설령 '반드시', '필연적으로', '이어야 한다' 등등의 언어 표현이 있고, 자연법칙에 해당하는 지식이 있기는 해도, 인간 자체가 완전하지 않고 온갖 결점이 있는데, 그런 인간의 머릿속에 거주하는 생각이 완전무결하다는 건 이치에 맞지 않다. 그러므로 인간 머릿속의 지식은 개연성으로 만들어지는 것이다. 그 개연성이 바로 **Probability**이며, 그것의 다른 말이 '**확률**'이다. 과거 진리는 Infallibility였다. 오늘날 진리는 Probability이다.

확률의 위안

확률이 0이라면 존재하지 않는 것이다. 확률이 1이라면 필연을 뜻한다. 0과 1은 형식일 뿐, 내용이 아니다. 모든 내용은 0~1 사이에 있을 뿐이다. 만약 우리가 0에 거짓이라는 이름을 부여하고, 1에는 참이라는 이름을 부여한다면, 결국 0과 1 사이에 존재하는 내용이란, 즉 지식이란 어느 정도 참이며 어느 정도 거짓이다. 지식이 완전무결함이 아니라 확률로 존재한다면, 우리 머릿속에 있는 지식은 거짓이라는 성분과 참이라는 성분의 혼합물 혹은 조성물로 이해되는 것이다. 너무나 당연하고 상식적인 이런 통찰은 서양정신사에서, 종교와 정치에서, 문화에서, 아주 최근에 이루어진 지적 성과다.

당신의 의견은 옳을 수 있다. 그리고 그 의견이 틀릴 수도 있다. 옳더라도 확률 1로 옳은 건 아니고, 틀리더라도 확률 0으로 틀린 것은 아니다. 이런 통찰이 우리에게 위안을 준다. 옛날에는 완전무결함에 관한 닦달이 있었지만, 지금은 그런 위세가 사라졌다. 75%의 확률로 참인 지식에 대하여, 현대인은 높은 개연성에 신뢰감을 표현한다. 그러나 옛 사람들은 네 번에 한 번은 거짓이라는 사실에 주목하면서 지식으로 취급하지 않았다.

인간의 논리, 즉 인간 머리의 구조는 사람마다 같다. 하지만 그런 구조(혹은 프레임)에 채워지는 지식의 내용이나 의견은 사람마다 다르고, 우리들 머릿속 세계는 완전무결하게 참이거나 완벽하게 거짓은 아니다. 그래서 아무리 똑똑하거나 인류를 대표하는 천재일지라도 그 머릿속에는 오류가 있다. 우리가 우리 머리 안의 지식을 **참과 거짓의 짬뽕, 오류와 진실의 혼합물**이라고 이해하기 때문에, 과거 인류 입장에서는 상상할 수 없던 한 차원 높은 존재, 즉 포용성과 다양성을 겸비한 인간으로 거듭난 것이다. 완전무결함에 묶여있던 과거 인류는 포용성이 적었으며 좀처럼 다양성을 인정하지 않았다.

현대물리학

사람들은 논리를 자연 세계의 이치나 법칙으로 오해하곤 한다. 완전무결한 논리에 대한 동경이나 환상이 이런 오해와 혼동을 낳는다. 그러나 인간의 생각은 자연계의 이치처럼 법칙으로 굴러가지 않는다. 앞에서 설명한 것처럼, 우리의 머릿속 생각에는 참과 거짓이, 각자의 성분비로, 사람마다 다르지만 정확히는 알 수 없는 그런 성분비로, 섞여 있을 뿐이다. 그런데 만약 **자연계의 원리조차 완**

전무결함으로 존재하는 게 아니라면, 우리는 더욱 여유를 가질 수 있을 것이다. 자연계도 저러할진대 어떻게 인간 머릿속 생각이 완벽하겠느냐고 우리는 반문할 수 있다.

현대 물리학은 이런 점에서 흥미롭다. 종래 고정불변으로 여겼던 공간이나 시간은 상대성이론에서 완전무결함을 잃었다. 심지어 모든 자연계를 구성하는 기본 입자조차 확률적으로 존재한다. 양자역학은, 자연계를 이루는 기본 알갱이가, 비유컨대, 참과 거짓이 동시에 포개져 있는 형태로, 동전의 앞면과 뒷면이 동시에 나타나는 방식으로 존재한다고 보고한다. 양자역학에 따르면, 자연계를 이루는 기본 입자는 '있다'라는 사실만 알려줄 뿐, 어디에 어떻게 있는지에 관한 내용은 알려주지 않는다. 인간은 그 기본 입자를 관찰할 수도 확인할 수도 없다. 그래서 과학자들은 그것들이 확률적으로 존재한다고 해석한 것이다. 자연계를 이루는 기본 입자가 이러할지니, 결국 자연계 자체의 완전무결함도 승인되기 어려울 것이다. 이처럼 자연계조차 완전무결함을 상실한 상황에서, 세상의 이치라면서 논리를 완벽한 원리로 삼으려는 모든 시도는, 즉 인간계에서 완전무결함을 찾으려는 모든 환상은 부질없는 일이다.

그러므로 우리들 머릿속에서 옳고 그름을 너무 고집하지 말기로 하자. 당신의 오류는 꽃일 수도 있다. 여유를 갖고 과감히 생각하되, 상대방을 더 폭넓게 이해하면서 소통하기로 하자.

요약

1. 한때 진리란 항상 참이고, 거짓이란 항상 거짓이라고 생각하던 시절이 있었다.

2. 그러나 인간 머릿속에 들어있는 지식은 진실과 거짓이 사람마다 다른 성분비 — 그 비율이 어느 정도인지는 정확히 알 수 없지만 —로 섞여 있을 뿐이다. 이런 발견에 도착한 인류는 확률이라는 학문을 만들어냈다. 이것은 인간 지성사에서 획기적인 사건이었다.

3. 우리는 이제 75%의 개연성을 갖는 주장을 신뢰한다. 옛 사람들은 그러지 않았다.

쉬어 가는 논리 여행 4

논리학이 주도하는

철학의 계보

논리학Logic

철학을 제대로 이해하려면 논리학에서 시작해야 한다. 그래야만 체계가 잡힌다. 체계 없는 철학은 사상누각에 불과하다. 철학을 공부하려고 애썼으나 수확이 적었던 여러분, **논리학을 출발점으로 삼지 않았기 때문에**, 수십 년 넘게 철학 책을 읽어도 여전히 혼란스러운 것이다. 아는 척은 할 수 있으나 알지 못한다. 우리들 머릿속에서 서로 다른 두 개 이상의 개념, 즉 단어를 연결하는 것, 그것을 일컬어 생각이라 한다. 이때의 생각은 지금 여기에서의 생각이다. 우리 인간은 지금 여기에서의 생각만 하지 않는다. 머릿속에는 무수히 많은 대전제가 있고, 이 대전제의 토대 위에서 판단이 행해지면서 생각이 도약한다. 이런 생각의 도약을 일컬어 추론reasoning이라고 한다. 논리학은 이런 개념과 추론에 관한 이성reason의 학문이다. **생각의 형식을 다루는 학문**이라고도 불리는 논리학은 머릿속 개념과 추론으로 이 세계의 다양한 존재를 이해해낸다. 논리학에서 존재는 머리 바깥이 아니라 머리 안에 있다.

형이상학Metaphysics

머릿속에는 많은 대전제가 있고, 그 대전제들은 사람마다 다르다. 그런데 인간이라면 누구나 갖고 있는 대전제가 있을 수 있고, 이때의 대전제는 누구나 갖고 있다는 점에서 보편적인 것이며, 머릿속에 있으니까 사유물이다. 이 **보편적인 사유물**을 탐구하는 철학이 형이상학이다. 형이상학이 탐구하는 머릿속 불변의 존재, 즉 가장 중요한 사유물은 항상 대전제의 위치를 차지한다.

한편 머릿속 사유물을 탐구한다는 점에서, 형이상학과 존재론Ontology은 거의 같은 의미로 사용된다. 형이상학에서 진정한 존재는 머리 바깥이 아니라 머리 안에 있다. **그래서** 논리학과 형이상학이 긴밀하게 연결되는 것이고, 이 연결을 모르면 철학에서 길을 잃는다.

인간은 좋든 나쁘든 행동을 한다. 그런데 어떤 결과에는 그 결과를 낳는 원인이 있는 것처럼, 인간의 행동에도 원인이 있다. 만약 행동의 원인이 머리 안에 있다면, 그것은 머릿속에 있는 대전제 중에서 좋은 행동을 하도록 **명령하는 원리**일 것이다. 그 원리가 원인이 돼서 우리는 실제 행동을 하고, 인간의 행동을 평가한다. 이것에 대한 철학이 윤리학이라는 이름을 갖는다. 윤리학은 머릿속 좋은 원리와, 머리 바깥의 인간 행동, 그리고 그것들의 관계를 탐구한다. 서로 이름은 달라도 윤리학과 도덕철학**Moral philosophy**은 서로 차이가 없다. 다른 말로 **실천철학Practical philosophy**이라고 한다. 논리학과 형이상학은 이론철학이다.

경험주의Empiricism

지금까지 우리는 철학의 3대 가문이라고 할 수 있는 논리학, 형이상학, 윤리학을 살펴봤다. 이것들은 모두 머릿속에 있는 **논리의 산물**이다. 이성의 산물이라고 해도 무방하다. 왜냐하면 생각을 도약시키며 확장시키는 인간 머리의 요소가 이성이기 때문이다. 즉 논리학, 형이상학, 윤리학은 모두 **이성의 철학**이다.

논리학, 형이상학, 윤리학이 머리의 산물, 이성의 결과, 즉 출력물output이라는 것을 알겠다. 그런데 입력input은 어떤가? 머리에서 나온 게 있다면, 머리 안으로 들어오는 게 있지 않을까?

이렇게 생각한 철학자들은, 만약 머리 안으로 들어가는 게 없다면, 들어간 게 없으니까 머리는 텅 비게 돼서, 아무것도 밖으로 출력되지 않는다고 생각했다. 그들이 보기에, 어떤 대상이 있고, 그 대상을 우리 인간이 감각한다. 그때의 감각 자료**Sence data**가 머리 안으로 들어가기 때문에, 대상에 관한 이런저런 지식이 만들어졌다는 것이다. 머리 안으로 데이터를 가져오는 것, 그것을 일컬어 경험**experience**이라고 불렀다. **경험이 없다면,** 데이터 입력도 없고, 따라서 어떤 지식도 출력될 수 없다는 견해다. 이런 견해를 갖고 있던 철학자들의 관점을 다시 한 번 정교하게 설명해 보자.

어떤 대상이 있다. 우리는 대상을 수용perception한다. 그때 수용되는 것은 대상에 관한 감각 자료다. 감각 자료가 머릿속에 들어가서 인상impression을 만들어 낸다. 그 인상이 관념idea을 만들고, 결국 인상과 관념이 이성을 만들어 낸다는 것이다. 이런 식의 관점을 따르면, 이성의 산물인 논리학과 윤리학이 달라진다. 논리학은 이제 이성의 사유물 시스템에 안주하지 않고, 현실을 이해하기 위한 머리의 역할이 무엇인지 해명해야 했다. 그러면서 자연스럽게 감각 기관에 의존하는 **관찰**이 중요해졌다. 전통적인 연역추론에 비해 주목받지 못했던 귀납추론이 중요해졌다는 의미이기도 하다. 윤리학에서는 사람들의 행복과 쾌락이 도덕의 중요한 가치로 부각됐다. 사람마다 경험이 다르고, 경험에 의해 검증도 되지 않는 머릿속 사유물을 탐구하는 형이상학은 의심스러워졌다. 이것이 바로 **경험주의**다. 경험주의가 철학사에 미친 영향은 실로 엄청나다. 근대 영국에서 태동한 경험론은 '감각 자료'의 중요성을 발견했고, 실천철학에서는 나의 행복, 그리고 나뿐만 아니라 타인의 행복을 윤리학 영역 안으로 가지고 왔다.

인식론Epistemology

경험주의 통찰은 인식론이라는 새로운 학문이 탄생하는 밑거름이 되었다. 우리는 이제 대상을 생각한다. 대상이 있음으로써 머리 안으로 감각 자료가 들어온다. 그런데 전통적인 논리학 구조에서는, 〈데이터를 처리하는 요소〉가 포함되어 있지 않았다.

— 데이터는 머릿속에서 어떻게 처리되는 것일까?

이런 질문을 심각하게 받아들인 사람이 철학자 임마누엘 칸트였다. 칸트는 인간 머리의 구조를 재구성했다. 감각 자료를 수용하는 요소와 감각 자료를 처리하는 요소, 2개의 관계로 수정하는 것이다. 감각 자료를 수용하는 제1요소를 감수성sensitivity[1]이라고 부르자. 제2요소는 종래의 논리학 구조로서 지성과 이성의 활동 영역이다. 이 두 개의 요소가 데이터를 건네주고, 가져오는 구조를 만든 다음에, 대상을 관찰한다. 감각기관은 대상에 대한 감각 자료를 머리의 제1 요소 안으로 보낸다. 이때 제1 요소에서 **직관**과 **표상**이라는 새로운 용어가 등장한다. 데이터를 수용하는 제1 요소의 등장, 다시 말하면 직관과 표상은 현대철학의 시작을 알린다. 머리의 제1 요소 안에 들

---

[1] 학자들은 '감성'이라고 번역한다.

어온 데이터는 머리의 제2 요소로 전달되어야 한다. 이 때부터 전통적인 논리학의 구조가 펼쳐진다. 다양한 데이터를 선별해서 **지성**이 처리하는 형식으로 복제한 다음에, 개념을 적용하고, 판단을 행하며, **이성**이 개입하면서 추론으로 실행한다. 대상으로부터 이성까지 이어지는 이런 구조를 탐구하는 학문이 인식론이다. 인식론은 대상이 머릿속에서 어떻게 처리되고 이해되는지를 탐구하고, 우리 지식이 정말 믿을 만한 것인지, 우리는 어디까지 알 수 있는지를 고찰한다.

인식론과 논리학의 차이는 제1 요소가 포함되느냐 그렇지 않느냐의 차이다. 인간 머리 구조 안에 감수성의 기능이 포함되면 인식론이고, 포함되지 않으면 논리학이다.

생의 철학 Philosophy of Life

유럽의 인류를 한 단계 높은 차원으로 끌어올렸던 계몽
주의의 모토는 라틴어로, *Sapere aude*, 우리말로 '**과감하게
생각하라**'였다. 그런데 섬세한 지성을 지닌 철학자들이
이것의 문제를 발견했다. 과감하게 생각하려면, 자기 이
성을 적극 활용해야 한다. 이성을 활용한다는 것은 지금
여기에서의 생각에서 벗어나 생각을 다른 차원으로 도약
시키는 행위를 해야 함을 뜻한다. 이때 원리가 필요하다.
그런데 추론에 필요한 머릿속 대전제에는 사회적 원리,
상식, 관습, 사회통념, 이런 것들이 강력하게 자리잡고 있
다는 것이다. 우리 개개인의 머리는 실로 타인의, 권력자
의, 대중의, 종교의, 관습의 이성 원리에 종속돼 있기 때
문에, 과감하게 생각 못하게 되는 것이다. 그래서 그런 종
래의 이성 원리를 가위로 잘라내려는 시도가 생겨났다.
이성 자체를 부정하는 시도는 아니었다. 사람들의 머릿
속 대전제를 장악한 기존 원리의 권세를 부정하는 도전
이었다.

그러자 내 머릿속에서 나의 의지가, 나의 정신이 온전히
나타나는 것이다. 이것을 강조하는 철학이 **생의 철학**이
었다. 단독자의 **의지**, 단독자의 **힘**, 단독자의 **영성**이 무엇
보다 중요하다. 우리는 이런 철학을 전개한 사상가로 쇼
펜하우어, 니체, 키르케고르를 알고 있다.

352

인식의 대상은 머리 바깥에 있다. 그러나 인간이 그것을 머리 안으로 가져온다. 존재에 대한 인간의 지식은 **머리 안에서** 이루어진다. 머리 바깥의 대상은 인식 과정을 거쳐 머리 안의 존재로 바뀐다. 즉 우리가 어떤 존재를 생각하는 동안에 그 존재는 머리 안에 있다. 머리 안에 있는 그 존재, 즉 '생각의 대상'에 특별한 이름이 붙었으니, 그것이 바로 **현상**이다.

인식론 이후에, 철학자들은 이처럼 대상과 존재의 **불일치 문제**에 관심을 가졌다. 리얼리티에 더 관심을 두느냐, 머릿속 현상에 더 관심을 두느냐에 따라 철학 사조가 달라졌다.

정말이지, 우리가 안다는 것은 머리 안의 현상이다. 내 머릿속에 들어온 것을 아는 것이며, 머리 바깥의 존재를 제대로 알려면 내 머리 안의 현상을 더 자세히 탐구하는 수밖에 없다. 그래서 현상학이 등장했다. 현상학은 머릿속 현상으로 나타나는 존재를 탐구한다. "당신 머릿속에 들어온 존재를 판단하십시오. 그것이 지식이요, 학문입니다. 그러려면 대상에 대한 더 섬세한 관찰 데이터가 필요합니다. 그러나 그 존재는 머리 바깥의 존재와, 혹은 타인의 머릿속 존재와 다를 수 있습니다."

실존주의Existentialisim

실존주의는 인식론 이후의 불일치 문제에서 현상학과 달리, 머리 바깥의 **리얼리티** 세계에 주된 관심을 둔다. 그것은 단순히 머릿속 대상이 아니라, 머리 바깥에 **살아있는** 존재이다. 이것을 강조하기 위해 그들은 그 살아있는 현실 속 존재를 **존재자beings**라 불렀다. 말하자면 실존주의 철학은 머리 바깥의 현실 세계에 있는, 살아있는, 존재자의 존재**being of beings**를 탐구한다. 내 머릿속에서 정해지고 해석되는 개념이 아니라, 머리 바깥의 존재를 지칭하는 것이라면, 존재와 존재자는 동의어이다. 그리고 이런 존재가 머리 안쪽에서 생각하는 본질보다 더 중요하고, 더 앞선다고 강조한다.

유물론Materialism

우리는 지금까지 머리를 정신으로 봤지 물질로 보지 않았다. 철학에서 탐구하는 논리와 사유는 정신활동이지, 단순히 뇌세포나 뇌신경의 기능과 관계가 아니었다. 그런데 먼저 물질이 있고, 정신이 있다고, 물질이 정신을 지배한다는 유물론이 등장했다. 유물론을 신봉하는 사람들은 머릿속 주도의 철학의 전통을 모두 '관념론'으로 치부하면서 철학의 전통을 거부했다. 형이상학은 저주를 받아 폐기됐고, 논리학은 배척됐으며, 그러자 인간 머릿속에서 터전을 잃어버린 윤리학도 그 가치를 잃고 말았다. 만물은 물질이다. 유물론자들의 관심사는 **현실 세계의 변화**를 어떻게 논리적으로 설명할 것인지였다. 유물론에 사상의 기반을 둔 혁명가들과 그들의 지지자들은 설명에 멈추지 않고 자신들이 원하는 변화를 만들어 내기 위해 애썼다. 그래서 유물론적 자연관에서 벗어나 역사적 유물론으로 전개됐다. 유물론자들은 지배 구조에 의해 사람의 존재를 파악한다. **지배 구조를 바꾸면** 사람의 존재도 바뀔 것이다.

유물론은 19세기 이후 인류 사상에 매우 큰 영향을 미쳤다. 마르크스 사상이 퍼진 곳에서는 언제나 유물론이 함께했다. 20세기에 발흥한 구조주의와 진화생물학을 이해할 때에도 유물론 관점이 필요하다.

인식론이 등장한 이후, 진리에 관한 한, 인간의 생각은 믿을 수 없음이 확실해졌다. 그럴수록 철학은 퇴보하는 것 같았다. 반면 과학은 눈부시게 발전했다. 철학도 과학처럼 **안전하고 확실한 길**을 갈 수 없을까? 인간의 머리 바깥으로 언어가 표현된다. 언어에는 단어들, 즉 개념들이 있고, 문장들이 있다. 이것들은 머리 바깥으로 나왔으므로, 인간 머리 안쪽에서 주관적으로, 불확정적으로 있는 게 아니다. 저 **표현된 언어**를 탐구한다면, 철학은 과학과 수학처럼 안전할 것 같았다. 이것이 바로 언어철학의 탄생 배경이다. 논리실증주의, 분석철학 등도 비슷한 계보다. 언어철학은 머리 바깥으로 나온 단어와 문장의 구조, 그리고 그것들이 나타내는 의미 관계를 탐구한다. 언어철학은 논리학이다. 그러나 전통적인 논리학이 인간 머리 안의 생각 형식을 탐구했다면, 언어철학은 인간 머리 바깥의 표현된 언어의 논리를 탐구했다. 그들의 관점에서는, 논리학에 불완전성이 나타나는 것보다는 차라리 무지와 침묵을 선택하는 것이 현명해 보였다. 같은 개념을 사용해서 학문을 건축했건만, 이들의 논리학은 전통적인 논리학과는 너무 달랐고, 이런 사실이 수많은 독자의 머리를 혼란스럽게 만들었다.

실존주의는 리얼리티 속 존재를 탐구했다. 기왕 머리 바깥으로 나와서 인간 정신이 아닌 머리 바깥의 세계를 탐구하는 것이라면, 유물론은 어떠한가? 이런 제안을 수락하는 사상가들이 등장하면서 실존주의 정신과 유물론적 방법론을 결합하는 구조주의가 나타났다. 구조주의에서 탐구되는 인간은 강하지 않고, 연약한 피재배자로서 **구조적 파편**이며, 인간 정신은 기계 부품으로 전락한다. 인간의 정신 속에서 거대한 사유 세계를 만들어 냈던 철학은 구조주의가 비판하는 사회학 구조 속에서 설 자리를 잃는다. 패셔너블한 담론이 만들어 내는 과장 속에서 전통적인 철학은 폐기되고 잊힌다.

작가주의 철학

지금까지는 모두 학문적인 용어였지만, '작가주의 철학'은 그렇지 않다. 내가 임의로 붙였다. 여기에서 말하는 '작가'는 박사학위 소유자에 베스트셀러 작가에 명성이 자자한 학자들이다. 세상에 믿을 만한 게 사라졌다. 현대에 이르러 모든 인류에게 적용될 수 있는 보편적인 진리는 자리를 잃었다. 그것을 여전히 찾고자 하는 사람이 있겠지만, 시대에 뒤쳐진 인물처럼 비쳐진다. 대신 전통과 관습을 완전 무시할 만큼의 자유를 우리가 누리는 것처럼, 철학자들도 누린다. 그들은 남이야 뭐라든, 이 세계에 대한 자신의 관점을 펼쳐낸다. 그것은 정답이 아니어도 좋다. **정답이 사라진 시대**이기 때문이다. 그래서 작가주의 철학이다. 작가주의 철학은 이 세계를 자신의 세계관으로 해석하되 머리 안에서 탈주한다.

✠

세계는 인간에게 지식을 제공하고, 인간도 인간의 머리에서 분석되고 해석되며 편집된 지식을 세계에 제공한다. 그러는 과정에서 다양한 철학이 나타났고 발전해 왔으며, 앞으로도 그럴 것이다.

13

변증, 반론의 힘

우리는 다양한 삶의 현장에서 각자의 인생을 산다. 그러면서 무수히 많은 말을 하고, 글을 쓴다. 이제부터 실용적이고 유용하며 **살아있는 논리들의 세계**가 펼쳐진다. 실제 세계에 쓸모가 없다면 제대로 이해한 논리학이 아니다.

인간 공통의 머리 구조에서 단어가 탄생하고 문장이 생기며 단락이 이어지면서, 우리는 낮은 수준에서 높은 수준까지 생각이라는 것을 할 수 있다. 그런데 모든 인간이 같은 생각을 하는 건 아니다. 당신과 나는, 그저 우리가 인간이라는 사실, 그리고 머릿속에서 논리라는 게 작동한다는 사실, 또한 그 형식적인 메커니즘이 동일하다는 사실에서만 같을 뿐이다. 머릿속에 있는 경험 데이터베이스에는 수많은 데이터가 채워지고, 이런 내용은 사람마다 모두 다르다. 그런 점에서 서로 다른 경험 데이터베이스를 보유한 당신과 나는 같을 수가 없다. 그런데 이 경험 데이터베이스에 들어있는 수많은 단어, 원리, 판단들이 머릿

속에서 작동할 때 나타나는 아주 특별한 힘이 있으니, 이제 우리가 그것을 다룰 때가 되었다. 편의상 나는 이런 힘에 **반론의 힘**이라는 이름을 붙인다.

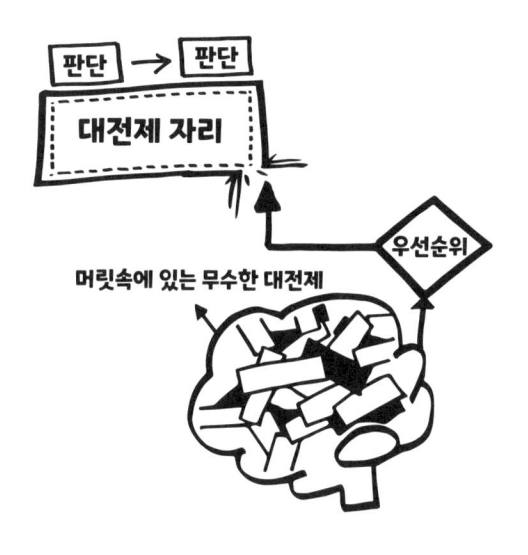

내 안에서 나타나는 반론의 힘

생각의 토대인 **대전제**는 인간 머릿속 연역 논리 프레임에서 막강한 위력을 발휘한다. 그런데 대전제가 한두 개가 아니라는 점에서, 다시 말하면 우리들 머릿속에는 대전제로 기능하는 무수히 많은 개념과 원리들이 있다는 점에서, 이들 사이에 '우선순위 다툼'이 생긴다.

예를 들어 살펴보자. 변호사 손오공은 클라이언트 저팔계로부터 저작권 침해 사건 의뢰를 받는다. 그의 전문적인 지식으로 사건을 살펴보니, 저작권 침해에는 해당하지 않으며, 따라서 소송을 제기하면 저팔계가 패소할 것이다. 맨처음 손오공의 머릿속에서는 다음과 같은 대전제가 작동했다.

〈전문가는 예상되는 승패를 정직하게 말해야 한다〉
〈패소가 확실한 사건을 수임하지는 않는다〉

그래서 손오공은 소송을 제기하지 말자고 저팔계에게 조언해야겠다는 결론에 이른다. 그런데 그때 손오공의 머릿속에서 다른 속삭임이 들린다. 상대방이 무능해서 이길 수도 있지 않아? 소송 사건은 중간에 협상할 수도 있잖

아? 내가 판단자는 아니잖아? 그러면서 다음과 같은 대전제가 나타나는 것이다.

〈사건 수임은 그저 경제활동이야〉

그러고는 이런 강력한 대전제가 기존 대전제보다 더 높은 우선순위를 요구하는 것이다. 8강에서 살펴본 것처럼, 대전제가 달라지면, 사실 판단이 같더라도, 결론이 달라진다. 지금 그런 상황이 손오공의 머릿속에서 자연스럽게 나타났다.

다른 예를 살펴보자. 사오정은 학업 성적이 나쁘다. 그렇다고 공부를 포기한 것은 아니다. 그러나 절대적인 공부량이 부족하고, 습관적으로 스마트폰을 만지작거린다. 사오정도 자신의 문제를 안다. 그래서 따라잡아야겠다고 생각하는 시점에서는 다음과 같은 대전제가 자동했다.

〈남들보다 더 많은 시간을 공부해야 한다〉

그 순간만큼은 스마트폰을 멀찍이 떨어트려 놓고 공부해 보려고 한다. 그런데 어느 순간 또 다른 속삭임과 유혹이

들린다.

〈스마트폰을 이용해서 공부하면 편리하고 더 효과적이야〉
〈피곤하다고? 몸이 건강해야 정신도 건강하고 그래야 집
중력이 좋아져〉

기존 대전제에 대한 의구심을 표현하는 이런 반론들은 모
두 대전제 역할을 하기에 충분하며, 사오정의 머릿속에서
더 높은 우선순위를 요구하는 것이다. 사오정의 부모가
사오정의 방문을 열어 보니, 사오정은 침대에 누워서 스
마트폰을 보고 있었다. 책상 위에는 문제집이 펼쳐져 있
다.

한 사람의 머릿속에서 태연하게 일어나는 이런 반론의 힘
을 철학자들이 탐구하지 않았을 리 없다. 대전제의 우선
순위 다툼은 생각의 향방과 행동 내용에 아주 큰 영향을
미치는데, 그것을 일컬어 사람들은 흔히 '방황'이라 부른
다. 이런 다툼을 다스릴 정도로 가치관이 확립되면, 그때
사람들은 방황을 끝내고 현자, 스승, 사제, 철학자 경지에
오르는 게 아닐까? 불교에서 말하는 '번뇌'가 이런 대전제
의 우선순위 다툼에서 벌어지는 것처럼 보인다.

도덕철학에 관한 예를 들어보자. 내 머릿속에서 이성의 명령이 나타난다. 선한 대전제를 제시하면서 좋은 행동을 하라고 명령하는 것이다. 그런데 그런 대전제에 의문을 제기하면서 욕망과 본능에 순응하는 대전제도 나타난다. 머릿속에서 대전제 사이의 모순을 일으키는 이런 반론의 힘을 일컬어 칸트는 **변증**dialectic이라 불렀다. 이것은 대전제 사이에서 서로 반론의 힘을 사용하는 모순 관계를 지칭한다. 그러므로 엄밀히 말해서 추론 논리가 아니다. 그러나 변증에 의해 교체된 대전제는 결론에 강력한 영향을 미친다. 그런 점에서 변증은 추론에 관여하고, 따라서 논리 요소다. 요컨대 변증은 **대전제끼리의 우선순위 다툼**이다. 이 우선순위 다툼에서 무엇이 이기느냐에 따라 결론이 달라져버리기 때문에 변증은 매우 중요하다. 대체로 이런 변증은, 마치 악마의 속삭임처럼, 좋은 추론, 선한 논리의 작동을 훼방놓는 방해자 역할을 하기 때문에, 이런 반론의 힘을 억제하기 위해서 필요한 것이 바로 '의지'이며, 그 의지를 돕는 '도덕법'이, 그리고 그 도덕법을 따르는 '좌우명'이 필요하다고 칸트는 강조했다.

지금 우리는 칸트의 도덕철학 안으로 깊이 발을 담글 처지가 아니다. 여기에서는 우리 머릿속 대전제가 무수히 많고, 이들끼리 우선순위 다툼이 벌어진다는 사실만을 기

억하자. 이것을 제대로 기억하고 있어야만 **타인과의 소통**에서 제대로된 전략을 짤 수 있기 때문이다.

그런데 연역 논리에서 소전제 역할을 하는 다양한 판단들이 있고, 이것에 대한 반론도 있을 것이다. 그러나 나는 지금 내 머릿속 안에 있고, 여기에서는 타인이 없다. 그래서 소전제에 대한 반론의 힘은 그다지 중요하지 않다. 사실 판단에 대한 오류가 발견되더라도, 단순한 실수, 오해, 착각으로 치부되면서, 웃으면서 혹은 부끄러워하면서, 흔쾌히 내 머릿속에서 그 오류를 정정할 수 있기 때문에, 변증이라기보다는 **교정**이라고 표현하는 것이 적확하다. 또한 내가 내린 결론에 대해서도 반론이 있을 수 있다. 그러나 내 머릿속에서 생겨나는 그런 결론 주장에 대한 반론은 변증이 아니라 **반성**이다.

타인과의 소통에서 나타나는 반론의 힘

이번에는 내 안에서의 반론이 아니라, 타인과의 관계에서 나타나는 반론을 살펴보자. 그 타인이 누구냐, 나와 어떤 관계에 있느냐에 따라 '반론의 힘'이 완전 달라진다.

(1) 적대적인 양자대결

한번 생각해 보라. 가치관이 매우 다른 사람과 말싸움을 했는데, 상대방의 논리에 당해서 패배한 느낌이 들 때, 당신은 배움을 얻었다고 생각하면서 자기 주장을 철회하고 상대방 주장으로 갈아탔는지, 아니면 논리를 보완하면서 자기 주장을 더 강화하려고 했는지 생각해 보라. 우리는 대체로 전자가 아닌 후자의 태도를 취한다. 논리에서 졌다는 것은 소전제가 근거 역할을 제대로 하지 못했다는 것이고, 나의 근거들이 상대방 주장에 의해 탄핵됐음을 뜻한다. 그렇다면 주장(결론)을 바꿔볼 만하지만, 우리는 좀처럼 자기 결론을 철회하지 않는다. 왜냐하면 우리의 대전제는 여전히 살아있고 그 활력을 잃지 않았기 때문이다.

다시 복습해 보자. 사람들 머릿속 연역논리는 〈대전제 ─ 소전제 ─ 결론〉의 구조를 갖는다. 결론이 주장이며, 소전제는 근거로 작동하는 1개 이상의 다양한 판단으로 구성된다. 논쟁과 설득의 목표는 상대방의 주장을 뒤집고 나의 주장을 관철하는 데 있다. 그런데 주장이 곧 결론이기 때문에, 그 결론의 근거가 되는 소전제에 대한 공방으로 논쟁과 설득이 이루어진다. 그래서 사람들의 반론은 으레 소전제에 집중된다. 그러나 적대적인 양자대결에서 이런 반론의 힘은 **미미하다**.

적대적이라 함은 외견상으로는 주장(결론)이 다르다는 것이다. 더 정확하게 말하자면, 그 본질은 머릿속 대전제가 적대적인 경우다.

어떤 의견의 결론은 대전제가 낳은 주장일 뿐이어서 그 결론 자체는 수동적이며 논리적으로 힘이 없다. 따라서 그 주장에 대한 반론이 아무리 격렬하게 혹은 섬세하게 발휘되더라도, 배후에 있는 대전제가 여전히 우세력을 발휘하는 한, 반론은 상대방의 주장을 꺾지 못한다. 반론을 제기할수록 오히려 상대방은 불쾌해하거나 분노한다. 생각의 토대인 대전제는 매우 완고하다. 만약 대전제가 적대적인 상대방으로부터 직접 공격 당한다면, 대전제는 먼

저 논리를 동원하고(즉 그럴싸한 근거들을 수집하고), 그 것으로 충분히 방어가 되지 않는다면 감정을 동원한다. 그러므로 감정은 논리적인 현상이다.

이런 경험에 기초해서 입장 바꿔 생각한다면 유용한 통찰을 얻는다. 적대적인 양자대결에서는 타인의 근거를 아무리 논리적으로 공략하더라도 그다지 성과가 없을 것이다. 그렇다면 적대적인 상대방을 설득하려는 모든 시도는 허사이며, 시간과 정력을 낭비하는 일이다. 어린 아이처럼 논쟁에서 이겼다고 정신승리하거나 상대방을 함부로 모욕하곤 하지만, 그렇게 해서 얻는 이득이 없다. 상대방은 더 강한 논리로 무장하여 다시 나타날 것이다. 오히려 고양된 적개심으로 내 앞길을 방해할지도 모른다. 이런 점을 감안한다면, 정신승리와 모욕은 이득이 없는 정도가 아니라 아주 큰 손해라 하겠다.

우리가 할 수 있는 유일하게 현명한 방법은, **상대방의 머릿속에서** 자연스럽게 대전제들의 우선순위 다툼이 일어나도록, 즉 앞에서 말했던 변증이 상대방 머릿속에서 생겨나도록 작전을 짜는 것뿐이다.

예를 들어 보자.

손오공은 인간의 행복을 위해서는 부동산 가격이 소득 수준 대비 적정한 가격이어야 한다는 원리를 대전제로 삼는다. 반면 저팔계는 부동산이야말로 시장에서 행해지는 가장 중요한 투자의 수단이라는 원리를 대전제로 삼는다. 손오공은 부동산에 투자해서는 안 된다고 주장하고, 저팔계는 지금이라도 부동산에 투자해야 한다고 주장한다. 그러면서 두 사람 모두 자신의 주장을 뒷받침하는 각종 통계 자료들을 소전제로 제시한다. 1시간을, 아니 제한 시간 없이 끝장 토론을 할지라도, 여러 가지 근거들이 탄핵되고 버려지기는 하겠고, 몇몇 전투에서 승패가 드러나기도 하겠지만, 토론 당사자들 사이의 평행선은 끝까지 좁혀지지 않을 것이다.

다른 예를 생각해 보자. 손오공은 동성애는 그 본성이 타락해서 생기는 현상이라는 원리를 갖고 있다. 그러나 저팔계는 동성애는 개인의 자연스러운 성적 지향이라는 원리를 대전제로 삼는다. 이 둘이 다양한 근거를 소전제로 제시하면서 한쪽은 동성애를 치료와 금기의 대상으로 삼아야 한다고 주장하고, 다른 한쪽은 그런 주장이 개인의 기본권을 함부로 침해하는 악습의 산물이라고 맞선다. 백

날 싸워도, 상대방이 제시한 근거들을 과학적으로 논박했다거나 논리적으로 탄핵했다고 하더라도, **대전제가 굳건한 이상** 양쪽 주장은 바뀌지 않는다. 그럼에도 각자가 애쓰면서 상대방을 모욕 주고 정신승리를 즐긴다.

페미니즘에 관한 논쟁, 사형제도를 둘러싼 논쟁, 안락사의 문제 등도 마찬가지로 평행선을 달린다. 적대적 양자대결에서 반론의 힘은 연약하다. 특히 근거들에 대한 반론이 그러하다. 적대적인 양자대결에서 우리가 할 수 있는 유일한 일은, 앞에서 말한 것처럼, 어떻게 하면 상대방의 머릿속에서 대전제들 사이의 우선순위 논쟁이 발생하도록 할 것인가, 이것밖에 없다. 그러기 위해서는 상대방을 심하게 몰아붙여서는 안 된다. 감정이 폭발하는 상황에서는 그 감정을 지휘하는 대전제가 항상 **안전하게** 논리의 우선권을 쥐기 때문에 다른 생각의 토대가 참견하지 못한다. 그때 활약하는 대전제는 우리에게 매우 적대적인 반면, 그 대전제로 말미암아 참견할 기회를 상실한 대전제는 우리에게 유리할 수도 있는 가능성, 생각해 볼 만하다. 따라서 감정적인 반응은 좋은 방법이 아니다.

한편 대결 중인 상대방의 머릿속 구조가 우리와 다를 리 없다. 그러므로 그 사람의 머릿속에 대전제가 하나만 있는 게 아니라서, 내게 유리한 대전제가 논쟁 중에 나타날 수도 있다. **이런 찬스에서는** 상대방을 몰아붙이거나 놀리는 언행을 중단하는 것이 좋다. 반론의 힘이 상대방의 머릿속에서 저절로 나타났으니, 그 힘이 우세해지도록 우호적으로 대응하는 것이 현명하다. 상대방에게서 대전제의 우선순위 다툼이 일어난다면 — 앞에서 언급한 것처럼 — 그것이 내게 유리하게 작용할 가능성이 있기 때문이다.

(2) 관전자의 등장

이렇듯 적대적 양자 대립에서 반론의 힘은 무력하다. 그렇다면 토론과 논쟁은 생산적이지 않고 심지어 불필요하다는 것인가? 그렇지 않다. 이 대결을 바라보는 **관전자**가 등장한다면 문제는 다른 국면으로 변화한다. 내 머릿속에 대전제들이 많이 있는 것처럼, 인간 사회도 다양한 의견이 존재한다. 그래서 흑과 백, 남과 북, 동과 서, 진보와 보수, 이렇게 두 개의 패거리만으로 대결하는 것만은 아니다. 당연히 여기에도 저기에도 속하지 않는 사람들이 있고, 이쪽저쪽 왔다갔다하는 사람들도 많다. 그들이 관전자가 돼서 양자대결을 목격한다. 이로써 재미있는 현상이 벌어진다. 권투 경기를 하는 두 선수가 쇼를 한다. 상대방의 주먹과 맷집보다는 관중들의 반응을 보면서 주먹을 휘두른다. 관중 중에는 손오공을 지지하는 사람도 있을 것이고, 저팔계를 응원하는 사람도 있을 것이다. 이렇게 관전자가 있는 경우, 적대적 양자대결은 관전자가 없을 때와 비교해서 무엇이 달라졌을까?

대전제가 활약하는 한, 각자의 결론적 주장은 결코 쓰러지지 않는다. KO 승도, KO 패도 없고, 승패조차 중요하지 않다. 그럼에도 관전자가 있기 때문에, 그 관전자의 지지

를 받기 위해 반론의 힘을 사용한다. 관전자가 지니고 있는 대전제를 모르고, 그것을 특정할 수 없으므로, 반론의 힘은 대전제를 향하기보다는 소전제를 향한다. 상대방의 소전제들에 오류가 있음을, 주장을 뒷받침하는 그들의 근거가 잘못되었음을 부지런히, 정성껏 공격해야 한다. 물론 이런 반론은 상대방에게는 효과가 없고, 우리가 그것을 안다. 그러나 어떤 견해가 더 바람직하고 설득력이 있는지 관전자들이 보고 있다. 이것이 바로 **공론장**이 기능하는 모습이다. 다수결의 원칙이나 여론의 위력이 존재하는 어느 곳에서든 근거들에 대한 논박은 의미가 있다(설령 당사자 사이에서는 의미가 없더라도). 사람들은 이처럼 관전자의 조력을 얻어 상대방에게 결정권이 가지 않도록 하기 위해 논쟁한다.

민주주의 이전 신분사회에서 이런 관전자는 권력자였을 것이다. 지금은 여론이다. 우리는 여론의 건전한 힘에 의지하여 정성껏 논쟁한다. 그러나 이것은 어디까지나 공론장의 순기능이 발휘되는 곳에서나 가능한 일이다. 역기능도 존재한다. 토론의 당사자들이 극단적인 양자 대립으로 논쟁을 이끌면서 관전자들을 감정적으로 선동하는 경우가 빈번하다. 강대강 정치적 대립에서 이런 일이 비일비재하게 벌어지는데, 아주 바람직하지 않다. 선동에 의해

거짓과 과장이 섞인 판단을 사람들에게 유포하면서, 사람들의 **이성**에 호소하기보다는 **감정**을 자극하는 대결로 만들어 버리는 결과, 관전자들을 관객이 아닌 당사자로 변질시키기 때문이다. 그러면 공론장이 아주 엉망이 되고 만다. 사람들이 공론장에서 무엇이 더 바람직한지를 생각하기보다는 무엇이 집단에 유리한지를 계산하는 이런 상황에서는 다시 반론의 힘은 무력해진다.

그러므로 저급한 사람보다는 교양 있는 사람을, 감정적인 사람보다는 이성적인 사람을, 이기심이 강한 사람보다는 건전한 공론장을 걱정하는 사람을, 적대적 양자 대립 사이에서 벌어지는 토론의 선수로 뽑는 것이 바람직하다. 그러나 이 토론을 조직하는 사람들은, 관객들의 열광과 흥행을 바라기 때문에, 더 감정적인 선동가를 공론장에 초대하고 만다. 인류가 겪는 비극의 상당수는 이런 식이었고, 이 딜레마는 우리 사회의 숙제이지만, 여전히 미결로 남아 있다.

(3) 대전제를 갖고 있는 관전자

불특정 다수의 관전자와 달리, 재판에서처럼 혹은 최고책임자가 있는 경우처럼, 자신의 대전제가 확실한 관전자가 양자대결을 지켜보고 있는 경우에는 반론의 힘을 행사하는 방향이 조금 다르다. 판사들에게는 법률의 규정이라는 대전제가 확정되어 있다. 그러므로 상대방이 제시한 근거가 대전제(즉, 법률의 규정과 입법의도)와 모순됨을 증명하는 방향으로(즉 변증으로), 다시 말하면 대전제에 맞지 않음을 강조하면서, 근거를 탄핵하는 반론이 행해진다. 대결하는 양쪽 모두에 적용되는 대전제가 이미 확정되어 있기 때문에, 반론 작업은 단순하다. 그러나 일반 관전자가 지켜보고 있을 때와는 달리, 논쟁의 승패가 확실히 정해지기 때문에, 아주 정성껏 논쟁해야 하며, 상대방의 반론을 염두에 둬서 근거를 제시해서 하고, 최선을 다해 상대방 근거에 대해 반론을 제기해야 한다. 단순히 의문을 제기하는 것만으로는 안되고(그러기에는 관전자가 고도의 지식을 갖고 있는 전문가다), 최대한의 지능을 발휘하면서 상상력과 창의성을 동원한다. 대전제와 상대방 근거 사이의 연결을 방해하는 것을 목표로 반론의 힘을 사용한다.

(4) 조정자와 타협

대립되는 대전제의 충돌을 조정하는 조정자가 있다면 좋을 것이다. 그런 조정자로서 인류사에서 가장 유명한 사람이 소크라테스였다. 소크라테스는 대립되는 두 견해를 함부로 제압하지는 않았다. 손오공의 주장을 따라가면서 손오공이 갖고 있는 대전제의 오류를 함께 발견하고, 저팔계의 주장을 따라가면서 저팔계의 대전제의 오류를 드러낸다. 그렇게 **양비론**을 진행하면서 새로운 대전제의 가능성을 보여준다. 이것이 '소크라테스의 변증'이었다. 소크라테스의 변증은 이처럼 오류를 찾는 반론의 힘이었으며, 오직 이성적인 대화의 힘으로 이뤄냈다. 하지만 이런 소크라테스를 어떻게 당대에서 찾아낼 것인가? 소크라테스까지는 아니더라도, 만약 존경받는 스승이 있어서, 그 혹은 그녀가, 비록 양자 대립의 대전제를 가리키면서 공평하게 양비론을 펼쳐내지는 못한다 해도, 새로운 대전제의 가능성을 보여주는 것만으로도 우리 사회는 정신적으로 상당한 진보를 이뤄낼 수 있으리라 생각한다.

그러나 우리는 그런 조정자가 없는 상황까지 생각해야 한다. 무한정 싸울 수는 없으니까, 적대적 양자 대립을 적절하게 봉합해야 한다면, 또는 타협이나 양보를 해야만 한

다면, 어떤 방식을 취하는 것이 좋을까?

소크라테스의 변증을 흉내 내는 것이 좋다. 말 그대로 **흉내내기 양비론**이다. 나의 대전제는 쉽게 백기를 들 만한 게 아니다. 상대방의 대전제도 마찬가지다. 그러므로 설령 그 자리에서는 새로운 대전제가 불가능할지라도, 양쪽 대전제에 대한 양비론 격으로 새로운 원리의 가능성을 거론하며 물러나거나 대결을 봉합한다. 예컨대 종교적 대립에서는 인류애를 언급하면서 물러나고, 진보와 보수의 정치적 대립에서는 국민통합의 중요함을 말한다거나 무엇이 다음 세대에 이로운 것인지 앞으로 더 논의해 보자고 말하면서 갈라진 감정을 봉합하고, 부동산 투자냐 투기냐의 논쟁에서는 수도권 집중에서 벗어나 대한민국의 균형 발전을 도모할 필요성 같은 논리를 펼치면서 후퇴하는 것이다.

(5) 우호적인 양자 소통

서로 우호적인 관계에서도 반론의 힘은 작용한다. 이때의 반론은 상당히 유연해서 때때로 대전제의 우선순위를 알맞게 조정해 주기도 하고, 근거들을 보충해 주기도 한다. 신뢰가 이렇게나 논리적으로 중요하다. 다만 서로 우호적인 관계라 해서 논리를 무시하면 안 된다. 더 건강하고 더 명철하며 더 현실적인 대전제에 우선순위를 줘야 하고, 주장을 이끌어내는 근거의 기울기가 합당하도록 애써야 한다. 노력해야 한다. 우호적인 관계가 언제나 지속될 것이라고 단정할 수 없고, 나한테만 우호적이라고 볼 수도 없다. 무엇보다 논리를 무시하는 일이 반복되고, 우호적인 상대방이 여러 번 반론의 힘으로 보충해 줘야 한다면, 상대방의 머릿속에서 나에 대한 평가가 나빠진다.

〈쟤는 머리가 좋지는 않아〉
〈리더가 되기는 어려울걸〉

적대적인 양자 대결에서는 아무리 논리적으로 근거를 제시해도 먹히지 않는다. 그러나 우호적인 양자 소통에서 논리적일수록 먹히며 성공한다. 그렇다면 우리는 어느 쪽 소통에 더 많은 에너지를 써야 할까? 당연히 우호적인 양

자 소통이다. 적대적 양자 대결에서 애를 써봤자 내 성장에 방해가 될지언정 노력한 만큼 향상되거나 개선되는 게 별로 없다. 그러나 우호적인 양자 소통에서는 내가 노력한 만큼 더 많은 이익이 돌아오며, 그것이 내 성장의 자양분이 된다.

그럼에도 사람들은 곁에 있는 친구보다 적대적인 사람들과의 대립에 쓸데없이 시간과 역량을 낭비한다.

(6) 중립에 속하는 사람들과의 소통

세상만사 적대적이거나 우호적인 사람만 있는 것은 아니다. 중립에 속하는 사람들도 많다. 만약 그 사람의 대전제를 모른다면 그이는 일단 중립에 속한다. 논리는 충실해야 한다. 다만 내 주장의 근거가 되는 '나의 대전제'를 조심스럽게 임시로 선별한다. 편향되지 않도록, 누구에게나 통용될 수 있는 수준의 **상식적인 대전제**로 우선순위를 조정한 다음, 근거를 충실하게 제기하면서, 결론을 제시한다. 그다음 중립에 속하는 상대방의 반응을 경청한다. 상대방의 대전제가 무엇인지, 어느 정도 내가 갖고 있는 대전제가 통용될 수 있는지 추측해야 한다. 그런 추측 과정을 거쳐 소통을 진행하는 대전제의 윤곽이 정해지면, 그것에 따라 근거들의 강화와 약화가 정해진다. 나의 대전제와 어울리는 근거들이 선별되면서도, 상대방의 대전제와 어울리지 않는 근거들은 과감히 버리고, 상대방의 대전제에 더 어울릴 만한 근거들을 강화한다. 한편 상대방의 대전제를 잘 모르는 상황인 경우, 상대방의 주장에 대해서는 함부로 반론의 힘을 사용하지 않는 것이 좋다. 그 사람의 대전제를 탐색하면서 조심스럽게 반응한다.

변증

나는 변증을 일컬어 한 사람의 머릿속에서 **대전제의 우선순위 다툼**이라고 설명했다. 어떤 대전제에 대한 다른 대전제의 반론의 힘이 작용하면서 생각에 모순을 제기하는 것이 바로 변증이다. 또한 대립되는 주장들 각각에서 오류를 드러내는 양비론도 변증의 다른 모습이다. 이처럼 변증은 기존 대전제에 모순을 일으키고 오류를 발견하는 것이다. 이것이 서양철학에서 전통적으로 이해되는 변증의 의미였다. 그러나 철학자 헤겔은 소크라테스의 변증법을 오류가 아닌, '진리를 찾는 방법론'으로 바꿔 이해했다. 헤겔과 헤겔학파에 속하는 변증법을 일컬어 흔히 '정반합 변증법'이라고 한다. 헤겔 변증법에 대해서는 찬반 의견 대립이 팽팽하다.

요약

1. 우리 머릿속에는 대전제가 무수히 많고, 이들끼리 우선순위 다툼이 벌어진다. 그것이 변증이다.
2. 적대적 양자 대립에서 반론의 힘은 무력하다. 우리가 할 수 있는 논리 전략은 상대방의 머릿속에서 대전제들의 우선순위 다툼이 일어나도록 작전을 짜는 것뿐이다.
3. 소통하는 과정에서 반론의 힘을 '효과적으로' 사용하고자 한다면, 먼저 상대방의 대전제를 탐색해야 한다.

カレ

설득의 기술

우리는 사회생활을 한다. 내 맘대로 사는 게 아니라, 타인의 협력이 필요하기 때문에, 다양한 상황을 이해해야 하며, 다양한 목적을 갖고 타인을 **설득**해야 한다. 이런 활동에서 어느 정도의 논리력은 필수적이다. 그런데 그런 논리력을 가르쳐주는 공인된 과정이 없고, 각자가 개인 경험으로 노하우를 익혀야 한다. 그런 탓인지 스스로 논리력이 부족하다고 자책하는 사람들이 적지 않다.

설득이란 언어를 사용하는 행위다. 그런데 각자의 머릿속에서 거주하며 활발하게 일을 하는 단어, 문장, 단락이 사람마다 다르다. 서로 비슷한 어휘력, 판단력, 추리력을 갖고 있다면 설득하는 일이 어렵지 않을 텐데, 애석하게도 사람마다 어휘력, 판단력, 추리력이 달라서 어려움을 겪는 것이다. 우리는 어떤 단어의 의미를 전하려고 타인을 설득하지 않는다. 〈이것은 사과다〉라는 판단처럼 간단한 사실을 전하려고 타인을 설득하는 경우는 거의 없다. 그

렇다면 설득이란 추리력을 사용하는 일이 되는데, 연역논리를 지배하는 **대전제가 다르다면** 좀처럼 설득이 어렵다. 그러므로 논리력이 상당히 우수할지라도 그것만으로는 타인을 설득하는 데 부족하다. 옛 스승들이, 철학자들이, 이걸 몰랐을 리 없다. 특히 2300년 전 인류의 스승이자 논리학의 아버지 아리스토텔레스가 몰랐을 리 없다. 아리스토텔레스는 논리만으로는 안 된다는 것을 강조하면서 설득의 기술을 가르쳤다. 아리스토텔레스는 타인을 설득하기 위한 방법론으로 **레토리카**Rhetorica, 즉 〈수사학〉을 가르쳤다. 아리스토텔레스가 가르친 수사학의 3요소는 로고스Logos, 파토스Pathos, 에토스Ethos이다. 쉽게 말하면 각각 좋은 논리, 좋은 심리, 좋은 태도이다. 기원전 4세기경에는 지금처럼 출판물과 텍스트가 범람하지는 않았기 때문에, 글보다는 말이 중요했다. 하지만 오늘날 사정으로 해석한다면, '레토리카'는 **글말의 기술**을 가르친 것으로 이해할 수 있다.

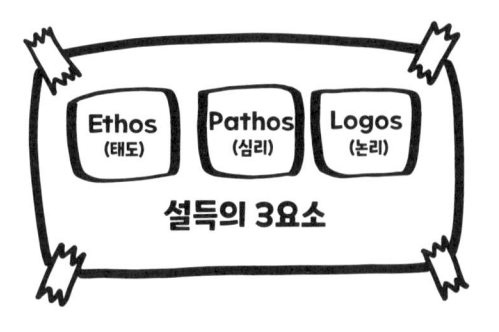

우리가 글말의 기술을 습득하고 훈련해야 하는 까닭은, 자기 생각 안에서 편안하게 '정신승리'하는 것에서 벗어나, 타인을 설득하거나 타인에게 자신을 어필하기 위함이다. 단순히 논리 혹은 논리학을 익히는 것만으로는 부족하다. 그러므로 논리력이 부족하다 해서 설득력이 부족하다고 단정할 일도 아니다. 〈타인을 설득함〉 혹은 〈타인에게 어필〉이라는 실용적인 관점에서 레토리카 3요소를 하나씩 살펴보자.

최근 2년간 나는 초등학생, 중학생, 고등학생들의 글쓰기 첨삭 지도를 진행하면서, 아리스토텔레스의 수사학의 지혜를 아이들에게 가르쳐 보려고 노력 중이다. 그것을 일컬어 〈**레토리카 프로젝트**〉라고 이름을 붙인 후에, '논리적 글쓰기', '심리적 글쓰기', 그리고 '태도가 좋은 언어 활동'을 커리큘럼에 반영하고 있다. 그런데 이 세 가지 요소 중에서 타인의 설득을 위해 가장 효과적인 것은 논리가 아니라 태도이다.

에토스 Ethos

아리스토텔레스가 강조하는 에토스는 **좋은 태도**를 말한다. 말하는 사람, 글쓰는 사람에게 요구되는 것으로, 좋은 태도를 보인다면 타인을 설득할 가능성이 커진다는 것이다. 아리스토텔레스는 에토스 덕목으로 신중함, 덕, 선의를 갖출 것을 가르쳤다. 이 세 가지 덕목의 의미를 곰곰이 생각해 볼 수도 있겠지만, 우리는 성인이 될 때까지 사회생활하기에 충분한, 이른바 예의범절을 배웠기 때문에, 이미 우리가 그 에토스의 윤곽은 다들 갖고 있다. 그것을 제대로 꺼내지 못할 뿐이다.

그런데 인간은 텔레파시로 내 마음속 좋은 태도를 상대방에게 전달할 초능력이 없으며, 만나는 사람마다 일일이 내 마음을 설명할 수도 없다는 점을 감안하면서, 실용적으로 생각해 본다면, 에토스, 즉 좋은 태도는 **형식적인 성격**을 갖는다는 점을 이해해야 한다. 형식이기 때문에 단순히 마음가짐만으로는 안된다는 것이고, 형식이기 때문에 '스킬'로 익힐 수 있는 것이다. 한편 상대방이 문제의 핵심만을 짚어내는 탁월한 능력을 갖고 있지 않는 한, 내용만으로는 상대방을 설득할 수 없다. 그런 점에서도 내용에 걸맞은 형식이 필요한데, 그것이 바로 에토스다.

예를 들어 귀한 사람에게 마음을 담아 선물을 한다고 가정하자. 선물이라는 내용이 중요하다고 포장을 아무렇게나 할 수는 없다. 포장이 엉망이라면 선물에 담긴 사람의 신실한 마음이 상대방에게 잘 전해지지 **않을 수도** 있다. 목소리는 중요하다. 설득에는 설득에 필요한 목소리가 있다. 훈련과 습관을 통해 그런 목소리를 얻는다. 목소리도 스킬이다. 흔히 말하기를 '솔' 음정의 목소리가 좋다고 하지만, 원래 갖고 있는 목소리가 중저음이라도 그런 음높이대로 자연스럽고 다정하게 말해야겠다고 **생각하면서 말하면**, 당신의 에토스가 상대방에게 전해진다. 목소리를 신경 쓰지 않고 아무 생각 없이 말하면, 지루하고 정감 없는 기계 같은 목소리가 상대방에게 전해질 수 있다. 상대방은 귀신처럼 당신의 나쁜 태도를 알아챈다. 설령 매뉴얼대로 내용에 맞게 손님 응대를 했을지라도 점원의 목소리만으로도 다정함과 불친절을 인간은 구별할 수 있다. 만나는 장소를 정할 때에는 그 만남에 가장 어울리는 장소를 물색한다. 커뮤니케이션할 때에도 걸맞은 형식을 갖춘다.

이런 것들은 논리력이 부족해도 할 수 있는 일이다. 예를 들어 보자. 아무런 형식도 갖추지 않고 내용만 써서 이메일을 보내는 사람들이 있다. **이메일의 형식**을 배우지 못

했기 때문이다. 간단한 형식임에도 누구도 제대로 가르쳐 주지 않고, 누구도 제대로 익히지 않는다. 수신자 이름을 쓴다. 한 줄 띄운다. 인사말을 쓴다. 그다음 또 한 줄 띄운다. 내용을 쓴다. 내용의 토픽이 달라지거나 정서가 달라지면 한 줄 띄운다. 내용을 모두 쓰고 다시 한 칸 띄운 다음에 마지막으로 인사말을 쓴다. 그리고 한 줄 띄운 다음 발신자를 쓴다. 이것이 이메일의 에토스이며, 이메일의 스킬이다. 신기하게도 내용만이 아닌 형식까지 제대로 갖추면, 이메일을 보내는 사람의 정서가 더 효과적으로 텍스트에 담긴다.

손오공 교수님에게,

안녕하세요. 논리학 수업을 듣고 있는 사오정이라고 합니다.

궁금한 점이 있어서 메일을 보냅니다. 교수님께서 수업 시간에 설명하신 명제 개념이 제가 고등학교 수학 시간에 배운 명제 개념가 달라서 헷갈립니다. 교수님께서는 '이 책은 재미있다'라는 문장을 예시로 들면서 명제라고 말씀하셨는데요. 하지만 예시 문장은, 다른 사람은 재미없다고 판단할 수도 있는 주관적인 진술이어서 참과 거짓이 명확하지 않기 때문에, 명제가 아니라고 배웠습니다. 논리학에서 말하는 명제와 수학에서 정의하는 명제가 다른 것인지요?

그런데 지난 수업은 예비군 훈련 때문에 출석할 수 없었습니다. 시스템에 증빙을 올렸습니다. 확인 부탁드립니다.

감사합니다.

사오정 드림

문서로 타인을 설득하는 경우에도, 설득력을 올리기 위한 형식적인 노력이 필요하다. 그게 에토스다. 폰트(글자체)와 레이아웃 디자인은 설득력을 높이는 데 유용하다. 상대방이 느끼는 인상이 좋으면, 그 사람의 심리가 편해지고, 뭔가 일이 잘돼가는, 됐으리라는, 느낌의 편향이 생긴다. 그러면 그 사람을 설득하거나 그 사람에게 나를 어필하는 데 그런 확증편향을 유리하게 활용할 수 있다. 그러므로 글자체와 레이아웃 디자인에 관심을 갖는 것이 좋다. 간단한 시각적인 스킬만으로 설득력이 향상된다.

얼마전 대학교 4학년 학생들에게 과제를 주면서, A4 1장 분량으로 제출하라고 한 적이 있다. 예컨대 학생이 이런 형식으로 제출했다.

이름

1. 저는 프렌치 쿠진 중 하나인 키쉬파이를 주 메뉴로 판매하는 베이커리 겸 레스토
랑 프랜차이즈를 열기로 했습니다. 모티브가 되는 회사는 영국의 그렉스라는 제빵
회사로 스테이크나 소시지 파이, 도넛과 커피를 판매하는 체인음식점입니다. 니스상품 분류에
따르면 레스토랑 및 음식 서비스는 상품분류 제43류에 속하고, 포장이나 가공된 식품을 판매
하는 것이 목적은 아니므로 제43류 식당체인업를 선택해습니다.

2. 〈Kische, Quichef, Kiss-ish, 키쉬스, 프랜치 키쉬〉등의 상표명을 고안하여 동일명의 상표
가 있는지 확인하기 위해 한국특허정보원 사이트를 방문했습니다.

3. 키쉬는 원래 가정식인 까닭에, 키쉬를 주 메뉴로 내세워 판매 및 운영되는 요식업 브랜드
는 찾을 수 없었습니다. 그런데 수업 중 배운 내용에 의하면 지정상품이 완전히 동일하지 않
아도 유사 상표들의 지정상품 간에 유사성을 인정할 수 있다고 합니다. 따라서 일반인이 그
출처를 혼동할만한 우려가 있는 제29류를 선택하여 추가로 검색해 보았습니다. 검색 결과 저
는 'kiss-ish' 라는 단어를 선택했습니다.

4. kiss-ish 라는 상표명을 선택한 이유는 키쉬라는 음식 자체가 한국인들에게 생소하므로,
식품명을 그대로 가져와 비슷한 이름의 가게를 운영할 때에 크게 이득이 될 부분이 없다고 보
고, 대신에 상표이미지의 사용에 있어서 낭만적인 kiss라는 단어와~ 영국에서 속어처럼 사
용되는 -ish*를 붙여 부드럽고 재치있는 인상을 심어주고 싶었기 때문입니다. *(마땅한 단어
가 없거나 생각나지 않는 경우 명사를 형용사처럼 만들어 어떤 것과 유사함을 표현함.)

잘했을 것이다. 그러나 폰트와 레이아웃 디자인을 바꾸는 것만으로도, 괜히 과제가 더 잘 수행된 것 같은 인상을 준다.

베이커리 카페 프랜차이즈, 키쉬스

1. 저는 프렌치 쿠진 중 하나인 키쉬파이를 주 메뉴로 판매하는 베이커리 겸 레스토랑 프랜차이즈를 열기로 했습니다. 모티브가 되는 회사는 영국의 그레스라는 제빵 회사로 스테이크나 소시지 파이, 도넛과 커피를 판매하는 체인 음식점입니다. 니스상품 분류에 따르면, 레스토랑 및 음식 서비스는 상품분류 제43류에 속하고, 포장이나 가공된 식품을 판매하는 것이 목적은 아니므로 제43류 식당체인업을 선택해줍니다.

2. 〈Kische, Quichef, Kiss-ish, 키쉬스, 프렌치 키쉬〉 등의 상표명을 고안하여 동일명의 상표가 있는지 확인하기 위해 한국특허정보원 사이트를 방문했습니다.

3. 키쉬는 원래 가정식인 까닭에, 키쉬를 주 메뉴로 내세워 판매 및 운영되는 요식업 브랜드는 찾을 수 없었습니다. 그런데 지정상품이 동일하지 않아도, 상품류가 다르더라도, 지정상품 간에 유사성을 인정할 수 있다고 합니다. 따라서 요식업 서비스와 관련성이 깊은 제29류도 추가로 검색해 보았습니다.

검색 결과를 종합하여 판단한 결과, 저는 'kiss-ish'라는 단어를 선택했습니다.

4. kiss-ish 라는 상표명을 선택한 이유는 키쉬라는 음식 자체가 한국인들에게 생소하므로, 식품명을 그대로 가져와 비슷한 이름의 가게를 운영할 때에 크게 이득이 될 부분이 없다고 보았고, 대신에 상표 이미지의 사용에 있어서 낭만적인 kiss라는 단어와, 영국에서 속어처럼 사용되는 -ish'를 붙여 부드럽고 재치있는 인상을 심어주고 싶었기 때문입니다.

(-ish: 마땅한 단어가 없거나 생각나지 않는 경우 명사를 형용사처럼 만들어 어떤 것과 유사함을 표현함.)

초등학교 6학년 어린이에게 〈요즘 좋아하는 게임을 소개하면서, 그 게임에 어떤 장점이 있는지를 설명하시오. 만약 게임을 하지 않는다면 어째서 게임을 하지 않는지를 설명하시오〉라는 글쓰기 과제를 준 적이 있다. 학생이 다음과 같이 과제를 수행했다.

나는 게임을 안 한다. 왜냐하면 내가 게임을 하면 시간을 낭비하기 때문이고, 나는 게임이 재미가 없기 때문이다. 그리고 게임을 하면 눈도 나빠지고, 계속 게임을 하다 보면 게임에 빠져서 나의 성격도 변할 수 있기 때문에 게임을 안 한다. 그리고 게임을 하면 공부도 안 하게 되고, 게임에 빠져서 가족끼리 대화할 시간도 없을 수 있기 때문이다. 또 친구와 놀지 않고 게임만 하는 친구와 어울려져 놀 수도 있기 때문이다. 따라서 나는 이런 이유로 게임을 하지 않는다.

모범적인 어린이의 글이다. 어린이라는 사실을 감안한다면, 자기 생각을 잘 표현한 좋은 글이다. 하지만 어린이에게 '좋은 태도'를 가르쳐야 하는 어른의 관점에서 본다면, 게임을 싫어하는 사람이 쓴, 게임을 좋아하는 사람에 대한 이해심이 없는 글이다. 이 글에 에토스를 적용해서 첨삭한다면 다음과 같다. 타인에 관해서는 표현을 순화한

다. '~것 같다'라는 표현은 일본식 표현이라고 해서 쓰지 않는 것이 좋다고 말하는 사람도 있지만, 실제로는 설득의 현장에서는 상대방의 거부감을 회피하기 위해 흔히 사용하는 중요한 표현이다. 한편 자기 자신에 관해서는 취향을 더 명확히 표현한다.

나는 게임을 안 한다. 왜냐하면 게임을 하는 것이 시간 낭비라고 생각하기 때문이다. 어째서 나는 이런 생각을 하는 것일까? 게임하다가 눈이 나빠질 수 있고, 게임에 빠져서 내 성격도 변할 수 있으며, 공부도 안 하게 될 것 같다. 이런 걱정 때문에 게임을 하지 않기도 하지만, 무엇보다 나는 게임에서 재미를 느끼지 못한다. 나는 게임하는 것보다 가족끼리 대화하는 게 좋고, 친구와 노는 게 좋다.

즉, 타인을 설득하는 글을 쓸 때에는, 내용을 더 좋게 빛내는 표현의 형식을 찾으라는 것이다. 그것이 에토스며, 가르치고 배우고 훈련해야 한다. 논리를 배우는 것보다 훨씬 쉽지만, 그 실용적 효과는 논리보다 낫다. 이제 설득의 기술 두 번째 요소를 살펴보자

파토스 Pathos

아리스토텔레스가 강조하는 파토스는 **좋은 심리**를 말한다. 누구의 심리를 말하는 것인가? 설득하는 사람? 아니면 설득의 대상? 당연히 후자의 심리를 말한다. 아리스토텔레스가 파토스를 말했을 때, 그것은 청중의 특별한 감정을 뜻했으나, 심리학이 발달한 현대 관점에서는 타인의 심리에 대한 이해로 해석하는 것이 실용적이다. 어쨌든 중요한 것은 **나의 감정이 아니라**, 타인, 상대방, 청중의 감정이라는 점이다. 상대방이 어떤 감정에 있느냐에 따라 같은 말도 다르게 해석될 수 있음을 우리는 경험으로 안다. 심리학자들은 갖가지 편향을 보고해 왔다. 심리학자들의 논문과 저술을 다 읽을 수는 없지만, 사람들의 심리를 통찰하는 커뮤니케이션의 중요함은 현대 사회의 상식이 되었다.

상대방이 원하는 공감을 표현한다. 슬픈 감정에 젖어있다면 위로하고, 기뻐하면 함께 기뻐하면서 칭찬하거나 축하하며, 짜증 난 상태라면 그 짜증에 공감하는 표현을 한다. 분노하고 있다면 그 분노의 이유를 생각하며 공감하고, 아무것도 듣고 싶지 않은 상태라면 그런 심리에 공감하면서 인내심을 갖고 기다린다. 상대방이 호의를 보여줬다면

감사의 마음을 아낌없이 표현한다. 이런 공감을 표현하지 않으면, 순전히 자기 이익을 위해서만 접근하는 사람으로 인식될 수 있다. 또한 듣기 싫은 이야기를 하지 말고, 듣고 싶어하는 이야기를 한다. 듣고 싶어하는 이야기를 내가 해줄 수 없는 사정이라면, 그 까닭을 상대방이 공감할 수 있도록 충분히 자세히 설명한다.

상대방의 감정이나 심리를 내가 존중할 수 없는 경우가 있다. 특히 정치적으로 대립하거나, 권리관계에서 공방을 주고받는 경우처럼, 적대적인 관계에 있는 경우가 그러하다. 그렇다 해도 감정적인 반발심이 커지지 않도록 감정적인 말, 상대방이 결코 들어줄 수 없는 불가능한 요구를 하기보다는, 상식적이고 평범한 이성을 자극하면서 표현한다. 이 **불가능한 요구**의 사례를 들어보자. 손오공은 특허권자이다. 사오정은 경쟁 제품을 만드는 업자이다.

손오공이 특허침해의 경고장을 내용증명 우편으로 보낸다. 흔히 다음과 같은 문장이 사용된다.

(1) 앞으로 본인의 특허권을 존중하고 다시는 침해하지 않을 것임을 확인하는 각서를 제출해 주십시오.

(2) 귀사가 실시한 제품의 판매 현황, 개수, 가격, 재고 상태 등에 대한 상세한 내용을 담은 내역서를 서면으로 작성하여 보내 주시고, 보관 중인 해당 제품을 모두 수거 및 폐기하여 주십시오.

귀사가 자발적으로 침해행위를 중지함으로써 불필요한 법적 분쟁에 관계되지 않도록 하려는 배려에서 위와 같이 요구하오니, 본인의 요구 사항을 성실히 이행하시고 기한 내에 그 결과를 회신하여 주시기 바랍니다.

시장에서 활동하는 사람에게 이런 요구는 그 자체가 불가능하고, 들어줄 수도 없다. 시장에서 물건 만들어서 파는 것은 아이들의 시장놀이가 아니다. 시장활동은 임직원의 생존이 달린 중대한 문제다. 느닷없이 달랑 문서 하나로 경고하면서, 포기하고 각서 쓰고 폐기하고 기업비밀을 다 공개하라고 요구하는 것, 폭력배도 그 정도까지 요구하지 않는다. 상대방은 큰 모욕을 느끼며 분개한다. 에토스는 찾아볼 수 없는 글쓰기의 전형이라 하겠다. 그렇기 때문에 쓸데없이 분쟁이 일어나는 것이다. 이런 요구 자체가

사실상 자력구제로서 아주 바람직하지 않고, 이런 문서를 사오정의 거래처에 보내면, 우리 판례는 불법행위로 간주한다. 앞의 글과 다음 글을, 파토스 관점에서 그리고 어느 쪽이 더 설득력 있는지를 생각하면서, 비교해 보자.

저희의 요구사항은 다음과 같이 간단하고 수월합니다.

첫째, 저희가 귀사의 제품을 분석한 것처럼, 귀사도 저희 특허권의 보호범위와 귀사의 제품을 비교, 분석해 주십시오. 저희는 몇 번이고 되풀이해서 분석했으나, 그 결과는 매번 특허침해가 성립한다는 결론이었습니다.

둘째, 귀사의 분석 결과가 저희의 결론과 같다면, 저희에게 제품의 제조와 판매에 관한 '법적동의'를 구하는 과정을 밟아 주십시오. 저희는 귀사의 영업을 존중하고, 귀사는 저희의 권리를 존중함으로써 서로 좋은 해결책을 얻으리라 생각합니다.

셋째, 귀사의 분석 결과가 저희의 결론과 같지만, 동의를 구하기도 싫고, 분쟁도 원하지 않는다면, 다른 방식으로 제품을 제조해 주십시오.

한편 상대방이 어떤 이유에서든 지나치게 긴장하거나 예민할 때에는 설득이 잘 안된다. 그런 경우 농담이나 유머를 사용하면 효과적일 때가 있다. 상대방의 예민함이나 진지함이 풀어지면서 순간 무장해제되기 때문이다. 예컨대 나는 법적인 서면을 쓸 때 가끔 이런 수법을 사용하곤 한다. 서면에 유머가 깃든 한두 문장을 넣는 것인데, 그 대목에서 상대방이 피식 웃으리라 기대한다. 그러면 설득에 성공한다는 일종의 노하우다. 단, 그런 유머가 성공하려면 로고스가 진지하게 뒷받침돼야 한다. 로고스가 탄탄한 상태에서 유머가 통하는 것이지, 내용은 정말이지 쓰잘데기 없음에도 함부로 유머를 사용하면, 예민한 상대방의 심리는 '지금 장난하는 건가?' 하고 나쁜 감정을 일으키고 만다. 당연히 설득에 실패할 것이다. 이제 로고스, 즉 좋은 논리를 살펴보자.

로고스 Logos

아리스토텔레스의 레토리카 3요소의 마지막이 로고스, 즉 **논리**다. 지금까지 논리 이야기를 함께하면서, 우리는 논리가 진리를 발견하고 수호하는 수단이 아니며 오류에 대한 청정제도 아니라는 점을 알게 되었다. 인간 머릿속에는 진리와 오류가 섞여 있으며, 진리를 신봉하는 확신만큼이나 오류를 믿는 신념도 강하다. 그렇기 때문에 좋은 논리만으로 타인 설득에 성공할 수 있는 것은 아니었다. 그러므로 앞에서 설명한 에토스와 파토스, 즉 좋은 태도와 좋은 심리를 잘 활용하는 것이 중요하다.

문제는 어떤 논리적인 근거를 제시하면서 설득하느냐에 있다. 사람마다, 상황마다 다르다. 다만, 일반론적으로 말하자면, 우선 **좋은 단어**를 사용해야 한다. 설득에 유리한 단어만을 사용해야 한다. 내가 생각하는 의미와 상대방이 생각하는 의미가 다를 것 같은 단어는 가급적 사용하지 않는다. 다음으로 **좋은 근거**를 제시해야 한다. 근거에 관해서는, 원인과 결과의 관계, 즉 인과율이 제일 중요하다.

대부분의 철학자들이 인과율을 강조했다. 그중에서 쇼펜하우어의 **충분근거율**Principle of sufficient reason[1]이라는 개념은 그 말풀이를 기억하는 것만으로도 논리에 보탬이 된다. 원래는 라이프니츠의 개념이었지만, 쇼펜하우어가 박사학위 논문으로 충분근거율을 탐구한 이후로 더 유명해졌다.[2]

충분근거율이라 함은 〈모든 사물과 사건은 그것이 존재하게 된 충분한 근거를 갖고 있다〉라는 원리를 뜻한다. 이 원리를 응용한다면, 설득의 기술로 로고스를 사용하는 데 보탬이 된다. 어떤 사건에 대해 모종의 주장을 하면서 타인을 설득하려면, 우리는 항상 그 주장을 하게 된 '충분한 근거'를 제시해야 한다. 주장에 여러 근거가 연결될 것이다. 그렇다면 다음과 같은 질문을 머릿속에서 던져본다.

— 이 근거는 주장과의 연결이 끊어지지 않을 정도로 과연 충분한 근거인가?

상대방은 반론을 제기할 것이다. 그 반론이 가위가 돼서

---

[1] '충족이유율'이라고도 번역된다.

[2] 쇼펜하우어, 「충분근거율의 네 겹의 뿌리에 관하여」, 1813.

나의 근거와 주장의 연결을 끊어낼지도 모른다.

— 상대방의 반론에 견딜 만한 강도로, 충분히 연결되어 있는가?

이러한 충분근거율 시험을 자기 머릿속에서 치러야 한다. 그 시험을 통과한 근거만이 좋은 논리에 해당한다. 자세한 내용은 15~17강에서 다루기 때문에, 좋은 논리에 대해서는 이 정도로 줄이자.

요약

1. 아리스토텔레스의 레토리카는 우리들에게 타인을 설득하는 세 가지 스킬을 강조한다. 에토스, 파토스, 로고스였다. 각각 좋은 태도, 좋은 심리, 좋은 논리다. 이 세 가지 중에서 가장 실용적인 것은 논리나 심리가 아니라 태도이다.

2. 에토스, 즉 좋은 태도는 내용적인 게 아니라 형식적인 스킬이다. 좋은 심리는 내 감정이 아니라 타인의 감정에 관한 것이고, 좋은 논리는 상대방의 반론까지 고려한 〈충분한 근거인가?〉 테스트를 통과한 근거만을 사용하는 것이다.

15

생각의 집합

7강부터 나는 **토대 구조 모형**을 계속 반복 설명했다. 우리들 머릿속 생각의 프레임을 지배하는 연역 논리는 대전제라는 토대 위에서 펼쳐진다. 대전제가 생각의 도약을 사실상 결정해 버린다. 그런데 이런 토대 구조 모형은 3차원 모델이고, 단순해 보이지만, 실제로는 복잡하다. 왜냐하면 인간 머릿속에는 대전제로 작동하는 개념이나 원리가 너무나 많기 때문이며, 이들 대전제의 우선순위 다툼이 끊이지 않기 때문이다. 그래서 우리는 좀 더 단순하게 인간 머리를 이해하기 위해서 2차원 모델인 **벤다이어그램**을 활용한다거나 학교에서 배우는 집합론을 활용하곤 하는데, 그 유용성이 뛰어나다. 이제부터 벤다이어그램을 이용해서 생각의 집합을 다뤄보고자 한다. 만약 이런 생각의 집합으로 뭔가 이해가 되지 않는다면, 다시금 토대 구조 모형을 활용할 것을 권한다. 논리의 토대, 즉 대전제는 생각의 집합에 우세력을 행사하기 때문이다.

어리둥절의 탄생

사과 농장의 농부가 사과를 따서 바구니에 담아 왔다. 사람들이 모여 바구니에 들어있는 과일을 하나씩 꺼내서 자기가 꺼낸 사과에 대해 말하기로 한다. 다음 중 뭔가 잘못된 이야기를 하는 사람은 누구인가?

손오공: 이 사과는 맛있어 보이네.
저팔계: 어머나, 내가 한 입 꽉 깨물어 먹으면 애플의 아이폰이 생겨나는 게 아닐까?
사오정: 오렌지 중에서는 스페인 오렌지가 최고지.
우마왕: 예부터 마녀들이 주는 과일이 사과야. 영어부터가 '아플래apple'잖아?

이런 대화는 바구니에 들어있는 사과에 대해서만 이야기로 하기로 합의되어 있다. 수학에서는 이것을 집합이라고 부른다. 생각의 집합은 '생각의 운동장'을 뜻한다. 사람들은 그 운동장 안에서 생각하고 소통한다. 이 사례에서 참여자들의 대화는 〈바구니에 들어있는 사과〉로 생각의 집합이 정해져 있는 것이다. 우리는 흔히 생각의 집합에서 벗어난 이야기를 들으면 어딘가 잘못되었다고 **즉시** 느낀다. 그리고 그런 이야기를 일컬어 **논점에서 벗어난** 이야

기라고 말한다. 위 예에서 사오정이 엉뚱한 이야기를 하고 있음을 우리는 금방 알 수 있다. 저팔계와 우마왕은 '웃긴 이야기'를 한 것에 불과하다. 반면 사오정은 '사과'로 합의된 생각의 집합에서 벗어난 이야기를 한 것이다. 똑똑한 사람이 자기 지식을 자랑하느라 사오정이 되는 경우를 우리는 종종 경험한다. 가장 기초적인 논리 실수이지만 가장 흔하게 발생한다.

집합을 바꿔 보자. 만약 바구니에 들어있는 것이 사과만이 아니라 '다양한 과일'이라고 가정해 보는 것이다. 그렇다면 위 사례에서 사오정의 이야기는 전혀 문제가 없다. 이처럼 생각의 집합이 바뀌는 것만으로도 논리의 타당성이 바뀌고 만다. 생각의 집합은 고정되어 있지 않고 이처럼 매우 유동적이다.

걸그룹

여기 세 개의 걸그룹 집합이 있다.

집합 A = {트와이스, 블랙핑크, 잇지, 에스파, 아이브, 르세라핌, 뉴진스, 아일릿…}
집합 B = {에스파, 르세라핌, 뉴진스, 아이브, 아일릿, 베이비몬스터…}
집합 C = {제니, 리사, 지수, 로제}

집합 A는 활동 중인 KPOP 걸그룹 집합이다. 집합 B는 2020년 이후 데뷔한 걸그룹 집합이다. {제니, 리사, 지수, 로제}라는 집합 C는 블랙핑크 멤버 집합이다. 만약 당신이 이들의 이름을 다 알고, 세 개의 집합을 구별하는 데 어려움이 없다면, KPOP 걸그룹에 대해 어느 정도 '아는 것'이다. 만약 당신이 여기에 등장한 원소들을 모른다면, 적어도 이 지식 집합에 대해서는 무지하다. 세상의 이치가 다 이러하다. 집합은 무수히 많고, 사람마다 다르기도 하고, 공통되기도 한다. 단어는 의미를 갖고 있고, (그것을 우리가 개념이라 칭했다) 지식은 그 단어에 담기게 되는데, 거기서 끝나는 게 아니라, 이 집합과 저 집합을 구별할 수 있어야 제대로 된 지식이라 하겠다.

한편 집합 A와 집합 B는 교집합이 있고, 그러므로 이들 지식 모음 사이에서 이야기를 주고받을 수 있다. 그러나 집합 B와 집합 C는 교집합이 없고, 이런 관계에서 소통은 불가능하다. 만약 어떤 이들이 블랙핑크 멤버들을 원소로 하는 집합 C에 대해 재미있게 이야기하고 있는데, 화제를 바꾸려는 **계기도 없이**, 즉 '생각의 운동장'을 변경하려는 사인을 보내지도 않은 채, 다른 걸그룹 뉴진스를 말하면서 대화에 참여한다면, 그것은 제대로 된 소통이 아니다. 지식과 소통은 집합 안에서 이루어지기 때문이다. 마찬가지로 집합 A에 BTS 혹은 조용필을 넣으면 개념이 없는 것이며, 집합 C에 블랙핑크의 멤버가 아닌 에스파의 멤버 카리나나 윈터를 넣으면 마찬가지로 개념을 상실한 것이다.

개념 없는 녀석

우리는 공부하거나 경험하면서 머릿속에 다양한 개념들을 보관한다. 인간의 머리는 잘 까먹기 때문에, '머릿속에 새겨둔다', '암기한다'라고도 말한다. 아기로 태어나서 성인이 될 때까지 오랜 시간이 걸린다. 그 시간 동안 육체적으로도 성장할 뿐 아니라, 정신적으로도 성장한다. 정신적인 성장은 개념의 습득을 포함한다. 우리는 이 세계에서 **무사히 살아가도록** 다양한 개념을 머릿속에 넣어둔다. 예를 들어 '돈의 사용'이라는 머릿속 집합에는, {노동, 일, 소득, 월급, 돈, 소비, 저축, 빚, 절약, 생존, 빈곤, 질병, 죽음…}처럼 많은 단어가 들어있다. 대체로 성인이 되면 이런 단어들이 누구에게나 머릿속 집합 안에 있다고, **상식처럼** 기대할 수 있다.

그런데 300만 원을 버는 사오정이, 통장에는 207만 원밖에 없음에도 특별한 이유와 계획 없이, 200만 원의 현금을 지불하면서 휴대폰을 샀다. 이제 통장에는 7만 원만 있을 뿐이다. 이런 소비를 하는 사오정을 일컬어 돈에 관해 개념이 없는 녀석이라고 비난한다. 사오정의 머릿속 돈의 집합에, **마땅히 있어야 할**, '절약', '저축', '빈곤', '생존' 등의 개념이, 즉 그런 단어들이 나타나지 않았기 때문이다.

당연히 있어야 할 단어가 머릿속에서 떠오르지 않을 때, 아니면 반대로 당연히 머릿속에서 떠오르지 말아야 할 단어가 떠올랐을 때, 그것을 일컬어 '개념이 없다'고 말하는 것이다.

이런 얘기를 정리해 보면, '개념 없는 놈', 혹은 '개념을 상실한 녀석'이라고 누군가를 비난하거나, 그/그녀의 지적인 수준을 의심할 때, 그것은 어떤 생각의 집합을, 즉 개념이 들어가 있어야 할, 또는 들어가지 말아야 할 생각의 집합을 전제함을 알 수 있다. 개념이 없는 사람은 어떤 단어의 의미를 알고는 있다. 그러나 그 단어가 들어가거나 들어가서는 안 되는 생각의 집합은 생각하지 못하는 것이다.

대화와 토론의 원칙

인류의 머리는 이처럼 생각의 집합을 구별할 줄 안다. 아
주 간단한 벤다이어그램을 그려 보자.

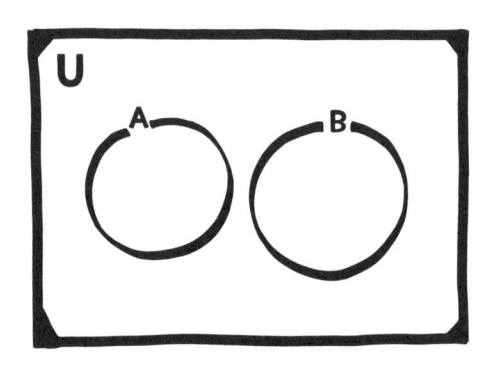

전체 집합(U) 안에 A 집합과 B 집합 두 개가 들어있다. 우
리는 모여서 대화를 나누거나 토론을 한다. 이런 담화는
결국 여러 단어들을 연결해서 서로 생각을 주고받는 것이
다. 아무 단어나 연결해서는 안 된다. 그 주제가 A 집합에
관한 주제라면, 우리는 A에 속해 있는 단어(의미)들을 연
결한다. 그러면 논리적으로 문제가 없다고 우리들 머리가
생각한다. 만약 주제가 A 집합으로 정해져 있음에도, 누군

가 B 집합에 속해 있는 단어를 연결하려고 한다면, 우리들 머리는 그런 연결이 이상하다는 신호를 보낸다. 레고 블록이 A 집합이고, 브리스틀 블록이 B 집합이라고 할 때, 레고 블록을 연결하면서 B 집합에 속해 있는 블록도 연결하려고 하면 논리적으로 안 되는 것이다. '사과 바구니 사례'에서 바구니가 A 집합이고, 오렌지가 B 집합이라면, 사람들의 대화가 A 집합에 속해 있음에도 사오정은 B 집합에 속해 있는 것을 함부로 현재 담화에 연결했던 것, 그것이 사오정의 문제였다.

사오정의 연결이 논리적으로 온당하려면 세 가지 방법이 있다. 대화와 토론의 주제를 전체 집합(U)로 확장하는 방법이 그 하나요, A 집합과 B 집합 사이에 서로 교집합을 만들어서 그 교집합을 이야기하는 방법이 나머지 하나요, 아예 새로운 집합을 만들어 내는 것이 마지막 방법이다. 이런 방법이 없다면 사오정은 엉뚱한 얘기를 하는 인물일 수밖에 없다.

이태원 참사의 원인

마음 아픈 얘기를 해보자. 〈이태원 참사의 원인〉에 대하여 사람들이 대화를 한다고 가정하자. 실제로 언론 매체의 토론에서 이런 대화들이 오갔다. 이 담화는 아래의 집합 중에서 A 집합에 속해 있다.

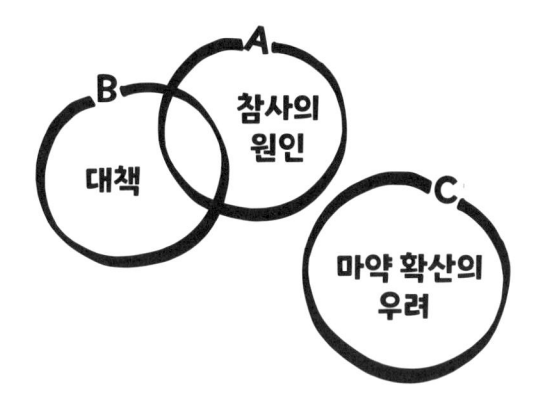

각자가 말하는 의견을 들어 보자. 일단 그 의견의 타당성은 제처놓는다.

손오공: 행정 당국의 안일한 대처가 참사의 원인이야. 그렇게 많은 인파가 이태원 골목에 몰릴 것을 행정당국이 제대로 예측하지 못한 것에서 이런 참사가 발생했다고 생각해. 설령 예측을 못했다 해도 시민들이 여러 차례 위험하다면서 112 신고를 했던 거잖아? 경찰이 11건에 이르는 그런 신고를 받고도 제대로 대처하지 않았던 것, 그것이 이번 다중밀집사고가 발생한 직접적인 이유가 되겠지.

저팔계: 어째서 할로윈이야? 무분별한 외국 문화 수입 때문에 인파가 몰린 것이고, 그래서 이런 참사가 발생했다고 생각해.

사오정: 요즘 신종마약 적발사례가 급증하고 있어. 특히 이태원 일대가 마약 확산의 근거지가 되고 있다고 알려졌어. 할로윈 행사 때 이태원에 사람들이 몰리면 마약범들은 이때다 하고 활약할 가능성이 커.

우마왕: 주최자가 없기 때문이야. 주최자 없는 자발적 행사는 선제적 안전관리가 쉽지 않아. 주최측이 없으면 경찰이 통제권을 가질 수 없기 때문에 선제적 대응을 할 수 없어.

여러분은 아마도 저팔계, 사오정, 우마왕의 의견이 마음에 들지 않을 것이다. 왜냐하면 그런 의견이 행정 당국의 책임을 회피하거나 방어하는 논리로 사용되기도 했기 때문이다. 그런데 이 중에서 가장 논리적이지 않은 것은 누구의 의견일까? 설령 변명처럼 들리더라도 우마왕은 '주최자가 없기 때문'이라는 이유를 댔다. 저팔계는 듣는 이로 하여금 분노를 유발하기는 하지만 '무분별한 외국 문화 수입'이라는 이유를 개진했다. 그러므로 저팔계와 우마왕의 생각은 A 집합에 속해 있다. 그런데 사오정은 A 집합이 아닌 C 집합에 속해 있다. 사오정의 견해가 타당한지 여부는 전혀 중요하지 않다. 논점을 벗어났다는 사실만 생각하자. 그러므로 사오정의 생각이 가장 논리적이지 않다.

만약 사오정이 이 상황에서 〈희생자에게 적절한 보상을 제공하고 참사 현장에 있던 생존자들의 심리 치료를 도와 줘야 한다〉라는 '타당한' 의견을 개진한다면 어떨까? 그럼에도 불구하고 여전히 A 집합이 아닌 B 집합에 속한 것을 꺼내놓고 있기 때문에 역시 비논리적이다.

관심이 만들어 내는 생각의 집합

관심은 논리의 요소가 아닌 것처럼 보인다. 그러나 사람들의 관심이 생각의 집합을 만들어 내기도 한다는 점을 유의해야 한다. 사람들이 모두 어떤 대상을 가리키며 그것에 대해 진지하게 대화하는 중이라고 가정해 보자. 그런데 누군가 그 대상과는 무관한 다른 것을 가리키며 대화에 참여한다. 그러면 사람들은 그 '사오정'의 참여를 논점에서 벗어난 행동으로 직감하고 어리둥절한다. 이 직감과 어리둥절은 어디에서 나온 것인가? 사람들의 머릿속에는 생각의 집합에서 벗어난 의견을 배제하는 원리가 있다.

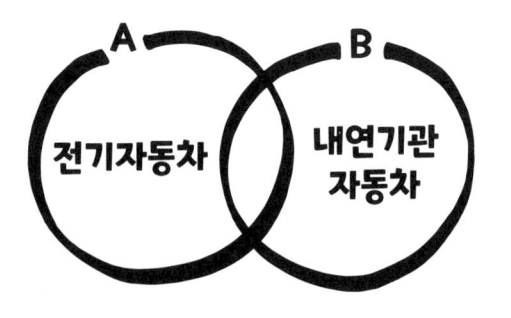

사람들이 모여 전기자동차의 출력과 연비를 향상시키는 기술에 관해 이야기를 나눈다. 보이지는 않지만, 이들의 관심사는 전기 자동차라는 생각의 운동장(A 집합) 안에서 이루어지고 있다. 그런데 누군가 대화에 참여하면서 고출력 엔진에 관해 이야기를 꺼낸다. 그 순간 사람들은 그 '사오정'의 이야기를 경청하지 않는다. 전기자동차에는 엔진이 없기 때문이다. 엔진은 가솔린이나 디젤 같은 연료를 사용하는 자동차에 있다(B 집합). 집합 바깥의 논점에서 벗어난 이야기는 논리적이지 않고, 논리적이지 않은 이야기는 경청하지 않는다. 경청은커녕 마음속으로 바보, 멍청이라고 생각할 것이다. 그러나 만약 A 집합과 B 집합의 교집합까지 포함해서 이야기하는 것이라면, 사오정은 논리력을 **회복할 수도** 있다. 사람들은 사오정이 하이브리드 자동차에 관해 이야기하려는 것임을 이해하기 때문이다.

다른 예를 들어보자. 재정 위기에 처한 회사의 임직원이 회의실에 모여 앉았다. 회사가 재정적으로 어렵다는 사실이 밝혀졌다. 어떤 이는 회사를 살릴 방법을 머릿속에 떠올릴 것이고, 어떤 사람은 다른 직장을 알아봐야겠다고 생각할 것이고, 또 어떤 이는 이렇게 된 원인을 따져 보는 등, 사람마다 관심사가 다르다. '그렇구나' 하면서 아무 생

각이 없는 사람도 있을 것이다. 그때 회의를 주재하는 사람이 방향성을 제시하면서 재정 위기를 극복하는 방안에 대해 논의하자고 말한다. 그러고는 논의에 필요한 자료를 공유한다. 회의실에 모인 사람들의 관심이 머릿속에서 생각의 집합을 만들어 낸다. 그런데 사오정이 자기 의견을 말한다. "요즘 물가가 많이 올랐으므로 다음달부터는 직원들의 교통비와 식음료 비용을 지원해 주는 게 좋을 것 같습니다." 이런 사오정의 의견에 사람들은 즉시 거부감을 느낀다. 이 거부감은 어디에서 비롯된 것일까? 감정은 대체로 논리적인 사건이다. 관심사가 만들어 낸 생각의 집합에서 벗어날 때, 사람들은 그 일탈 행위의 문제점을 즉시 알아챈다.

시험출제자는 정답에 대한 강력한 관심을 갖고 있다. 논술형 문제의 답안에는 대략적인 정답이 정해져 있고, 그것은 시험출제자의 관심에 의해 결정된 생각의 집합이다. 응시자들이 그 생각의 집합 안에서 글을 쓴다면 좋은 점수를 얻는다. 생각의 집합 바깥에 있는 답을 제출하면서 좋은 점수를 기대하는 것은 논리적으로 타당하지 않다. 그 내용이 아무리 창의적이고, 잘 쓰여 있다고 하더라도, 생각의 집합 안쪽에 있는 답안이 아니라면, 시험출제자는 그런 똑똑한 사오정에게 점수를 주지 않는다. 오히려 생

각의 집합에 바깥쪽에 있는 서술 때문에, 생각의 집합 안쪽에 있는 정당한 서술이 감점 처리된다.

한편 사람들이 어떤 대상에 관해 담화를 나누면서 다들 한방향을 바라고 보고 있는데, 누군가 엉뚱한 얘기를 하면서 전혀 다른 방향을 가리키는 그런 경우, 관심에서 벗어났음에도 예외적으로 사람들이 감탄하면서 그이의 얘기를 경청하는 경우가 있다. 앞선 예들과 어떤 차이가 있는 것일까? 이것을 수학적으로 표현해 보자.

$A = \{N, S, T, Q\}$

사람들이 A 집합에 관심을 갖고 생각을 주고받고 있는 상황이다. 만약 사람들의 관심사가 'N, S, T'에 집중해 있었고 'Q'를 간과하고 있었는데, 누군가 'Q'를 가리키며 그것이 당면한 문제를 해결하는 열쇠 역할을 할 거라는 의견을 제시했고, 들어 보니 과연 그러하다고 판단되면, 우리는 'Q'를 제시한 사람의 의견을 경청한다. 애당초 'Q'는 A 집합에 속해 있는 원소이기 때문이다.

여집합

지금 공부를 잘하는 방법, 혹은 많은 업무를 잘 해내는 방법을 생각한다고 가정하자. 가장 먼저 해야 할 일은 성급히 결론을 내리는 게 아니라, 여러 가지 방법이 존재하는 집합을 만드는 것이다. 그것을 집합 A라고 하자.

A = {방법1, 방법2, 방법3, … 방법 N}

그런데 집합 A의 원소가 되는 방법이 좀처럼 생각나지 않는 경우라면 어떨까? 그런 경우에는 여집합Complementary set 개념을 활용한다. 다시 말하면, 거꾸로 생각해서, 망하는 공부 방법, 혹은 맡은 업무가 반드시 실패하는 방법을 기록해 보는 것이다.

A^c = {복습하지 않기, 수업시간에 딴 생각하기, 메모하지 않기, 암기하지 않기, 계획을 세우지 않기, 운에 맡기기, 공부할까 말까 고민되면 공부하지 않기, 조금만 공부하기, 모르는 것은 어쩔 수 없다고 생각하기, 궁금하면 포기하기, 선생님의 생각과 내 생각이 다르면 내 생각을 우선하기, 목표보다는 과정을 생각하기, 과정 없이 목표를 생각하기, 어려운 과목은 공부하지 않기…}

A^c = {조사하지 않기, 계획없이 일하기, 보고서 대충 쓰기, 화내기, 퇴사하기, 미루기, 다른 사람에게 부탁하기, 험담하기, 대충하기, 조직의 역량을 생각하지 않기, 조직의 규칙을 무시하기, 거짓말하기, 과장하기, 마감을 지키지 않기, 내 멋대로 하기, 타인에게 물어보지 않기, 낭비하기…}

그런 다음 다시 거꾸로 집합 A를 여집합에서 추론하는 것이다. A 집합의 여집합의 여집합은 A 집합이다. 그러면 정확하지는 않더라도 대충 집합 A를 가늠해 볼 수 있다.

어리둥절하지 않는 사오정

우리가 논리적으로 생각하고, 타인과 제대로 소통하기 위해서는 생각의 집합을 염두에 둬야 한다. 인간의 이성이 발달하기까지, 다시 말하면 성인이 되기까지 오랜 시간이 걸린다. 그 시간 동안 우리도 모르는 사이에 생각의 집합에 훈련되어 있기 때문에, 대체로 사오정이 되지는 않는다. 그런데 자기 생각이 너무 강하거나, 고집을 마음껏 부릴 수 있는 환경에 지나치게 오래 머물다 보면, 자기 생각의 집합과 타인의 생각의 집합이 일치하지 않음을 모를 수 있다. 그/그녀는 본인이 사오정이기 때문에 타인과 제대로 소통하지 못한다. 그렇지만 본인을 지키고 타인을 탓한다. 사오정은 어리둥절하지 않다. 어쩌면 태양계는 사오정을 중심으로 돌고 있을지도 모른다.

혼자만의 생각에 관해서는 각자에게 자유가 있다. 누구도 침범할 수 없는 그 자유는 존중하더라도, 만약 우리가 타인과 원만한 소통을 원한다면, 그럼에도 그게 잘 안되는 것 같다면, 생각의 집합을 **점검해야 한다.**

성과가 적은 사람

열심히 일을 하는데 성과가 적은 사람들, 열심히 공부하는 데 성적이 좋지 않은 사람들, 노력함에도 저평가를 받는 사람들, 이런 사람들의 공통 특징은 **생각의 집합이 쓸데없이 크다**는 데 있다. 머리에 꽃이 피어있는 그들은 변명한다.

〈일을 더 잘하고 싶었어요〉
〈무엇 하나 놓치고 싶지 않았어요〉
〈철저하게 살펴보면서 전체를 이해하고 싶었어요〉

생각의 집합이 필요 이상으로 크면, 여러 가지 문제가 생긴다. 먼저 문제를 살펴보자.

첫째, **시간을 낭비**한다. 비본질적인 것을, 중요하지도 않은 것을 이해하려고 애쓰느라 시간을 헛되게 사용한다. 혼자만의 인생이라면 괜찮지만, 조직에 소속돼서 하는 일이라면 곤란하다. 시간은 돈이기 때문이다. 당사자가 이 사실을 아예 모르는 것은 아니다. 자기가 쓴 시간만큼 효과가 있기를 희망한다. 그래서 낭비에 대한 **보상 심리**가 자연스럽게 생기고, 그 탓에 쓸데없는 고집이 생긴다. 비

본질적인 것을, 중요하지도 않은 것을 당면한 업무/학업에 적용하려고 시간을 더 낭비한다.

둘째, **결과가 나쁘다**. 시간을 많이 쓰는 만큼 성과가 좋으냐 하면 그렇지도 않다. 당면한 문제는 저마다 알맞은 솔루션이 있다. 그리고 그런 솔루션은 많지도 않다. 그런데 이런 사람들은 중요한 솔루션과 중요하지도 않은 솔루션이 동등하다. 중요하지 않은 솔루션이 어째서 중요하지 않는지를 생각하지 않기 때문에, 자기가 탐구한 **비본질적인 해결책이 본질적인 해결책과 경쟁**하고 만다. 그러다 보면 핵심이 제대로 표현되지 못한다. 그래서 시도는 하나 자꾸 실패한다.

셋째, 주위 사람들에게서 **신용을 잃는다**. 이런 일이 반복되면 그 사람에 대한 주위 사람들의 평판이 낮아진다. 처음에는 성실하다, 이것저것 관심도 많다, 그래서 머리가 좋은 사람처럼 비쳐졌다가, 옆에서 지켜 보니, 정말 열심히, 아주 성실히 생활하는데, 너무 비생산적인, 게다가 결과도 보잘것없는 사람, '완전 허당이네'라는 낙인을 받게 되는 것이다.

넷째, 조직 사회에서 **소외**된다. 이것은 당연한 귀결이다.

조직은 톱니바퀴 돌아가듯 서로 관계 맺고 성과를 내야 하는데, 그 사람 때문에 덜컹거리거나 막혀버리고 만다. 그것이 조직 내 다른 사람들에게 짜증을 초래한다. 타인의 성과, 타인의 기회, 타인의 목표를 방해하는 사람이 되고 만다. 본인은 잘하고 싶었고, 그것이 본심이지만, 그럼에도 불구하고 조직에 피해를 초래하는 당사자가 '그 사람'이다. 이런 사람들은 시급히 생각의 집합을 **줄여야** 한다. 생각의 크기를 줄이는 훈련을 해야 한다는 것이다.

예를 들어 당면한 문제를 해결할 수 있는 솔루션이 다음과 같은 분포되어 있다고 가정하자.

전체를 다 이해하고, 그것을 활용하려면 생각의 집합 A가 필요하다. 그러나 인생사와 세상사에는 참과 거짓이, 진실과 오류가, 사람들의 취향과 편향이 섞여 있기 때문에, 설령 모든 솔루션을 속속들이 다 알았고, 그걸 모두 활용했다고 해서 항상 설득에 성공하는 것은 아니다.

손오공이 저팔계를 설득하려고 한다. 그런데 만약 손오공이 고려한 솔루션 X를 저팔계가 전혀 몰랐을 수도 있고, 저팔계가 Y를 알고 있지만 그 Y를 싫어할 수도 있다. 그렇다면 그 경우, 손오공의 X, Y까지 탐구하는 것은 실제로는 무용한 것이다. 따라서 손오공은 생각의 집합 B로 생각의 **크기를 줄여야 한다.**

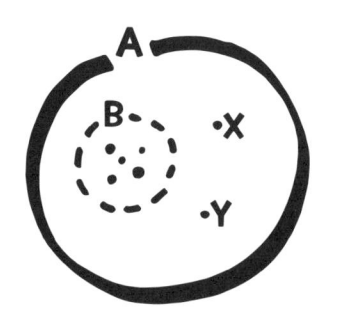

만약 저팔계를 설득할 때 X가 중요하다면, 그것은 더 좋은 일이다. 그 X를 향해 생각의 집합을 더욱 **줄일 수 있다.** 나머지는 최소한의 신경만 쓰면 될 일이다.

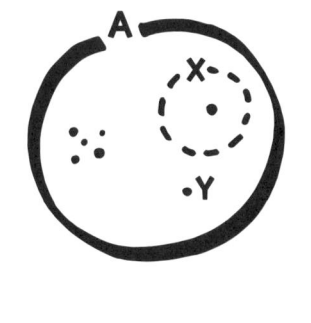

이로써 손오공은 자기 머릿속 **생각의 크기를 줄인만큼 시간 낭비도 줄일 수 있다.** 그렇게 해서 당장은 결과가 달라지지 않았더라도, 낭비되던 시간을 얻었기 때문에, 그것만으로도 엄청나게 큰 성과를 얻은 것이다. 절약해서 얻은 시간을 어디에 쓸 것인가? 인생을 즐기는 데 쓰는 것이 좋을 것이다. 만약 그 시간을 일하는 데, 공부하는 데 쓰고 싶다면? 줄어든 생각의 크기 안에서 더 깊이, 더 디테일하게 파고들 수 있다. 그러면 결과까지 좋아진다. 왜냐하면 논리력이 향상되었기 때문이다. 똑같은 일을 하는데,

사오정은 일주일이 걸렸고 손오공은 두어 시간이 걸렸다. 너무 큰 차이 아니냐고? 이런 일은 어느 분야에서나 비일비재하게 발생한다. 심지어 손오공의 결과가 사오정의 결과보다 훨씬 좋을 수 있다. 만약 이런 일이 빈번하게 발생한다면, 그 까닭은 손오공과 사오정의 논리력 차이 때문이다. 다시 말하면 사오정의 머릿속 생각의 집합이 쓸데없이 크기 때문이다.

머릿속이 답답함

하고 있는 일에서 능력을 발휘하고 있고, 성과를 거두기는 하는데, 어쩐지 인생에서 답답함을 느끼는 경우가 있다. 또한 당면한 어떤 문제가 있는데, 기존 지식으로는 그 문제를 해결하는 방법을 찾지 못하는 상황이 있다. 이 두 가지 경우, 우리에게 필요한 것은 **생각의 집합을 키우는 것**이다. 항상 성공하는 것은 아니지만, 결코 볼 수 없었던, 감춰진 솔루션이 생각의 집합을 키운 것만으로 **비로소 포착**될 수 있다. 생각의 집합이 작은데 거기에서 솔루션을 찾으려고 하니 시간만 낭비하는 것이다.

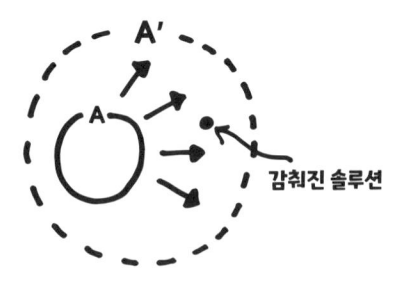

기계처럼 살아가는 수많은 사람의 답답함 — 본인이 그렇게 느끼든 타인이 그렇게 평가하든 —은 집합의 크기가 작기 때문이다. 생각의 집합의 크기를 키운다는 것은 **관심사**가 넓어진다는 것이다. 그러면 보이지 않던 것이 보이기 시작한다. 예컨대 형이상학을 열심히 공부했지만 성과가 적고, 형이상학이 갖는 의미와 지혜를 도무지 알 수 없겠다면, 집합의 크기를 논리학과 윤리학의 영역까지 확장하는 것이 좋다. 그러면 비로소 형이상학의 진정한 의미가 이해되기 시작한다. 실정법을 공부하면서 올바르다는 것이 무엇인지 답답함을 느낀다면, 법이란 무엇인지에 관한 생각의 집합을 늘리기만 해도 도덕법, 정의론, 양심 같은 아주 많은 지식 세계가 새롭게 나타난다. 사랑에 대한 생각의 집합을 넓히는 것만으로도 연인 관계에서 발생하는 대부분의 트러블이 해결된다.

쓸데없는 생각으로 시간을 낭비하는 어리석은 사람은 생각의 집합을 줄여야 하며, 지나치게 좁은 관심사로 인생을 살거나 당면한 문제를 풀지 못하고 쩔쩔매는 사람은 생각의 집합을 키워야 한다. 그렇게 생각의 집합 크기를 줄이거나 키우는 것만으로도 인생이 달라진다.

생각의 크기와 소통 스킬

세계는 논리적으로 존재하는 게 아니다. 이 세계가 과연 논리적일지 논리적이지 않을지는 누구도 모른다. 세계 자체를 속속들이 아는 사람은 존재하지 않기 때문이다. 그러나 우리는 논리를 통해 이 세계를 이해하고 인식한다. 그래서 논리란 세계의 이치가 아니라, 인간 공통의 머리 구조인 것이다. 마찬가지로 이 세계는 집합으로 존재하는 게 아니라, 우리가 이 세계를 논리적으로 이해하기 위해서 집합 개념을 머릿속으로 가져온 것이다. 그러므로 집합의 생성과 소멸, 크기의 수정, 원소의 추가와 삭제 등은 언제든지 우리들 머릿속에서 일어날 수 있다. 집합은 고정불변이 아니다. 시간에 따라 달라지고, 공간에 따라 변모하며, 상황에 따라 변경되며, 사람에 따라 변화하고, **내 의지에 의해** 변경된다. 그 시간에서, 그 공간에서, 그 상황에서, 그 인간관계에서 요청되는 집합은 동일할 수도 있고 달라질 수도 있다. 그만큼 **유동적인 것**이 집합 개념이다.

사람의 생각은 잘 바뀌지 않는다. 익숙한 경험을 반복하고, 비슷한 생각을 하는 사람끼리 관계를 맺기 때문이며, 우리들 머릿속 구조의 토대를 이루는 대전제들이 안정을

추구하면서 가치관으로 자리잡고 있기 때문이고, 그런 대전제들이 심리적인 편향도 만들어 내면서 계속 우세력을 행사하기 때문이다. 그러므로 생각 자체를 바꿀 계기는 좀처럼 주어지지 않는다. 특히 생각의 토대인 대전제를 변경하려면 상당히 **큰 경험의 충격량**이 필요하다. 그래서 어렵다. 생각을 바꾸려고 애쓰기보다는, 생각 자체는 그대로 두더라도, **생각의 크기**를 바꾸려고 노력해 보는 것이 훨씬 실용적이다. 실제로 생각의 크기만 바꿔도 대부분의 문제가 효과적으로 해결된다. 우리 머리가 집합 속에서 생각하도록 그렇게 설계되어 있기 때문이다.

두 사람 사이에 생각의 집합이 다르면 그 두 사람은 서로 소통하기 어렵다.

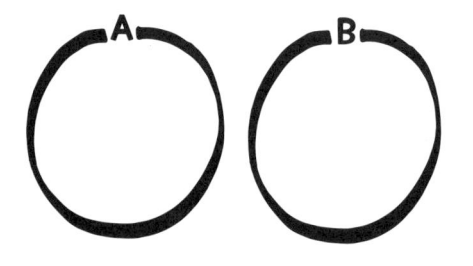

손오공의 생각이 A라는 집합에서 이루어지고, 저팔계의 생각이 B라는 집합에서 이루어진다면, 두 사람 사이에 교집합이 없기 때문에, 손오공은 저팔계와 물흐르듯 소통할 수 없다. **토대 구조 모형**으로 보면, 손오공의 대전제와 저팔계의 대전제가 다르기 때문에, 서로 말을 섞어도 수박겉핥기식 대화만 될 뿐, 그다지 의미가 통하지는 않을 것이다.

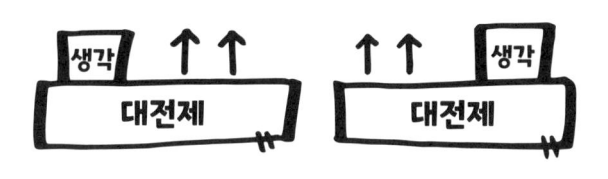

위와 같은 관계일지라도 손오공과 저팔계가 그냥 스쳐지나가는 사이라면, 아무런 문제가 없다. 그런데 만약 손오공이 저팔계와 긴밀하게 소통하고 싶다면 어떻게 할 것인가? 대체로 협상이나 설득을 목표로 하는 경우, 혹은 두 사람이 가족이거나 같은 소속이기 때문에 가급적 싸우지 않고 관계를 원만하게 유지하고자 하는 경우, 손오공은

잘 대화하고 싶은 욕구를 느낀다. 그러나 손오공의 생각을 A에서 B로 바꾸는 것은 앞에서 설명한 것처럼 매우 어려운 일이다.

두 가지 방법 외에는 없다. 저팔계의 대전제로 기능할 수 있는 새로운 대전제를 머릿속에서 생각해 내거나(우리들 머릿속에는 무수히 많은 대전제가 이미 존재한다), 새로운 집합 C를 생각해 내야 한다. 뭔가 머릿속에서 새로운 것을 생각해 내는 것이 어렵다면, 자기 생각의 집합을 키워야 한다. 저팔계는 가만히 있었음에도 불구하고, 손오공의 생각의 집합을 키운 것만으로도, 이제는 소통이 가능해진다. 손오공은 저팔계의 생각이 이해되기 시작하고, 저팔계는 손오공이 현명한 사람처럼 비쳐질 것이다.

요약

1. 인간은 생각의 집합 안에서 생각하고 소통한다.

2. 타인과 원만한 소통을 원하지만 그게 잘 안되는 것 같다면, '생각의 집합'을 점검해야 한다.

3. 만약 당신이 열심히 노력하고 있는데도 성과가 적다면, 생각의 집합을 줄여야 한다. 만약 당신이 인생의 답답함을 느낀다면, 혹은 만약 당신이 당면한 골치 아픈 문제를 해결해야 하는데 솔루션이 보이지 않는다면, 생각의 집합을 넓히는 것이 좋다.

16

좋은 토론과 나쁜 토론

행복의 문제

똑똑한 사람들의 조언이 이상하게도 듣기 싫은 경우가 있다. 맞는 말씀이지만 어쩐지 설득력이 없다. 집합으로 사례 분석을 해 보자. 여기 두 개의 집합이 있다. 집합 A는 집합 B에 속해 있다. 즉 집합 A는 집합 B의 부분집합이다. 부분집합의 논리 관계로 사례를 풀어 본다.

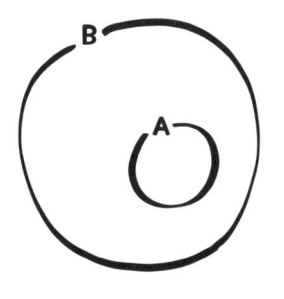

집합 A: 경제적 행복
집합 B: 행복 일반

손오공은 집합 A에 관한 이야기를 한다. 그리고 사오정은 집합 B에 관한 이야기를 한다. 당신은 손오공의 얘기를 경청하는 중이다.

집합 A는 더 많은 이익, 소득, 재산, 소비, 투자, 직장, 여가, 성공 등의 개념을 원소로 갖는다. 사람들이 모여 경제적 행복에 관해 대화한다. 무엇이 좋은 직장을 얻는 방법일까? 어떻게 하면 돈을 많이 벌 수 있을까? 사람들은 성공하는 방법이나 지혜를 말하고 경청한다. 크게 성공한 CEO 손오공이 자신의 성공담을 사람들에게 전한다. 담화에 참여한 사람들의 경제적 관심이 손오공의 이야기에 귀를 기울이게 한다. 이들에 대한 논리적 규정은 '집합 A에 속해 있음'이다. 그런데 사오정 선생이 인생의 행복을 강조하면서, 경제적 행복이 행복의 전부가 아니라면서 정신적인 행복이라든지, 관계의 행복이나 마음의 행복 같은 다른 행복을 말하면서 이런 담화에 참여한다고 가정하자. 사오정의 머릿속에는, 집합 B라는 더 큰 집합이 있고, 집합 A는 집합 B의 한낱 부분집합이라는 생각이 들어있다.

그러나 사오정의 기대와는 달리, 사람들의 관심사가 집합 A에 있고, 사오정의 이야기는 집합 B에 속해 있다면, 이런 상황에서 사오정의 이야기는 — 집합 A에 관심있는 사

람들의 머릿속에서는 — 비논리적이다. 사오정은 사람들을 한탄하면서 삶의 '진정한 가치나 참된 행복'을 말하고 싶었을 것이다. 그리고 그것은 집합 A보다 더 큰 집합 B에 속해 있음이 가정된다. 그러나 집합 A에 관심을 둔 사람들의 입장에서는 집합 B가 부각되지 않는다. 그들이 보기로 사오정의 말씀은 그저 **집합 C**에 속해 있는 것이다(정신적 행복 집합). 그러므로 사오정은 이 담화의 논점에서 벗어났다. 집합 C가 사람들의 머릿속에 나타나는 순간(대체로 암묵적으로 나타난다), 사오정의 목소리는 집합 A에서 들리지 않게 된다. 교집합이 없는 논점 밖 이야기일 뿐이다.

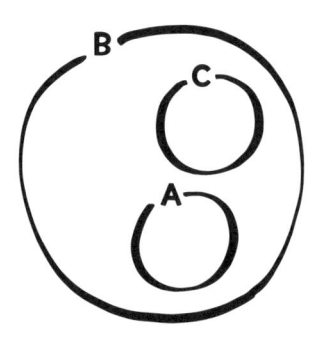

그러므로 위의 예에서 더 큰 집합의 크기를 강조하려는 사오정 선생의 논리력은 경제적 행복이라는 더 작은 크기의 부분집합에서는 통하지 않는 것이다. 그렇기 때문에 사오정의 주장으로는 좋은 토론이 성립되지 않는다. 만약 사오정이 토론의 당사자로 정당하게 대우를 받으면서 그 가르침이 사람들에게 전해지려면, 자신의 머리로는 안 된다. 사람들의 관심이 집합 A에서 벗어나 집합 B로 향하거나, 정신적 행복의 집합인 집합 C로 이동해야 한다. 그런 논리적 상황이 전제돼야만 비로소 설득력이 생긴다.

이런 논리 문제는 **일반론과 개별론이 충돌**할 때 항상 나타난다. 개별론이 부분집합에 관하고, 일반론이 전체집합에 관하며, 부분집합은 전체집합에 포함됨을 우리가 원론적으로 알고 있다 하더라도, 개별론 입장을 택한 사람들의 **머릿속에서는** 일반론에 입각한 의견, 충고, 비판을 전체집합이 아닌 그저 별개의 '집합 C'로 간주될 수 있다는 것이다. 그래서 올바르고 멋진 생각들이 토론의 대상이 되지 못한 채 비논리적인 모습으로 정처없이 떠돌고 만다.

다양한 의견 충돌

사람은 자기에게 맞는, 달콤한, 거부감 없는 타인의 견해를 수용한다. 자기에게 맞지 않는, 쓴, 거부감 있는 견해는 수용되지 않고 배제된다. 타인의 견해가 본래 '맞는(맞지 않는)', '달콤한(쓴)', '거부감 없는(거부감 있는)'이라는 실체를 갖는 건 아니다. 그런 구별은 우리들 머릿속에 편하게 자리잡고 있는 생각의 토대, 즉 대전제에서 결정된다. 그리고 그 대전제가 생각의 집합 형성에 영향을 미친다. 인간의 머릿속에는 집합이 있다. 만약 그 집합에 속한다면 맞는 것이며, 달콤하며, 거부감이 없는 것이다. 만약 그 집합에 속하지 않는다면 맞지 않는 것이고, 쓰며, 거부감이 생긴다. 머릿속의 집합은 생각의 집합이며, 그 생각은 생각의 집합 안에서 진술될 것이다. 생각은 언어로 표현되고, 서로 다른 생각의 집합을 갖는 두 사람이 대화하고 토론한다. 같은 말을 사용하기 때문에 언어는 통한다. 그럼에도 불구하고 우리는 의미가 통하지 않는 상황에 자주 직면한다. 생각의 집합이 다르기 때문이기도 하지만, 더 근본적으로는 그런 생각의 집합을 결정하는 대전제가 다르기 때문이다. 이와 관련하여, 대전제가 다르다면 타인을 설득하려고 애쓰는 것이 그다지 소용 없는 일이라는 사실을 우리는 13강에서 충분히 다뤄봤다.

손오공: 글로벌 시대에서는 더 이상 국적은 중요하지 않다고 생각해. 민족과 인종은 구시대의 유물이 아닐까? 시대의 변화에 맞게 더 개방적이고 적극적인 이민 정책이 바람직하다고 생각해. 우리나라 산업 구조 자체가 이주노동자의 유입을 필요로 하는 구조로 바뀌었다는 것을 유념해야 해. 미국처럼 다양한 얼굴과 피부색을 한 한국인이 많아지겠지.

저팔계: 우리나라는 한민족이라는 정체성에서 시작했으므로 이민자들이 건국한 미국과는 다르지. 문화가 다른 외국인이 많아지면 사회통합이 어려워져. 외국인들이 일자리 때문에 우리나라에 들어오면 그만큼 한국인이 일자리를 잃는 거잖아? 사회가 불안해지는 것을 예방하기 위해서라도 나는 외국인 이민에 반대야. 우리나라 치안이 매우 좋다는 장점이 무너지지 않았으면 좋겠어.

이민정책에 대한 이런 대화에서 두 사람은 상대방의 주장을 이해할 수는 있어도 공감하기는 어렵다. 이론적으로는 토론을 통해 합의점을 찾을 수 있지만, 실제로는 자기 논리를 발굴하고 어필하는 데 급급한 나머지 말싸움을 반복한다. 왜냐하면 각자 자신의 생각의 집합 안에서만 생각하기 때문이며, 자기의 생각 집합 바깥에 있는 근거들이 자기 주장과는 잘 연결되지 않기 때문이다. 논리적으로 의견일치는 불가능해 보인다. 이런 상황에서 자기 견해로

타인을 설득하려는 것을 목표로 삼는 것은 좋은 토론을
만들어 낼 수 없다. 서로 평행선을 달리면서 말싸움을 하
다 말 뿐이다. 두 사람 사이에서 좋은 토론을 만드는 방법
은 교집합을 찾아, 그 교집합의 범위 안에서 공통점을 발
견해 내는 토론이다. 교집합은 많은 이가 공감할 수 있는
상식과 경험으로 탐색한다.

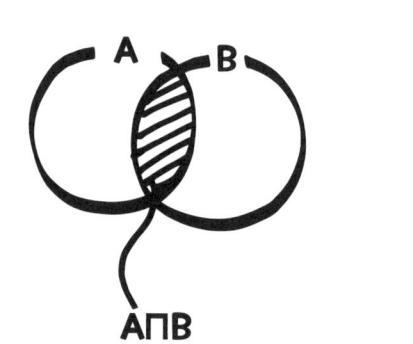

예를 들어 손오공과 저팔계의 의견 대립에서는 현행법이
허용하고 있는 범위에서 교집합을 찾을 수 있다. 이주민
의 실태에 관한 다양한 통계와 이주노동자가 필요한 산업
현장의 증언 등을 통해 교집합의 범위가 더 많이 탐색될
것이다.

또 다른 예를 들어보자.

홍길동: 부동산을 소유했다면 부동산에 관한 재산세로서 매년 보유세를 내도록 해야 해. 부동산 투기를 막기 위해서, 또한 국가는 부의 재분배 역할을 해야 한다는 점에서 강력한 보유세를 부과하는 게 바람직하다고 생각해.

임꺽정: 한 사람이 목돈을 마련하기 위해 돈을 벌 때마다 소득세를 납부했고, 부동산을 구입할 때에도 양도세를 냈잖아. 소유만 할 뿐인데 매년 세금을 내라고? 집 한 채 있을 뿐이고 소득이 없음에도 보유세를 내야 한다니, 이건 폭력배나 하는 짓이라고.

세금 정책에 관해서는 사람들의 입장은 첨예하게 대립한다. 홍길동은 보유세를 강력하게 징수하여 부의 재분배를 통해 사회적 공평을 유지하는 것이 국가의 역할이라는 생각의 집합 안에서 생각한다. 임꺽정은 과도한 세금은 국가가 국민의 재산을 수탈하는 것이라는 생각의 집합 안에서 생각한다. 의견 일치는 불가능하고, 대립은 첨예하며, 서로가 상대방을 설득하지 못한다. 서로 물러서지 않으면서 정치적인 힘의 대결을 벌일 수 있기는 하다. 그러나 적대감과 불신을 키우는 것은 좋은 토론이 아닐 것 같다. 그렇지만 마찬가지로 교집합을 탐색할 수는 있다. 홍길동의

집합에서는 서민에게 부과되는 과도한 세금은 부의 재분배 역할을 해친다는 점을 지적하면서 임꺽정의 집합과 연결되고, 임꺽정의 집합에서는 과도한 부자가 서민과 같은 세 부담을 갖는다면 형평에 맞지 않는다는 점을 지적하면서 홍길동의 집합과 연결될 수 있다. 또한 부동산과 세금에 관련한 각종 통계 자료는 서로 다른 의견충돌에서 공통 영역을 찾을 수 있는 기회를 제공한다. 교집합을 찾는 것이 아주 어려운 일만은 아니다.

두 종교 이야기

그렇다면 교집합이 없는 두 집합의 생각은 어떻게 어울릴 수 있을까?

집합 A의 생각을 갖고 있는 사람과, 집합 A와는 교집합이 없는 집합 B에 속하는 생각을 갖고 있는 사람이 대화하고 논쟁하는 것은 가능한 일인가? 가능은 하다. 그러나 교집합이 없기 때문에, 집합 A와 집합 B의 담화는 아무것도 생산해 낼 수 없다. 집합 A에서는 집합 A의 원소만이, 집합 B에서는 집합 B의 원소만이 나올 것이기 때문이다. 그럼에도 의미있는 담화를 만들어 낼 수 있는 **논리적인 해결책**이 있다면 다음과 같다. 첫째, 집합을 새롭게 정의해서 교집합을 만드는 방법이 있다. 그러나 애당초 교집합이 없는 관계이고, 만약 당사자의 생각이 인위적으로 재단하거나 편집될 만한 성격이 아닌 경우라면, 새로운 집합을 탄생시키려는 것은 인위적이고 가식적이므로 좋은 토론 방법이 아니다. 둘째, 집합 A와 집합 B 사이의 담화가 아닌, A와 B가 모두 속하는 **전체집합으로** 담화를 변경하는 방법이 있다. 이것이 좋은 토론 방법이다.

손오공과 저팔계가 자신이 신봉하는 교리를 설명하면서,

한 사람은 기독교 복음을 전하기 위해, 다른 한 사람은 부처님의 법을 설파하기 위해, 서로를 설득하면서 대화한다고 가정해 보자.

손오공: 기독교 성직자 혹은 독실한 신자
저팔계: 스님 혹은 불교에 귀의한 자

기독교와 불교는 종교 관점에서 교집합이 없다. 교집합이 있다면 그것은 새로운 교리, 새로운 종교다. 기독교는 예수를 주로서 섬기는 종교다. **신경Creed**을 낭송하고 예수를 주로 믿으면 기독교요, 신경을 거부하고 예수를 주로 믿지 않으면 기독교가 아니다. 그런데 불교는 예수를 주님으로 믿지 않는 종교이고 석가모니가 가르치는 **불법佛法**에 따르는 종교다. 그러므로 기독교는 불교와 교집합을 갖지 않는다. 누군가 이의를 제기한다. 그들이 반문하기를, 기독교와 불교 모두 보편 종교로서 사랑과 관용 등의 덕목을 가르치지 않느냐는 것이며, 그런 공통점을 교집합으로 볼 수 있지 않겠느냐는 것이다. 하지만 그런 덕목은 종교가 없는 사람도 내세우는 가치라는 점에서, 또한 그것들이 기독교를 기독교라는 집합으로 구획하고, 불교를 불교라는 집합으로 정의할 때의 요소가 아니라는 점에서 채택하기 어렵다.

그럼에도 우리는 종교간 대화를 할 수 있고, 실제로도 하고 있으며, 그게 어렵지도 않다. 서로 존중하고 함께 가치있는 일을 벌일 수 있다. 기독교를 믿는 손오공과 불교를 신봉하는 저팔계는 언제든지 교제하고 함께할 수 있다. 이것을 논리적으로 가능하게 하는 것이 무엇일까? 바로 **전체집합**이다. 손오공과 저팔계는 자신들이 믿는 종교에도 불구하고, 인류에 속한 자로서 대화하고 함께할 수 있기 때문이다. 사랑과 관용 같은 덕목은 두 종교의 교집합이 아니라, 두 종교가 속해 있는 ─ 도덕법, 인류애, 혹은 보편 종교 등 ─ 전체집합의 요소들이다. 다시 말하면 손오공은 기독교라는 생각의 집합으로 불교도인 저팔계와 대화하는 게 아니다(만약 그렇다면 앞에서 말한 것처럼 교집합이 없기 때문에 아무것도 생산해낼 수 없고, 서로의 건너갈 수 없는 차이를 확인할 수 있을 뿐이다). 마찬가지로 저팔계는 불교의 교리로 기독교를 믿는 손오공을 설득할 수 없다. 그들은 그저 **인류의 한 사람으로서** 대화한다. 만약 전체집합 안에서 대화한다면 종교의 차이는 그다지 부각되지 않는다. 만약 전체집합을 생각해 내지 못한다면 종교의 차이는 두드러지게 나타난다. 옛날에는 종교의 차이에서 비롯된 참혹한 전쟁과 살육이 많았다. 지금도 지구촌 어딘가에서는 더 큰 집합을 생각해 내지 못한다. 시야가 좁은 사람들은 도처에 있다.

나쁜 공격

13강에서 자세히 살펴본 것처럼, 토론하는 당사자끼리 대전제가 다르다면, 각자 정성껏 자기 주장을 펼치더라도, 토론을 통해 상대방을 쓰러트리기 어렵다. 자신의 주장과 근거가 '논리적'이었던 반면, 상대방은 그렇지 못한 경우가 있다. 그때마다 우리는 상대방을 이겼다는 승리감을 느낀다. 그러나 그런 논쟁만으로 상대방이 자기 주장을 바꾸지는 않는다. 상대방이 갖고 있는 대전제는 그렇게 만만한 게 아니다. 패배감은 오히려 상대방을 더 강하게 만들지도 모른다. 따라서 적대적 양자 대립에서 상대방을 설득하기 위한 노력은 그다지 의미가 없었다. 하지만 **관전자가 있는 토론**에서는 양상이 달랐다. 상대방의 입장과 주장보다는 관전자로부터의 지지가 더 중요하다. 토론의 관객이 자기 주장을 지지한다면 토론은 이긴 것이다. 적어도 관전자들이 상대방의 주장을 지지해서는 안 된다. 그렇기 때문에 토론 참여자들은 상대방의 **생각의 집합을 왜곡하는 전략**을 펴기도 한다. 토론을 이기겠다는 목적이 공방의 수단을 정당화한다. 그래서 나쁜 토론 방법을 사용하는 것이다.

사실을 과장하거나 잘못된 사실을 근거로 삼아서 주장하

는 것은 흔한 수법이다. 한편으로는 관전자에게 혼란을 초래하고, 다른 한편으로는 상대방에게 논리 부담을 준다. 이런 폐해를 막기 위해 상대방은 '팩트 체크'로 맞선다. 하지만 이보다 더 나쁜 공격도 있다. 자기 주장을 과장하거나 거짓을 섞기보다는 상대방의 주장 자체를 왜곡하는 방법이다. 상대방의 주장에 대한 관전자의 신뢰 형성을 방해하려는 이런 공격은 생각의 집합을 향한다. 예를 들어 다음과 같다.

- 관전자가 토론 상대방의 생각의 집합을 제대로 파악하지 못하도록 논점을 흐린다.
- 상대방 영역에 사실과 거짓을 섞은 다음에, 그 거짓을 과장함으로써 진실에 대한 관전자의 관심을 방해한다.
- 관전자가 싫어할 만한 생각의 운동장을 만들어서 그 안으로 상대방을 몰아넣는다.

이런 수법을 쓰는 토론 당사자에게는 상대방의 진심, 그들의 대전제, 주장의 실체는 중요하지 않다. 그들은 공론장을 이성의 영역으로 생각하기보다는 승패의 감정 세계로 몰아넣는다. 그렇기 때문에 관전자가 상대방의 생각을 왜곡해서 이해해 주면 좋은 것이다. 이성적인 행동이 아

니므로 죄책감도 적다. 심리학 용어로 '프레임 덧씌우기' 라 불리는 이런 나쁜 공격은 확실히 효과적이어서 관객으로 하여금 상대방의 생각을 온전하게 이해하는 것을 방해한다. 물론 상대방은 분노한다. 그리고 그런 분노는 공격자의 의도에 **부합한다**.

이런 나쁜 공격이 가능한 까닭은 인간 머릿속 생각의 집합이 생각보다 견고하지 않기 때문이다. 그러나 나쁜 공격을 방치하면 건전한 토론 문화가 실종되고 공론장이 붕괴될 것이다. 지금 우리가 그런 사회를 겪고 있는지도 모른다. 토론할 때마다 서로가 서로를 더 불신하게 되고, 이들 토론을 지켜보던 관전자 중에서 더 재능있고 도덕적이며 책임감 있는 사람들이 이런 악의에 찬 사회를 외면할 가능성이 커지기 때문에, 나쁜 공격의 폐해는 실로 크다 하겠다. 우리 사회를 마치 '1+1=0.9'가 되는 **순리에 어긋난 사회**로 타락시킨다.

당사자는 자신들의 목적에서 자유롭지 못하기 때문에, 이런 문제를 극복하는 게 쉽지 않다. 다시 말하면 좋은 토론 문화는 당사자에게 달려있지 않다. 관객이 이것을 알아채는 것이 중요하고, 그러므로 한 사회의 토론 문화의 성숙도를 가늠하는 시금석은 **관전자의 관찰력**이다. 모든 토론

은 언어로 표현되기 때문에, 결국 관전자의 문해력이 토론 문화를 결정한다. 관전자가 공격자의 나쁜 공격을 '나쁘게' 인식하고 반응한다면, 토론의 당사자들은 나쁜 수단을 함부로 사용하지 못할 것이다. 그런데 그런 역할을 해야 할 관전자들이 선동에 의해 당사자로 변질되는 일이 비일비재하니 정말이지 쓸쓸한 일이다.

요약

1. 토론 참여자들이 생각의 집합에서 교집합을 탐색한다면, 더 좋은 토론이 가능하다.

2. 교집합이 없다면 서로 충돌하는 두 생각의 집합을 모두 포함하는 더 큰 생각의 운동장, 즉 전체집합을 떠올려 본다.

3. 나쁜 토론은 자기 주장을 과장하고 상대방 주장을 근거없이 탄핵하는 것만이 아니다. 관전자들의 머릿속을 왜곡시키려는 공격이 있다.

17

끈과 가위

'논리'와 '논리적'이라는 단어의 어감이 다르다. 내 관점에서는 의미가 아주 다르다. 전자는 형식이고, 후자는 내용을 포함한다. **형식은 사람마다 같고, 내용은 사람마다 다르다.** 그런데 인간의 머릿속에는 형식과 내용이 다 들어 있다. 그러므로 '논리적'이라는 단어는 내용에 관하며, 특히 '타당성이 있다', '설득력이 있다'라는 의미로 사용하기로 한다. '논리적 내용'에 관해서 우리가 유념해야 할 것은 〈끈〉과 〈가위〉다. 끈은 연결하고, 가위는 그 연결을 끊는다. 머릿속에서 이것과 저것을 잘 연결하면 **논리적이다.** 잘 연결된 것은 좀처럼 끊어지지 않는다. 그러나 잘 연결되지 않을 수도 있고, 그러면, 머릿속 가위가 나타나서, 그 연결을 끊어낸다. 끈과 가위가 머릿속에 '있다'는 점은 논리 형식에 해당한다. 그러나 끈과 가위가 실제로 역할하는 것은 모두 논리적 내용에 해당한다. 끈과 가위를 설명하기 전에, 지금까지 함께한 논리 여정을 다시 점검해 보자.

인간과 동물의 차이

강아지도 생각을 할까? 논리는 동물의 생각이 아닌 인간의 생각에 관한다. 강아지 머릿속, 침팬지의 생각, 집고양이의 귀여운 반응은 논리가 아니다. 동물과는 다른 오직 인류의 머릿속의 구조, 그것만이 논리다.

논리는 강아지에게는 없지만 인간에게는 있다. 만약 강아지에게도 논리가 있지 않을까라는 의문이 든다면, 인간 논리의 가장 기초가 되는 4강, 5강, 6강을 다시 살펴보기를 바란다. 논리가 성립하려면, 언어가 있어야 한다. 머릿속에서 단어가 나타나야 하며(**개념**), 그 단어가 문장으로 연결되어야 하고(**판단**), 지금 여기의 생각에서 벗어나 시공간을 건너뛰는 연결이 가능해야 한다(**추론**). 인간의 머릿속에는 수만 개 이상의 단어가 활동하고, 그것들이 연결돼서 셀 수 없을 정도로 많은 판단을 할 수 있으며, 그런 개념과 판단이 무수히 많은 원리를 만들어 낸다. 이런 일이 강아지에게도 가능하다면, 강아지에게도 논리가 있는 것이다. 강아지 머릿속을 내가 경험할 수 없으므로 나는 그런 논리가 강아지에게 없을 것이라고 굉장히 높은 확률로 추측할 뿐이지만, 어쨌든 우리는 강아지 머릿속을 알수 없으니, 전연 모르는 것에 대해서는 침묵하기로 한다.

인간은 모두 차이가 있기는 하지만, 공통된 것도 갖고 있다. 인간은 팔다리가 두 개씩, 알로 태어나지 않고 자궁에서 태어나며, 젖을 먹으며 자란다. 눈은 두 개, 코는 한 개, 입도 한 개, 귀는 두 개이다. 직립보행을 한다. 22쌍의 상염색체와 1쌍의 성염색체를 갖고 있다. 장애가 없는 한 이런 신체적인 요소는 **인류 공통**이다. 그런데 정신적인 요소의 공통점도 우리가 생각할 수 있고, 그렇다면 정신적 요소의 공통점은 **인간 머릿속에서** 발견되어야 한다. 그것이 논리다. 인간은 육체가 있으며 정신이 있다. 육체의 메커니즘은 생존 기계이며, 정신의 메커니즘이 논리다.

애석하게도 인류는 초능력을 갖고 있지 않다. 텔레파시로 의견을 표현하지 못하며, 염동력으로 사물을 움직이지 못한다. 또한 인간은 타인의 머릿속 안으로 들어가는 능력도 없다. 그럼에도 불구하고 우리는 타인의 생각을 이해할 수 있다. 그것을 가능하게 하는 것이 논리다. 인간 공통의 머리 구조 안에서 타인의 언어를 재현할 수 있기 때문이다. 논리가 없다면 내가 타인을 이해할 수 없다. 논리가 없다면 타인이 나를 이해할 수 없다. 그러므로 우리는 논리를 통해 타인과 소통한다. **논리적으로** 잘 표현한다면 소통을 잘하는 것이고, **논리적이지 않으면** 소통을 못한다는 것이다. 소통을 잘하는 사람이 타인의 공감을 얻고 능

력을 인정받는다.

논리는 누구에게나 있기 때문에, 굳이 그 능력을 향상시키지 않고서도 살아가는 데 문제가 없다. 우리는 저절로 논리에 따라 생각하고 자연스럽게 타인의 생각을 논리에 맞게 이해한다. 논리는 없는 것을 발명해 내는 게 아니라 **선천적으로 있는 것이어서** 더 궁리하지 않고도 인간의 삶을 살 수 있다. 여기까지가 모든 인간에게 논리가 보장하는 '형식적인 삶'이다. 그러나 남에게 더 인정받고자 한다면, 그 인정 분량만큼 '논리적'이어야 한다. 얼마나 논리적인 생각을 하고 논리적으로 표현할 수 있는지, 그 역량을 일컬어 **논리력**이라고 부른다. 사회생활은 남에게 인정받아야 하는 생활이다. 크기와 강도는 저마다 다르겠지만, 사회생활은 타인에게서 인정과 신뢰를 구하는 활동이다. 그것이 인간관계이며 사회적 활동이다. 인정과 신뢰를 얻기 위해서 인간은 논리력을 사용한다.

물론 인생을 살아가면서 타인의 인정과 신뢰를 얻기 위해 애쓰지 않아도 된다. 근래 이런 발상이 유행처럼 번지는 듯하다. 사회생활을 함에도 불구하고, 남이야 뭐라든 멋대로 생각하고 마음껏 그 생각을 표현할 수는 있다. 멋은 있어 보인다. 하지만 그런 행동은 극소수의 강자만이 가

능하다. 옛날에는 폭군이라 불렀고 오늘날에는 소시오패스라 부른다. 현대 사회는 돈이 아무리 많더라도 혹은 어떤 막강한 권력을 갖고 있더라도 자기 멋대로 살 수 있는 사회가 아니다. 일시적으로 귀를 막고 큰소리 칠 수는 있을지 몰라도, 결국 그 혹은 그녀를 기다리는 곳은 쇠창살로 이루어진 처벌의 장소다.

우리가 어디 깊은 산속으로 피신해 있지 않는 한, 우리는 남에게 인정받는 생활을 해야 한다. 그렇게 어려운 일이 아니다. 만인이 갖고 있는 논리가 최소한으로 논리력을 보장해 주기 때문이다. 그 이상은 사람마다 다르다. 사람들의 논리력의 차이는 끈과 가위에 의해 결정된다. 이제부터 각자의 논리력이 보장해 줘야 하는 **내용적인 삶**을 이야기해 보자.

논리 끈

인간의 머릿속에 논리가 있기 때문에, 단어와 단어의 연결, 문장과 문장의 연결, 단락과 단락의 연결, 이것과 저것을 연결하는 것이 가능해진다. 동물은 그것을 못한다. 음식점에 먹을거리를 연결하는 것은 동물도 할 수 있다. 그러나 동물은 음식점이라는 단어에, 그곳에서 일하는 '아르바이트'라는 단어와, 점원의 최저 임금을 연결하지 못한다. 이 간단한 연결조차 강아지와 침팬지와 고양이는 못한다. 그러나 인간은 아주 여러 가지 것을 심오하고 풍부하고 간단하고 빠르게 연결할 수 있다. **논리력 향상**이란 이런 연결을 해내는 능력을 키우는 것이다. 대체로 다음과 같은 단계로 이루어진다.

먼저 '그것(들)'이 어디에 속하는 것인지, 생각의 집합을, 다시 말하면 연결할 것들의 집합을 먼저 정한다. 그리고 **생각의 집합** 바깥에 있는 것은 연결에서 배제한다.

무엇이든지 닿기만 하면 연결되고 길이를 측량할 수도 있는 가상의 끈이 있다고 가정하자. 그런 **논리 끈**을 들고 생각한다. 먼저 생각의 집합 안에서 끈으로 묶일 만한 것을 살펴본다. 연결될 만한 대상 중에서 길이가 짧은 것을 먼

저 **연결한다**. 논리 끈을 이용하여 단어, 문장 혹은 단락을 연결한다. 그러면 의미가 연결되는 것이다. 가까운 것을 연결하면 그 연결이 논리적으로 보이며, 너무 먼 것을 연결하면 — 기발하게 보일지는 몰라도 — 그 연결은 비논리적인 것으로 보일 것이다. 그러므로 너무 먼 연결은 타인의 가위질에 의해 쉽게 잘려 나갈 것임을 생각한다. 그래도 일단 연결될 것 같으면 연결해 본다.

어쨌든 연결되었다. 하나만 연결될 수도 있고, 두 개 이상 연결되어 있을 수도 있다. 네 번째 단계는 **강하게 연결**하는 것이다. 가장 가까운 것부터 강하게 연결한다.

- **주제, 제시문, 과제**가 있다면, 그 주제, 제시문, 과제에 가까울수록 강한 연결이다. 어떤 게 가까운 것인지 모를 때가 있다. 그러면 모두 강하게 연결해 볼 수도 있다. 그러다 보면 강하게 연결되지 않는 억지 문장이 자연스럽게 발견된다.

- **근거와 주장** 관계에서 근거가 주장을 설득력 있게 뒷받침하되 반론에 의해 탄핵되기 어렵다면 강한 연결이다. 모든 사람이 부인할 수 없는 근거가 제시되었다면 아주 강한 연결이다.

- **필연**은 강한 연결이다. 그러므로 필연적으로 연결해 본다. **원인**은 강한 연결이다. 따라서 인과관계로 강하게 연결해 본다.

- 사람들이 수긍할 수 있고, **거부감을 느끼지 않는 비교**라면 강한 연결이다. 그런 비교를 뒷받침하는 믿을 만한 출처의 권위를 활용하여 강하게 연결한다.

- 타인의 지지와 승인이 많은 근거는 결속을 강화한다. **상식과 통념과 공통 경험지식**은 객관적인 근거로서 강하게 연결한다.

우리는 **타인이** 내가 연결한 끈을 끊을 수 있는 가위를 갖고 있다고 상상해야 한다. 내가 머릿속에서 할 수 있는 일은 타인도 할 수 있다고 생각하자. 그러므로 내가 논리 끈을 사용한 연결들이 과연 강한지 사전에 **검열하면서** 그 결속을 강화한다. 필연적으로 보이도록, 인과관계가 분명한 것처럼 보이도록, 우리에게 매우 유리한 비슷한 선례가 있는 것처럼 보이도록, 주장을 뒷받침하는 비교예가 있는 것처럼 보이도록, '뇌피셜'이 아닌 타당한 근거가 있는 것처럼 보이도록 결속을 강화한다. 상대방이 선호하는 근거라면 그 선호를 이용해서 결속을 강화한다.

논리는 언어의 기술이므로, 결속 강화는 언어를 사용하는 일이기도 하다. 언어의 분량, 수사적인 표현(비유, 예시, 반복, 과하지 않은 과장 등), 이미지의 활용, 신뢰할 만한 출처 제시 등의 논리적인 글쓰기 기법을 통해 강한 연결이 실행된다. 타인이 검증한 권위를 제시하면 유용하다. 권위있는 사상가의 철학, 책, 논문, 공공자료, 통계, 뉴스, 여론조사 등 타인이 검증한 권위를 **부수적으로** 이용할 수도 있다(다른 연결은 돌보지 않은 채 타인의 권위만을 이용하는 나쁜 습관은 효과적이지 않다).

인공지능이 언어 처리를 하면서 **가중치**를 적용하여 언어 연결을 차별화하는 것처럼, 인간의 머릿속도 마찬가지다. 강한 연결과 약한 연결을 동등하게 취급해서는 안 된다. 마지막으로 강한 연결만 남기고 **약한 연결은 버린다**. 가위질로 약한 연결을 잘라내지 않으면 전체의 논리력이 훼손됨을 잊지 말아야 한다.

가위질

무엇인가를 연결하는 *끈*이 있다면, 그 연결을 끊어 낼 가위가 있다. 이 두 가지는 논리적 사고와 표현에서 매우 중요하다.

우리는 더 좋은 지식을 얻기 위해 논리를 사용한다. 그리고 타인의 공감을 얻기 위해 논리를 사용한다. 논리적인 것은 이성적인 것이다. 그러나 사람들이 언제나 이성적인 것은 아닌 것처럼, 우리가 언제든지 비논리적인 생각의 늪에 빠져버리는 것처럼, 따라서 논리적으로 표현됐다 해서 타인이 언제나 편들어 주지는 않는 것처럼, 논리적이라고 해서 항상 성공하는 것은 아니다. 그래서 **가위질**이 필요하다. 논리적이지 않은 연결을 가위질로 잘라내 버린다. 단어와 단어의 연결이 이상하면 끊어낸다. 문장과 문장의 연결이 인간의 이치에 맞지 않으면, 한 문장을 끊어 내 버리거나, 연결된 문장 전부를 다른 단락과의 연결에서 잘라내 버린다. 때때로 생각 전부를 버린 다음, 다시 생각할 수도 있다.

생각과 표현에 많은 공을 들였더라도, 그런 수고가 가위질을 피할 이유가 되지는 못한다. 인간은 다양한 편견과

편향 속에서 생각하고 판단을 내린다. 잘못된 연결이나 약한 연결은 거부감이나 반론을 낳고, 그런 거부감이나 반론이 내가 원하는 연결을 잘라낼 것이다. 내가 버리지 않더라도 **어차피 약한 연결은 타인의 머릿속에서 끊어진 다.** 미리 잘라내지 않으면 내가 정성껏 표현한 생각 전체의 인상이 나빠지고, 강한 연결조차 약화되고, 타당한 근거조차 신뢰성을 잃는다. 그러므로 약한 연결은 망설이지 말고 버린다.

창의적인 연결이나 기발한 착상은 버려지기 일쑤다. 아까워해서는 안 된다. 창의성은 논리력이 아니다. 논리는 타인과 나 사이에서 **공통된 것**이라는 점을 잊어서는 안 된다. 내가 아무리 중요하게 생각해도 타인의 공감을 얻기 어렵다면 그 연결은 약한 것이다(내가 주제를 바꿔서 새롭게 문제제기할 수 있는 능동적인 입장이 아니라면 어쩔 수 없다). 약한 연결을 버리지 않고 남기면서 논리적으로 어필하려면 아주 많은 시간과 공을 들여야 한다. 그런데 그런 수고를 지불하더라도 실패할 것이다. 시간 낭비에 만족하는 바보가 되지 말자.

어떤 연결을 가위질로 잘라내 버릴 것인가?

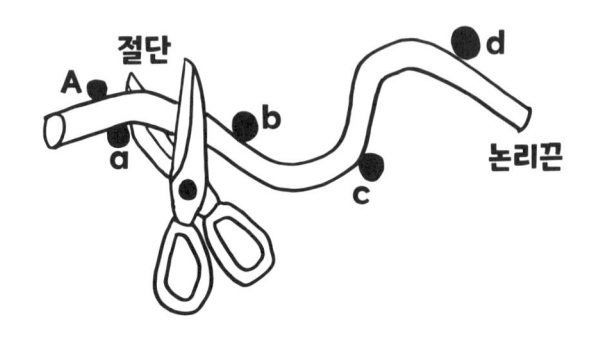

위 그림에서 A라는 결과에 a, b, c, d라는 원인(이라고 주장되는 것)이 논리 끈으로 연결되어 있다. 타인의 반론과 설득 가능성을 고려할 때 가장 가까운 원인인 a만으로도 충분하다면 b, c, d는 절단해서 버린다. 만약 a만으로 부족하다면 b와의 연결까지 강조해야 할지도 모른다. 상황에 따라 다를 것이다. 좀 더 구체적인 사례를 살펴보자.

(1) 나비효과

논리적으로 **거리가 먼 연결**은 가위질로 끊어낸다. 인간을 흉내 낸 AI는 연결된 거리를 수치로 측정해서 너무 먼 연결을 버린다. 그런 것을 잘해야 AI의 성능이 보장된다. 인간도 마찬가지다(AI가 인간의 이런 머릿속 구조를 모방했다는 사실을 잊지 말자). 그런 연결은 안 하니만 못하다. 예컨대 캘리포니아에서 발생한 폭풍의 원인에 대해 사람들이 모여 토의한다. 사오정이 캘리포니아 폭풍과 브라질 나비의 날갯짓을 연결한다. 이것이 그 유명한 '나비효과' 이야기다. (이런 연결을 해낼 수 있는 것이 인간이다!) 그러나 이런 연결은 너무 멀어서 신기루에 불과하다. 저팔계는 지구온난화 때문에 캘리포니아에서 폭풍이 발생했다고 설명한다. 브라질 나비의 날갯짓보다는 훨씬 가까운 연결이다. 손오공은 동 태평양 지역에서 발생한 열대 저기압의 영향을 과학적인 근거로 제시한다. 손오공의 연결이 저팔계의 연결보다 훨씬 길이가 짧다. 그렇다면 손오공이 저팔계와 사오정보다 논리 끈을 잘 사용해서 연결한 것이다. 손오공의 연결만 놔두고 사오정과 저팔계의 연결을 잘라낸다.

(2) 우연

이미 필연적인 연결이 있다면, **필연과 경쟁하듯** 우리 머릿속에서 생겨나는 **우연적인 연결**은 모두 잘라내서 버린다. 필연과 우연은 같은 수준의 연결이 아니다. 필연은 '그 연결'만을 생각하게 하고, 다른 이견이 나타나지 않는다. 그러나 우연은 (나에게 불리한) '다른 연결'을 배제하지 못한다. 인간의 생각 속에서 필연과 우연의 위상은 같지 않다. 필연에 걸맞은 표현이 있고, 우연에 어울리는 표현이 별도로 있다. 자연법칙과 수학식은 필연적이다. 먹지 않으면 죽는다. 지구는 태양을 돈다. 물건은 떨어진다. 전류가 흐르면 자기장이 생긴다. 평행한 두 선분은 만나지 않는다. 그러나 인간의 활동에 관한 것은, 그것이 자연법칙과 법률의 규정의 지배를 받는 경우가 아니라면, 거의 우연적이다. 우연적인 근거를 필연적으로 **표현하면서** 어떤 주장을 한다면, 상대방은 거부감을 보일 것이다. 필연이 없고, 우연만 있다면 **개연성 평가**를 해야 한다. 우연 중에서 가장 확률이 높은 몇 가지 우연만 남겨두고 나머지는 버린다. 그 우연이 어째서 확률이 높은지 상대방이 납득할 수 있어야 한다. 자연스럽게 납득할 수 있을 만한 게 아니라면, 자세히 설명한다. 애써서 설명하되, 우연을 필연처럼 보이게 과장하지는 않는다.

(3) 원인이 아닌 배경

인간의 머릿속 생각이 컴퓨터처럼 데이터로 이루어졌다고 가정한다면, 그 데이터는 시간 값을 갖는다. 칸트는 머릿속에 시간과 공간이 있으며, 모든 데이터가 인간 머릿속에 들어올 때, 시간 데이터와 공간 데이터로 변환된다고 주장했다. 나는 이런 견해에 동의한다. 즉 머릿속 생각은 **시간의 지배**를 받는다. 그래서 시간적으로 앞에 있는 데이터가 있고 뒤에 있는 데이터가 생긴다. 이 둘 사이의 순차성은 매우 중요하다. 시간을 거스를 수 없기 때문이다. 앞에 있는 데이터와 뒤에 오는 데이터는 서로 관계가 없을 수 있고, 관계가 있을 수도 있다. 특별히 관계가 없다면, 시간 순서 대로 단순 나열 정도로 표현하여 연결할 수 있다. 시간 순서를 준수해야 하며, 단순 나열 이상의 의미를 함부로 부여하면 안 된다. 그런데 앞의 것과 뒤의 것이 서로 관계가 있을 수 있고, 그것을 일컬어 **인과관계**라 한다. 시간적으로 앞의 것이 원인이며, 뒤의 것이 결과다. 원인이 결과에 연결되어 있는 경우, 그 연결은 강하다. 가위질로 끊어낼 만한 게 아니다.

시간의 지배 속에서 실무적으로 몇 가지 논리 문제가 생겨난다. 우선 **시간 순서**를 뒤집으면 안 된다. 그럼에도 결

과를 원인으로 착각하는 경우가 있다. 이론적으로 보면 이런 실수가 발생하지 않을 것 같지만, 실제로는 종종 생긴다. 반도체 공장에 외국인 노동자가 많다. 한국 제조 산업은 이주 노동자가 없으면 안 되는 구조가 되었다. 그 까닭은 공장에서 일하려는 내국인의 수가 줄어들었기 때문이다. 그런데 이주 노동자 유입이 많아서 내국인의 일자리가 감소한다고 생각하는 사람이 생긴다. 원인과 결과가 뒤바뀐 것이다. 이런 식으로 잘못된 인과관계보다 실무적으로 더 자주 나타나는 현상은 **배경을 원인처럼 취급**하는 경우다. 시간 순서는 지킨다. 그러나 가까운 것과 먼 것의 차이를 생각하지 않는다는 데 문제가 있다.

인과관계에서 원인은 결과와 강하게 연결된다. 왜냐하면 원인과 결과의 연결은 가깝기 때문이다. 그러나 **배경**은 그렇지 않다. 배경과 결과 사이에는 많은 우연이 존재하고, 그런 점에서 배경과 결과의 연결은 멀다. 어떤 결과가 발생한 이유를 탐구하는 상황에서, 원인과 배경이 섞여 있다면, 배경을 가위질로 잘라낸다. 왜냐하면 배경이 원인과 결과의 강한 연결을 약화시키고 당신의 논리력을 방해하기 때문이다. 배경과 원인이 함께 병렬로 나열되어 있으면, 배경에 대한 반감 때문에 원인과 결과의 연결도 **약화**된다. 배경은 어떤 결과의 원인일 수도 있지만, 그 결

과가 아닌 다른 결과의 원인일 수 있다는 반론이 제기되기라도 하면, 그것은 더 이상 주장을 뒷받침하는 근거가 되지 못한다. 오히려 주장 자체의 설득력을 떨어트리고, 결과적으로 실제 원인조차 그 결과의 원인으로서 정당하게 취급되지 못하게 만드는 부작용을 낳는다. 배경을 둘러싸고 서로 타당성 논쟁을 하느라 바빠서 정당한 원인에 대한 주목과 관심이 적어지는 것이다. 물론 상대방이 나와 같다면, 즉 상대방도 그 배경을 원인으로 취급해 준다면, 인과관계의 연결이 약화되지 않을지도 모른다. 그러나 상대방이 그렇게 생각하지 않을 수 있고, 그 가능성이 더 크다. 그렇다면 더 강하게 인과관계로 묶인 연결이 이미 있으므로, **반론을 초래할지도 모르는 배경**은 잘라내는 것이 좋다.

가위질 당하는 것은 '원인으로 취급되는 배경'이다. 만약 그와 달리 원인으로 취급되지 않는 배경으로 언급된다면, 즉 어떤 사건의 배경으로서 배경이 언급된다면, 가위질은 달라질 것이다.

(4) 공간 적합성이 없는 비교

머릿속 생각은 **공간의 지배**를 받는다. 그러므로 우리는 누가 가르쳐 주지 않았음에도 공간의 크기와 정도를 비교할 수 있다. 경험이 더해지면 더 잘 비교할 수 있다.

비교는 공간에서 이루어진다. 머릿속 공간은 머리 바깥의 물리적 공간이 아니다. 공간 안에서 벌어지는(생각되는) 상황까지 포함한다. 그러므로 우리가 비교를 근거로 삼을 때, 즉 비교 논리로서 자료나 사례를 제시할 때, 그 비교가 '지금 여기의 공간'과 얼마나 가까운지를 점검해야 한다. 공간 적합성이 없는 비교, 즉 공간적인 관점에서 어울리지 못하는 비교는 잘라낸다. 예를 들어 손오공이 대한민국 서울에 도시 농법 도입을 주장하면서 쿠바의 사례를 모범으로 제시한다. 손오공은 비교 논리를 사용했다. 그런데 인구, 지리, 산업, 국제 관계 등이 고려되는 대한민국이라는 공간과 쿠바라는 공간은 어울리지 않는다. 따라서 '도시 농법이 필요하다'라는 주장에 동의하지 않는 사람에게는 쿠바의 사례가 논리적으로 전달되지 않는다. 국가 없는 사회를 꿈꾸는 어느 아나키스트가 국가 없이도 평등하게 살 수 있다면서 어느 인디언 부족 사례를 든다. 국가라는 공간은 수백, 수천, 수억 명의 사람이 살아가는 **인구**

공간이라는 점을 감안한다면, 공간 적합성이 없는 비교 논리다. 이런 연결은 안 하니만 못하다. 자기 주장의 법적인 정당성을 주장하기 위해 국가기관의 선행 행정청분이나 대법원 판례를 근거로 제시할 수도 있다. 선행 행정처분과 판례가 나타난 공간과, 자기 주장이 나타난 공간이 얼마나 유사한지 비교해야 한다.

비교 논리는 내게 불리한 상대방의 편향을 자극할 수 있고, **'~런 점에서 상황이 다르잖아?'**라는 반론을 낳을 수 있다는 점을 잊지 말아야 한다. 비교 논리를 잘못 사용하면, 상대방의 머릿속 논점은 내 주장의 타당성에서 비교 논리의 타당성으로 바뀐다. 그래서 내가 아무리 타당한 근거들을 주장과 강하게 연결했더라도, 비교 논리에 대한 상대방의 거부감 때문에, 내 논리 전체의 연결이 약해져 버리는 것이다. 따라서 내가 제시한 비교용 자료나 선례가 속하는 공간(제1공간)은, 지금 여기의 공간(제2공간)과 동일한 수준이거나, 적어도 제1공간에서의 상황이 제2공간에 비해 **더 불리해야 한다**. 그렇지 않다면, 즉 타인이 납득하기 어려운 비교는 잘라내 버린다. 물론 공간적인 관점에서 어울리지 못하는 비교뿐 아니라, 잘못된 비교나 출처를 신뢰할 수 없는 비교는 가위질한다.

(5) 뇌피셜

타인의 머릿속이 내 마음과 같지 않다. 내 머릿속에서는 강한 연결인 것처럼 보일지라도, 냉정하게 생각해 볼 때, 제시된 근거를 대부분의 사람이 납득할 수 없다면 아주 약한 연결이다. 내 안에서는 근거가 없어도 믿음만으로 연결될 수도 있다. 그러나 믿음은 논리가 아니다. 본인은 어떻게 생각할지 몰라도, 그런 믿음이 없는 타인에게는 매우 약한 연결이거나 연결되어 있지 않다고 여길 것이다. 그러므로 그런 '**뇌피셜**'은 잘라낸다.

(6) 상대방의 반론 가능성

상대방이 감정적이거나 부정적인 반응을 보일 위험이 있는 연결이라면 가위질로 잘라낸다. **감정적인 반응**이 예상됨에도, 그런 연결 이외에는 다른 연결이 없는 데다가, 그런 반응을 극복할 수 있는 고차원적인 설득 기술이 있다면, 가위질하지 않아도 좋을지 모른다. 하지만 그런 경우는 극히 예외적이므로, 웬만하면 잘라낸다. 감정적인 반응까지는 아니지만, 상대방의 지식과 관습을 보건대, '반론 가능성'이 농후한 연결이라면 가위질한다. 남겨서 이로울 게 없다. 그럼에도 사람들은 자기 논리에 빠져서는 반론 가능성을 점검하지 않는다. 자기의 논리적 수고를 아깝게 여겨서 가위질 못하고 남겨 놓는다. 그래서 실패한다.

(7) 가장 가까운 연결을 찾는 훈련

가위질은 논리를 만들어 가는 머릿속 과정에서 계속 작동한다. 다만 논리적 글쓰기에서는 교정 시점에서 최종 점검 도구로 다시 나타날 수 있다. 여러 차례 사전 검열을 거쳤기 때문에 그다지 많지는 않겠으나, 행여 어떤 단어, 문장, 단락이 논리의 기초를 이루는 대전제의 토대 위에 있지 않거나, 생각의 집합 바깥에 있는 것이라면(있을 것이라면), 마지막으로 그것들을 끊어낸다. 이런 가위질은 논리적으로 **가까운 연결만 남기고**, 나머지는 버리는 일인데, 쉽지만은 않다. 상당한 훈련이 필요하다.

다음은 7급 공무원시험(2022년, 언어논리영역)에 출제된 문제이다. 다음 글의 '핵심 논지'로 가장 적절한 것은 무엇인지를 묻는다. **가장 가까운 연결을 찾는 훈련**을 했다면 매우 쉬운 문제다. 제시문에 임의로 번호를 붙여보았다.

(1) 독일 통일을 지칭하는 '흡수 통일'이라는 용어는 동독이 일방적으로 서독에 흡수되었다는 인상을 준다. 그러나 통일 과정에서 동독 주민들이 보여준 행동을 고려하면 흡수 통일은 오해의 여지를 주는 용어일 수 있다.

(2) 1989년에 동독에서는 지방선거 부정 의혹을 둘러싼 내부 혼란이 발생했다. 그 과정에서 체제에 환멸을 느낀 많은 동독 주민들이 서독으로 탈출했고, 동독 곳곳에서 개혁과 개방을 주장하는 시위의 물결이 일어나기 시작했다. 초기 시위에서 동독 주민들은 여행·신앙·언론의 자유를 중심에 둔 내부 개혁을 주장했지만 이후 "우리는 하나의 민족이다!"라는 구호와 함께 동독과 서독의 통일을 요구하기 시작했다. 그렇게 변화하는 사회적 분위기 속에서 1990년 3월 18일에 동독 최초이자 최후의 자유총선거가 실시되었다.

(3) 동독 자유총선거를 위한 선거운동 과정에서 서독과 협력하는 동독 정당들이 생겨났고, 이들 정당의 선거운동에 서독 정당과 정치인들이 적극적으로 유세 지원을 하기도 했다. 초반에는 서독 사민당의 지원을 받으며 점진적 통일을 주장하던 동독 사민당이 우세했지만, 실제 선거에서는 서독 기민당의 지원을 받으며 급속한 통일을 주장하던 독일동맹이 승리하게 되었다. 동독 주민들이 자유총선거에서 독일동맹을 선택한 것은 그들 스스로 급속한 통일을 지지한 것이라고 할 수 있다. 이후 동독은 서독과 1990년 5월 18일에 통화·경제·사회보장동맹의 창설에 관한 조약 을, 1990년 8월 31일에 통일조약을 체결했고, 마침내 1990년 10월 3일에 동서독 통일을 이루게 되었다.

(4) 이처럼 독일 통일의 과정에서 동독 주민들의 주체적인 참여를 확인할 수 있다. 독일 통일을 단순히 흡수 통일이라고 부른다면, 통일 과정에서 중요한 역할을 담당했던 동독 주민들을 배제

한다는 오해를 불러일으킬 수 있다. 독일 통일의 과정을 온전히 이해하기 위해서는 동독 주민들의 활동에도 주목할 필요가 있다.

① 자유총선거에서 동독 주민들은 점진적 통일보다 급속한 통일을 지지하는 모습을 보여주었다.
② 독일 통일은 동독이 일방적으로 서독에 흡수되었다는 점에서 흔히 흡수 통일이라고 부른다.
③ 독일 통일은 분단국가가 합의된 절차를 거쳐 통일을 이루었다는 점에서 의의가 있다.
④ 독일 통일 전부터 서독의 정당은 물론 개인도 동독의 선거에 개입할 수 있었다.
⑤ 독일 통일의 과정에서 동독 주민들의 주체적 참여가 큰 역할을 하였다.

제시문의 핵심 단락은 (4)번에 있다. ②번과 ④번을 선택했다면 문해력에 문제가 있는 것이다. 왜냐하면 제시문을 해석하면서 제시문의 주장을 반대로 해석하고 있기 때문이다. ①번, ③번, ⑤번이 논리 끈의 길이 문제이다. ①번과 ③번은 타당해 보이는 얘기지만, '핵심 논지'는 아니다. 정답은 ⑤번.

KB204028